Militärgeschichtlicher Reiseführer

Oberelsaß

und südliche Vogesen

Inhalt

I. Einführung

Die tapferen Gardejäger, das schönste Bataillon der Welt! Hurra und Horrido![1]

Wenige Namen von Schlachtorten des Großen Krieges sind einer ganzen Kriegs- und Nachkriegsgeneration so im Gedächtnis haftengeblieben wie die der Knochenmühle an der Maas, Verdun, mit ihren Brennpunkten Höhe 304, Douaumont oder Toter Mann. Hier verblutete die Jugend zweier Kulturnationen in einem sinnlosen Gemetzel um Bodenbreite Landes, das die Dimensionen operativen Denkens und Handelns lange schon aus den Augen verloren hatte. Zu diesen Erinnerungsorten gehört aber auch die toponomastische Signatur eines Berges auf einem Nebenkriegsschauplatze, der fast vier Jahre lang Hekatomben von Menschenleben forderte, obwohl er in der Beurteilung der Generalstäbe beider Nationen als »ruhige Front« galt. Der Hartmannsweilerkopf, Symbol zehntausendfachen Opfertodes, und der benachbarte Lingekopf wecken bis heute Emotionen beiderseits des Rheines und können als typisches Beispiel einer verfehlten, prestigeverhafteten Kriegführung gelten, wie sie später im Falle des gleichfalls zum Topos gewordenen Stalingrad eine Neuauflage erleben sollte. Gerade im Oberelsaß, Kampf- und Durchzugsgebiet seit Jahrhunderten, spiegelten sich die Verletzungen und Wunden, die der Deutsch-Französische Krieg und die Abtretung des Elsaß und von Teilen Lothringens, etwa dem heutigen Département Moselle entsprechend, an das in einer französischen Kultstätte, dem Spiegelsaale von Versailles, gegründete Deutsche Reich in einer zutiefst beleidigten und verunsicherten Nation geschlagen hatte, besonders deutlich. Die französische Kriegspropaganda stellte daher auch vordringlich die Befreiung des Elsaß und seiner preußisch kujonierten Bevölkerung als Hauptziel französischer Politik und Kriegführung in den Mittelpunkt ihrer Beeinflussung. Ikonographische Darstellungen auf Postkarten zu Kriegsbeginn in Gestalt des Elsasses als weiblicher Person in der landesüblichen Volkstracht, die in die rettenden Arme eines französischen Offiziers flüchtet, gleichsam heimkehrend ins Vaterland, waren zeittypisch. In ihnen offenbarte sich aber auch das jahrhundertealte Streben Frankreichs nach Sicherheit an seiner ungeschützten Nordostgrenze, für die der Rhein magisches und mythisches Symbol zugleich war. Schon zu Zeiten des Sonnenkönigs fand dieses Bestreben steinernen Ausdruck in den wie an einer Perlenkette aufgereihten Befestigungen seines großen Baumeisters Vauban entlang den Grenzen zu den damaligen Niederlanden und den deutschen Staaten, denen nach dem Dreißigjährigen Kriege sukzessive das Elsaß und Teile Lothringens entrissen und, trotz fragwürdiger oder nichtiger Rechts-

ansprüche in den sog. Reunionen, Frankreich angegliedert worden waren. Das trotzige »nec soli cedit« auf den Feldzeichen der Kgl. Preußischen Armee des Soldatenkönigs Friedrich Wilhelm I. war zugleich der Beginn einer langdauernden Feindschaft zwischen beiden Nationen, die sich in einem blutigen Kriege in den Jahren 1870 und 1871 entladen sollte. Der Schock der darauf folgenden Regermanisierung nach zweihundertjähriger französischer Herrschaft führte nicht nur zu gewaltigen Spannungen in der elsässischen Bevölkerung selbst, sondern auch zwischen den beiden Nationen, die eine Annäherung verhinderten und mittelbar in die Katastrophe des Ersten Weltkrieges überleiteten.
Der rasante Vormarsch der deutschen Armeen zu Beginn des Völkerringens stellte die Franzosen unter den Zwang des Reagierens und verwies den naheliegenden Einfallsraum für die französischen Streitkräfte, die Burgundische Pforte im Sundgau und die linksrheinische Ebene des Oberelsaß, nach einem blutigen Auftakt in die Rolle eines Nebenkriegsschauplatzes. Das Stocken des deutschen Angriffes an der Marne und die Konsolidierung der Lage bei den Alliierten ließen dann erneut das Augenmerk des französischen Generalstabes auf das Oberelsaß richten, in dessen Vogesentälern bereits zu Kriegsbeginn die Alpenjäger über die Reichsgrenze vorgedrungen waren. Allein die von deutschen Landwehreinheiten besetzten Vorberge dieses Gebirgszuges schienen schnell zu überwindende Hemmnisse zu bilden. Doch sollte sich sehr rasch die Erkenntnis in diesem Mittelgebirgsringen herausbilden, daß auch ein schwacher Verteidiger zu langanhaltendem Widerstande befähigt war, sofern er die geographischen Gegebenheiten frühzeitig zu seinen Gunsten festungsartig auszubauen in der Lage war. Die fehlende Bereitschaft der französischen Führung darüber hinaus, mit vollem Einsatze diese Hürde zu nehmen, sollte schließlich im Jahre 1915, dem »Année terrible«, zum Fiasko an dieser Front führen.
Der geplante Bewegungskrieg war überall infolge gesteigerter Waffenwirkung zu einem verlustreichen Stellungskampfe mutiert, der operative Planungsansätze im Keime erstickte und das Schwergewicht der Kriegführung auf den rüstungspolitischen und damit wirtschaftlichen Sektor verlagerte, auf dem Deutschland den Ententemächten hoffnungslos unterlegen war. Vor diesem Hintergrunde müssen die Versuche der obersten militärischen Führung gesehen werden, wieder zum Konzept von Bewegung und Überraschung zurückzufinden. Zu diesem Behufe sollte die Aufstellung besonderer Sturmtruppen mit starker Panzerung und Feuerkraft den Angriff der Infanterie vorbereiten und begleiten. Nach anfänglichen Mißerfolgen an der Lorettofront übernahm die zum Schutze des Oberelsasses und des Oberrheines eingesetzte Armeeabteilung Gaede die Weiterentwicklung dieser taktischen Angriffsvariante, die bereits in der großen Schlacht am Hartmannsweilerkopfe

in den Weihnachtstagen des Jahres 1915 glänzende Proben ihre Leistungsfähigkeit ablegte und die Oberste Heeresleitung umgehend zur Einführung von Sturmbataillonen bei den Armeen veranlaßte. Dabei nahm aber das am Kaiserstuhle ausgebildete und am Hartmannsweilerkopfe eingesetzte »Sturmbataillon Rohr« bis Kriegsende als maßgebende Ausbildungseinheit für die Großverbände der deutschen Armee weiterhin eine Sonderstellung ein. Letztlich aber blieb der Stoßtrupptaktik der ausschlaggebende Erfolg auf dem Schlachtfelde versagt.

»En Alsace«. Gemälde von Georges Scott (2. August 1914). Zeitgenössische französische Postkarte

Ein Vierteljahrhundert später vollendete sich das Geschick der französischen Armee genau an jener Stelle, an welcher sie im Ersten Weltkriege den Durchbruch zur Rheinebene zu erzwingen erhofft hatte. Obwohl das Oberkommando des Heeres gegenüber der kühnen Mansteinschen Idee des »Sichelschnittes« einer eher halbherzigen Operationsplanung den Vorzug gegeben hatte, führte der nicht geplante, ungestüme und von den Alliierten als unvorstellbar erachtete Vorstoß des Panzergenerals Guderian über die Maas bei Sedan zu der von Manstein gedachten, kriegsentscheidenden Wendung. Beweglichkeit, Schnelligkeit und das Moment der Überraschung, also genau die erstmals am Hartmannsweilerkopfe mit Erfolg erprobte Taktik, hatten zur kriegsentscheidenden Wende im Frankreichfeldzuge des Frühsommers 1940 geführt. Am Fuße des Berges scheiterte die französische Konzeption einer beständigen Festung an Frankreichs Grenzen in der modernen Version der schon bei Baubeginn anachronistischen Maginot-Linie am Siegeszuge einer aus der unteren taktischen Ebene heraus entwickelten Idee in Verbindung mit dem operativen Einsatze der Panzertruppe, die ohne Rücksicht auf offene Flanken einen überraschenden, den Gegner verwirrenden und erschreckenden Durchbruch wagte. Diese moderne Variante der Stoßtrupp-Taktik des Ersten Weltkrieges sollte unter dem schillernden Begriffe »Blitzkrieg« Furore machen und in der Überbetonung des rein operativen Denkens mit zu den katastrophalen Folgen für das Deutsche Reich im Zweiten Weltkriege führen[2]. Beim Hartmannsweilerkopfe schloß sich in jenen Tagen der »Kessel von Lothringen« ganz im Sinne des 1914 mißlungenen, auf der Schlieffenschen Idee eines riesigen »Cannae«[3], einer Umfassungsschlacht großen Stiles, basierenden deutschen Operationsplanes. Der Name des Berges steht so für die Geburtsstunde eines aus dem taktischen Bereiche entwickelten operativen Denkens, dessen materieller Durchbruch erst im darauf folgenden Kriege mit Hilfe der für den Stoßtruppgedanken geradezu prädestinierten Panzerwaffe in Verbindung mit den Vorstellungen Schlieffens erreicht werden konnte.

Vor diesem, vom Hartmannsweilerkopfe ausstrahlenden kriegsgeschichtlich bedeutsamen Signal scheinen die fast vierjährigen Kämpfe der Jahre 1915 bis 1918 um kurzfristige Geländegewinne und minimale Positionsverbesserungen im Stellungskriege der Mittelgebirgsfront zu verblassen, mutet der Mikrokosmos des Geschehens im Vergleiche mit den Großereignissen an anderen Teilen der Front eher bescheiden an. Doch verbieten die an dieser »ruhigen Front« gebrachten Opfer beider Seiten ein Aufwiegen hinsichtlich ihrer und dieses Kriegsschauplatzes Bedeutung. Wenn die Herausgabe eines ausführlichen Themenbandes einer Begründung bedarf, dann sind es, neben der fast vollständig erhaltenen Vaubanschen Festungsstadt Neubreisach, die nach dem Großen Kriege von den französischen Behörden getroffenen Maßnahmen zur Bewahrung der einzigartigen Bergfestungen des Hartmannsweiler- und Lingekopfes – den wohl in diesem Erhaltungszustande einmalig konservierten Stellungssystemen überhaupt –, die dem Besucher beim Begehen der Gräben und unterirdischen Bunker und Stollen zumindest eine Vorstellung vermitteln von der Grausamkeit und Sinnlosigkeit eines Krieges um Meterbreite, in dem sich die Gegner am Ende in den gleichen Positionen wie am Anfang gegenüberstanden. Die Konfrontation mit der auch heute noch dank des Einsatzes vieler freiwilliger Helfer gedanklich nachzuvollziehenden Situation zwischen den »Erbfeinden« in den Jahren 1914 bis 1918 läßt die mittlerweile erreichte deutsch-französische Freundschaft erst richtig verstehen und würdigen. Daß der Verfasser von Zeit zu Zeit junge deutsche und französische Soldaten in einer gemeinsamen Deutsch-Französischen Brigade über die Schlachtfelder des Großen Krieges führen kann, ermutigt für die Zukunft und läßt die Opfer dieses Grauens nicht ganz umsonst gefallen sein. Auch hier kann die Sinngebung des Sinnlosen Leiden lindern helfen.

II. Zur Entwicklung einer Kulturlandschaft zwischen den Machtzentren

Eng mit der Geschichte Frankreichs und Deutschlands verwoben, hat das Land links des Oberrheins, Elsaß oder Alsace, seit je als Transmissionsriemen deutscher und französischer Kultur, aber auch als Mahlgut in den jahrhundertelangen kriegerischen Auseinandersetzungen zwischen seinen beiden großen Nachbarn gewirkt. Gleich der bis heute nicht eindeutig geklärten Herkunft des Namens verliert sich die Kenntnis dieses Landstriches vor der Inbesitznahme durch die Kelten im ersten Jahrtausend v. Chr. im Dunkel der Geschichte. Doch wird dieser fruchtbare Landstrich in der Rheinebene und im Gebirge schon früh zu Besitzstreitigkeiten herausgefordert haben, wie sie für die Geschichte dieser Landschaft dann in unserem Jahrtausend symptomatisch wurden und seine Bewohner häufig die Furien des Krieges spüren ließen. Die daraus resultierenden Identitätsdefizite des »Spucknapfes der Nationen«, die in der elsässischen »Hymne« vom »Hans im Schnokeloch« ihren treffenden Niederschlag gefunden haben und um die sich das Hauptwerk des deutsch-französischen Journalisten und Schriftstellers René Schickele (1883–1940) »Das Erbe am Rhein« rankt, sind auch heute noch spürbar und werden vermutlich erst in einem regionalen Europa kultureller und sprachlicher Vielfalt aufgehoben werden können.

Die historische Entwicklung dieses auf Grund seiner geographischen Lage reich gesegneten Landes verlief, spätestens seit dem Ausgang des Dreißigjährigen Krieges, entsprechend den geopolitischen Machtinteressen seiner Nachbarstaaten, in mehrfach wechselnden Besitzzugehörigkeiten, die wegen der differierenden Kultur-, Religions- und Sprachverhältnisse für die Bewohner unsägliche Belastungen zeitigten und den Charakter der Elsässer bis heute geprägt haben. Der Landnahme durch die Kelten folgten germanische Einfälle von Norden (Triboker) und Osten (Sueben) her, die unter ihrem Heerführer Ariovist im Jahre 58 v. Chr. in der auf dem Ochsenfelde vermuteten Schlacht von Julius Caesar vernichtend geschlagen wurden, der daraufhin die Rheinlinie mit dem Castellum Argentoratum (Straßburg) als Grenzsicherung ausbaute und das Elsaß als Germania Superior in das Römische Reich eingliederte. Die Einbrüche der Völkerwanderungszeit beendeten eine jahrhundertelange wirtschaftliche und kulturelle Entwicklung, der das Elsaß auch den heute noch effizienten Weinanbau verdankt.

Das Oberelsaß - ein europäisches Schlachtfeld

Passable Verkehrsbedingungen in der Oberrheinebene haben von jeher den Durchzug fremder Heere begünstigt, ja gleichsam provoziert. Schon in der Zeit der römischen Besatzung führten zwei Hauptwege in Nord-Südrichtung durch das Elsaß an den Niederrhein: einmal die Straße entlang des Rheinverlaufes über Kembs, Breisach und Straßburg, dann eine Verbindung von Belfort längs der Ill über Horburg und Brumath, der sog. Hauptkeltenweg an den Niederrhein. Knotenpunkte waren im Süden Basel, in nördlicher Richtung Straßburg, dann Mainz und Köln. Dicht an den Vogesenbergen entlang verlief ein dritter Weg hin zur Zaberner Steige, die den Übergang ins Lothringische ermöglichte. Weitere Querverbindungen über die Vogesen in das gallische Hinterland schlossen sich südlich über den Donon und die Diedolshauser Höhe an. Südwestlich Basel setzte sich die Straße durch die Burgundische Pforte nach Gallien über Besançon nach Lyon fort. Bis zur Erschließung der Pässe der Zentralalpen um 50 n. Chr. blieb diese auch von Caesar benutzte Trasse die Anmarschstraße aus Italien nach Gallien.
Das an den Schnittpunkten wichtiger Verkehrswege gelegene, etwa zehn Quadratkilometer große Brachland des Ochsenfeldes zwischen Thann, Sennheim, Schweighausen und Wittelsheim war in früheren Jahrhunderten mehrfach Austragungsort der Zwistigkeiten europäischer Mächte. Dabei wird das Ochsenfeld auch Treffen zugeordnet, deren tatsächliche Begebenheit an dieser Stelle nicht eindeutig nachgewiesen ist, so der Entscheidungskampf zwischen Caesar und Ariovist, der fürs erste die germanische Landnahme westlich des Rheines zum Stehen brachte. Tatsächlich aber schlugen sich hier vornehmlich im kriegerischen 15. Jahrhundert die Völkerschaften verschiedenster Provenienz um die Vorherrschaft in diesem so überaus reichen und gesegneten Landstrich. Zwei Auseinandersetzungen unmittelbar angrenzender Reiche waren es, die an dieser Stelle die Entscheidung suchten und über ein Jahrhundert lang der dort ansässigen Bevölkerung Schrecken und Leid zufügten. Einmal fand die Machtfrage zwischen dem aufstrebenden Hause Habsburg und der im Entstehen begriffenen schweizerischen Eidgenossenschaft hier ihren Niederschlag (1291–1468), zum andern wetterleuchteten die hauptsächlich auf Schweizer Boden ausgetragenen Burgunderkriege (1474–1493) bis an die Vorberge der Vogesen, beides in ursächlichem Zusammenhange stehend im Bestreben nach Gewinn im Elsaß. Waren dort schon 1428 Österreicher und Burgunder aufeinandergetroffen, so brandschatzten wenig später (seit 1435) die Armagnaken, die »Armen Gecken« des Volksmundes, die leidgeprüfte Bevölkerung. Diese in Frankreich beschäftigungslos gewordenen Söldnerhaufen hatte Friedrich III. von Habsburg gegen die Eidgenossen zu Hilfe gerufen, denen sie unter großen Verlusten 1444 eine Niederlage beibringen konnten, aber durch einen 1445 in Ensisheim ge-

schlossenen Frieden der Krone Frankreichs mit den Schweizern erneut beschäftigungslos wurden. Auf ihrem Rückzuge streiften sie im Oberelsaß umher und wurden zu einer entschiedenen Landplage, bis sie sich allmählich zerstreuten. Doch schon nahte das Gewitter der burgundischen Ansprüche, die in Karls des Kühnen Aufstieg und Fall zum Ausbruche kamen und das Land wiederum der Kriegsfurie unterwarfen. 1468 und 1476 tobten auf dem Ochsenfelde Kämpfe zwischen den Eidgenossen und burgundischen bzw. sundgauischen Heeren. In den Bauernkriegen um 1525 und im Dreißigjährigen Kriege war das Ochsenfeld mehrfacher Schauplatz von Mordbrennereien. Die angrenzenden Ortschaften wie Sennheim, Uffholz und Wattweiler wurden dabei mehr als einmal in Mitleidenschaft gezogen. Allein das 1260 befestigte Wattweiler, das schon 1376 von den Engländern zerstört worden war, hat bis in die Kriege des letzten Jahrhunderts hinein die Geisel von Tod und Zerstörung zu spüren bekommen. In der Ebene vor Wattweiler fand am 2. März 1634, dem Schicksalsjahre des Dreißigjährigen Krieges, eine auch in Kupferstich festgehaltene Schlacht zwischen den kaiserlichen Truppen unter Ferdinand II. und den Schweden unter Rheingraf Otto Ludwig statt, in deren Verlauf die Kaiserlichen geschlagen wurden. Und als ob die Wunden dieses Krieges noch nicht schwer genug gewesen wären, eroberten und plünderten 1652 die Lothringer als Verbündete der spanischen Habsburger den Ort neuerdings. Im 20. Jahrhundert schließlich sollte die Brandfackel des Krieges mit voller Wucht ins Oberelsaß zurückkehren.

Gelegentlich wurde auch das sog. Lügenfeld – campus mendacii – mit dem Ochsenfeld gleichgesetzt, so von dem badischen Geschichtsschreiber und Straßburger Universitätsprofessor Schöpflin. Doch neigen die Meinungen eher zur Ansiedelung dieses Ortes in der Gegend von Colmar. Das Lügenfeld bezeichnet die schicksalhafte Begegnung der Söhne Ludwigs des Frommen, des Sohnes Karls des Großen, und des Papstes Gregor IV. im Jahre 833 auf einem Krongut des Kaisers behufs Verhandlungen über das Schicksal des durch Erbvertrag von 830 zugunsten seines Sohnes aus zweiter Ehe, Karls des Kahlen, vor der Teilung stehenden Karolingerreiches, bei welcher Gelegenheit die Heere beider Parteien gegeneinander antraten. Der Abfall seiner Getreuen verhalf Lothar und Ludwig zur Gefangennahme des Vaters am 30. Juni 833 und zur vorübergehenden Absetzung, bis sich die Söhne untereinander selbst das Erbe streitig machten. Die im Jahre 842 in Straßburg von den Heeren Ludwigs und Lothars abgelegten »Straßburger Eide« markieren in ihrer altfranzösischen und althochdeutschen Fassung bereits den Schlußpunkt einer Entwicklung und den Beginn eines gallischen und germanischen Sonderweges im einstigen karolingischen Gesamtreiche.

Raymond OBERLE, Monique FUCHS, Christian LAMBOLEY, Batailles d'Alsace du Moyen Age à 1870, Rosheim 1987

Die Herrschaft der eingedrungenen Alemannen war jedoch nur von kurzer Dauer; nach einer entscheidenden Schlacht über diese im Jahre 496/97 gliederte der Frankenkönig Chlodwig I. (466–511), der Schöpfer und Mehrer des fränkischen Einheitsstaates, das Elsaß in sein Reich ein. Mit dem Niedergang der Merowinger und dem Aufkommen der karolingischen Hausmeier im 8. Jahrhundert wurde auch die Macht regionaler Fürsten wie die der Etichonen gebrochen und, nach den schicksalhaften Reichsteilungen nach dem Tode Karls I. des Großen, bei welchen das Elsaß im Vertrage von Verdun (843) zuerst in das Mittelreich, wenige Jahre später im Vertrage von Meerssen (870) dem Ostreiche angeschlossen wurde, eine geschichtsmächtige Hinwendung und Verbindung mit der deutschen Geschichte im Rahmen des Heiligen Römischen Reiches Deutscher Nation eingeleitet. Bestimmend wurde dabei die frühe Verbindung mit dem alemannisch-schwäbischen Hause als Herzogtum Schwaben und Elsaß unter König Heinrich I., das, vornehmlich unter den Hohenstaufern (1079–1268), die beiden Landgrafschaften Nord- und Sundgau durch Burgengründungen für das Reich sicherte und, nach Übernahme der Kaiserwürde im Jahre 1138, zu seiner stärksten Machtposition ausbaute, der vis maxima regni, wie es Otto von Freising bezeichnete. Daneben entwickelten sich bereits in dieser Zeit Grundherrschaften wie die der Habsburger im Sundgau oder des Bischofs von Straßburg, die in der Zeit des Niedergangs der Königsgewalt im Reiche das Machtvakuum im Elsaß mit eigenen politischen Interessen ausfüllten. Schließlich gesellten sich als weitere Machtfaktoren die aufblühenden Reichsstädte hinzu, die sich 1354 als »Zehnstädtebund« (Dekapolis) formierten, dem im oberelsässischen Bereiche die Städte Schlettstadt, Colmar, Münster, Kaysersberg, Türkheim und zeitweise Mülhausen angehörten. Straßburg, das sich 1262 von der bischöflichen Oberherrschaft in der Schlacht von Hausbergen befreit hatte, konnte es sich gar leisten, sich außerhalb dieser Zweckgemeinschaft zu stellen.
Mit der Prosperität auf politischem und wirtschaftlichem Gebiete korrespondierten zur Stauferzeit die großen Leistungen auf kulturellem Sektor, die am Ausgang dieser Epoche im Bau des Straßburger Münsters kulminierten und zugleich den Übergang von der Romanik der Staufer auf ottonischem Grundriß zur französisch beeinflußten Gotik markierten, damit gleichzeitig auch die Mittlerstellung des Elsaß symbolisierend. Doch auch auf der geistig-literarischen Ebene brachte das Land am Oberrhein eine Fülle von Begabungen hervor, von denen im sakralen Rahmen nur die Äbtissin des Klosters Hohenburg auf dem Odilienberge, Herrad von Landsperg (2. Hälfte des 12. Jh.) mit ihrem »hortus deliciarum« (Lustgarten), einer das Selbstverständnis und Wissen ihrer Zeit darstellenden Bilderhandschrift, im profanen Bereiche

nur eine Reihe von Minnesängern, an ihrer Spitze der Schöpfer des höfischen Versepos »Tristan«, Gottfried von Straßburg (um die Wende 12./13. Jh.), der mit seiner Verabsolutierung der Minne an die Grenzen mittelalterlich-religiöser Ordnung rührte, genannt werden sollen.

Die Epochenwende zu Ende des 15. Jahrhunderts in Gestalt des Humanismus und der Reformation, die in Straßburg unter der politischen Ägide von Jacob Sturm v. Sturmeck (1489–1553) ihr mächtiges Zentrum im deutschen Südwesten fand, erfaßte das Elsaß in besonderem Maße und führte zu einer Blütezeit sondergleichen. Neben der geistig-religiösen Kultur der zahlreichen Klöster, unter denen das Nonnenkloster der heiligen Odilia, einer Tochter Herzog Etichos, auf dem nach ihr benannten Odilienberge, dem heiligen Berge des Elsaß, und die Reichsabtei Murbach am Fuße des Großen Belchen besondere Bedeutung gewannen, bildete der durch die humanistische Geistesbewegung ausgelöste kulturelle Schub einen besonderen Schwerpunkt. Die Humanistenschule im reichsstädtischen Schlettstadt, ein »brain trust« geistiger Kapazitäten, die weit über die regionalen Grenzen hinaus ausstrahlte, wurde entschieden gefördert durch den in Straßburg von Johannes Gutenberg (um 1400–1468) erfundenen Buchdruck. Namen wie der des Mystikers Johannes Tauler (um 1300–1361) aus Straßburg, des Schlettstadter Humanisten-Philologen Beatus Rhenanus (1485–1547), des gleichfalls aus Schlettstadt stammenden Theologen und Kirchenrechtlers Jakob Wimpfeling (1450–1528), des sprachgewaltigen Kanzelredners Johannes Geiler von Kaysersberg (1445–1510) sowie des geistesverwandten Sebastian Brant (1457/58–1521) aus Straßburg, der mit seinem »Narrenschiff« auch als Kritiker religiöser Verhältnisse auftrat und so die Reformation vorbereiten half, künden von geistig-kultureller Vielfalt und dem Reichtum eines Landes in einer für Deutschland und Europa entscheidenden Epoche.

Aber auch in Kunst und Architektur jener Zeit spüren wir die ungeheure Spannung des sich aus den engen Fesseln einer bislang von der Kirche geprägten Mentalität lösenden, doch auch noch in ihr befangenen Menschen der Renaissance. Neben den Plastiken am Straßburger Münster, den Gemälden und Kupferstichen eines Martin Schongauer (um 1450–1491) oder des von Dürer geprägten Hans Baldung gen. Grien (1484/85– 1545) steht als Höhepunkt der Isenheimer Altar des Mathis Gothart Nithart gen. Mathias Grünewald (um 1470/75–1528), der sich heute im Colmarer Unterlinden-Museum befindet.

Doch dem Aufbruch in eine neue Zeit folgte nur wenig später der Rückschlag im Zuge der Gegenreformation und der sich daraus ergebenden religiös kaschierten Eroberungskriege in Mitteleuropa, an deren Ende sich Frankreich dem Ziel seiner nie aufgegebenen Osterweiterung nahe sah: Der Westfälische Frieden 1648 forderte von Habsburg die Abtretung der von Ensisheim aus verwalteten vorderösterreichischen Besitztümer im Elsaß und übertrug Frankreich die Landvogtei über die Dekapolis. Die Schwäche des ausgebluteten Reiches und die Türkengefahr im Osten ausnutzend, nahm Frankreich auf Grund fadenscheiniger Rechtstitel durch die sog. Reunionen in der Folge das gesamte Elsaß sukzessive in Besitz, bis nach verlustreichen Kämpfen der Reichsarmee gegen Marschall Turenne, – erwähnt sei hier die Schlacht unter der Führung des Großen Kurfürsten Friedrich Wilhelms III. von Brandenburg bei Türkheim im Jahre 1675 – sich schließlich 1681 auch das stolze Straßburg beugen mußte. Hundert Jahre später setzte die Französische Revolution den Schlußpunkt unter diesen Landraub, der vor dem Rhein als natürlicher Grenze längst nicht mehr haltgemacht hatte. Auch der Versuch deutscher Staaten, nach dem Zweiten Pariser Frieden im Jahre 1815, Gebietsabtretungen, darunter auch die des Elsaß, von dem geschlagenen Frankreich zu erzwingen, scheiterten am Einspruche des Zaren. Die in den im Jahre 842 in altdeutscher sowie altfranzösischer Sprache gehaltenen »Straßburger Eiden« zwischen Ludwig dem Deutschen und Karl dem Kahlen dokumentierte getrennte Sprachentwicklung zwischen dem west- und ostfränkischen Reiche, deren Sprachgrenze weitgehend auf dem Hauptkamme der Vogesen verlief, sollte nun zugunsten Frankreichs allmählich bis zum Rheine verschoben werden. Fast zwei Jahrhunderte lang konnte sich so ein in Verwaltung und Kultur dominierender gallischer Einfluß über das Land senken, den auch die Wiedergewinnung des ehedem deutschen Landes nach dem Deutsch-Französischen Kriege zu beseitigen nicht in der Lage war. Halbherzigkeiten, Ungeschicktheiten und Provokationen der preußischen Verwaltung des nicht mit den Rechten eines Bundesstaates ausgestatteten »Reichslandes Elsaß-Lothringen« förderten eine ablehnende Haltung der französisch denkenden, vom politischen Katholizismus beeinflußten Notabeln, der sogenannten Protestler, aber auch der Autonomisten, die einer relativ selbständigen Stellung des Landes innerhalb des Reiches das Wort redeten. Die kurz vor Ende des Ersten Weltkrieges bewilligte völlige Gleichstellung im Rahmen des Bundesrates vermochte keine Änderung in der Einstellung der meisten Elsässer herbeizuführen.

Die Rückgliederung des Landes nach den Bestimmungen des Versailler Friedensdiktates im Jahre 1919 sollte sich nicht ohne große Schwierigkeiten vollziehen, bedeutete doch die laizistisch verfaßte Republik für den politischen Katholizismus eine Einschränkung seines während der deutschen Herrschaft gewachsenen Einflusses und für die Autonomisten einen Rückschlag in einer zentralistisch geführten, dem Ministerpräsidenten direkt zugeordneten Generaldirektion für die Verwaltung der beiden Départements Haut- und Bas-Rhin. Der neuerliche Krieg

zwischen den beiden Nationen unterbrach eine nur kurze Phase der Neuorientierung und zwang das Elsaß als besetztes Gebiet zusammen mit Baden in das Joch einer deutschen Zivilverwaltung unter dem Gauleiter Robert Wagner. Obwohl rechtlich noch immer Frankreich zugehörig, wurde die männliche Bevölkerung seit 1942 zum Kriegsdienst in der Deutschen Wehrmacht (»malgré nous«) herangezogen.
Die Kriegsfurie in den letzten Monaten des Zweiten Weltkrieges schließlich ließ ein geschundenes Land zurück, das sich mühsam in die neue, alte Wirklichkeit einfinden mußte und bis heute die eigene Identität, trotz dreier Jahrhunderte der kulturellen Ausrichtung nach Westen, noch nicht gefunden hat, wiewohl die fortschreitende Europäisierung dem Lande eine Zwischenstellung zugewiesen hat, die auf eine Stärkung des arteigenen Idioms und eine Regionalisierung im immer noch vorherrschenden Zentralstaate hinauslaufen dürfte. Die grenzüberschreitende Beschäftigung großer Teile der elsässischen Bevölkerung im benachbarten Deutschland wie auch die friedliche »Landnahme« vieler Deutscher im Elsaß wird auf Dauer auch zu einer besseren Verständigung und einem tieferen Verstehen der kultur- und stammesgeschichtlich gleichen oder zumindest artverwandten Entwicklung beidseits des Rheines führen.

III. Das Oberelsaß – Offene Flanke im französischen Sicherheitsdenken vom 17. bis zum 20. Jahrhundert

»Securitas Alsatiae« [4]

1. Vaubans Schwanengesang: Die Festung Neubreisach

»Securitas perpetua« – Immerwährende Sicherheit, diese trügerische Devise versprachen die Denkmünzen, die König Louis XIV. von Frankreich anläßlich der weitgehenden Fertigstellung des Festungscordons an der Nord- und Ostgrenze seines Reiches durch den späteren Marschall von Frankreich, Vauban (1633–1707), im Jahre 1692 hatte schlagen lassen. Nach den dem Dreißigjährigen Kriege folgenden Eroberungs- und Arrondierungszügen des französischen Königs, dem Devolutionskriege gegen Spanien (1667/68), dem holländischen (1672–1678) gegen die Generalstaaten und dem (dritten) Raubkriege (Pfälzischer Erbfolgekrieg, 1689–1697) im Gefolge des Reunionskrieges (1680–1684) gegen die sog. Augsburger Alliierten (Reich, Spanien, England, Niederlande), suchte dieser die neuerworbenen Gebiete durch moderne Festungsanlagen zu sichern. Von Dünkirchen über Verdun und Metz bis Neubreisach hatte er durch Vauban eine »barrière de fer« (eiserne Schranke) errichten lassen, die im Vergleich mit den sonstigen Einzelfestungen benachbarter Länder eine systematische Anlage erkennen ließ, deren Aufgabe defensiver und offensiver Natur zugleich war. Denn zum System der Festungen gehörten jeweils an diese angelehnte Festungstruppen, die im Falle einer Belagerung offensiv tätig werden konnten.

Sébastien le Prestre de Vauban
*1.5.1633 St. Léger-de-Fougeret, sp. St. Léger-de-Vauban,
†30.3.1707 Paris

Vauban, bedeutender noch als Meister der Belagerungskunst denn als Festungsbaumeister, war der begnadete Gestalter und Erbauer barocker Fortifikationen, dessen Erkenntnisse im Festungsbau bis weit in das 18. Jahrhundert hinein, seine Belagerungstaktik sogar bis 1870, internationale Maßstäbe setzen sollten. Schon als junger Kadett im Heere Louis II., des Prinzen von Condé, wurde seine Begabung erkannt und er zu Befestigungsarbeiten eingesetzt; von den Königlichen 1653 gefangen genommen, wurde er umgehend dem Stabe des Ingenieur-Offiziers Clerville zugeteilt, in welchem er – 1654 zum Leutnant ernannt – an zahlreichen Belagerungsangriffen unter Turenne maßgeblich beteiligt war. In den vielen Kriegen Louis XIV. leitete Vauban insgesamt 40 Belagerungen selbst, nahm in den Kriegen von 1651 bis 1706 an 300 Kämpfen teil (dabei achtmal verwundet) und errichtete mehr als 160 feste Plätze. Für seine Verdienste in theoretischer und praktischer Tätigkeit erhielt er 1678 die Stellung eines Commissaire général des fortifications in der Nachfolge von Clerville und wurde schließlich 1703 zum Marschall von Frankreich ernannt.

Vaubans Lebenswerk besteht sowohl in der wissenschaftlichen Begründung der Festungsbaulehre als auch in der belagerungstaktischen Anlage des systematischen förmlichen Angriffes. Dabei war er nicht unbedingt originär in seinen Schöpfungen: Die sog. drei Manieren Vaubans im Festungsbau sind eine Schematisierung aus späterer Zeit. Tatsächlich verstand es Vauban – in Anlehnung an gegebene Anlagen und mittels seiner praktischen Erfahrungen – seine Festungswerke den natürlichen geographischen Verhältnissen anzupassen und, aufbauend auf Systemen vornehmlich italienischer und französischer Festungsbauingenieure, diese immer weiter zu entwickeln und zu verbessern (Bastionärsystem, Tenaillen). Für den Belagerungsangriff steigerte er eine bereits früher vereinzelt angewandte Taktik der Parallelen mit zickzack-förmigen Verbindungsgräben (Sappen) zu höchster Vollkommenheit. Besondere Bedeutung maß er hierbei der artilleristischen Unterstützung bei in Gestalt neuartiger Schießtechniken (Rikoschettschuß). Erst die Einführung gezogener, weitreichender Geschütze in der Mitte des 19. Jahrhunderts löste letztendlich Vaubans Taktik ab.

Es hieße, eine Facette im Lebensbild Vaubans zu vergessen, blieben seine Gedanken und Vorschläge auf volkswirtschaftlichem Gebiete unerwähnt, die ihm während seiner zahlreichen Besichtigungsreisen als Festungsbauingenieur erwuchsen. Seine Forderung nach einer Reform der Besteuerung entzog ihm noch kurz vor seinem Tode die Gunst seines Monarchen. Vauban, zeit seines Lebens Eklektiker und Praktiker, hinterließ kein geschlossenes theoretisches Lehrgebäude – seine überlieferten Memoranden zu fortifikatorischen Problemen an den König, Dauphin oder bestimmte Armeeführer wurden zu Lebzeiten nie publiziert. Die insgesamt an die 300 Festungsarbeiten, von Dünkirchen bis Belfort, galten jedoch paradigmatisch für das gesamte europäische Kriegswesen über ein Jahrhundert hinweg und zeugen noch heute von seiner großen Bedeutung.

Wichtige Werke:

»Traité de l'attaque et de la défense des places«, 2 Bde., Den Haag 1737 u. 1742; »Traité des mines«, Paris 1740; »Traité des sièges et de l'attaque des places par le Maréchal de Vauban«, hrsg. von M. Augoyat, Paris 1829 (dt. von A. v. Zastrow

»Vaubans Angriff und Vertheidigung fester Plätze«, Berlin 1848); »Œuvres militaires de Vauban«, 3 Bde., Paris 1779; »Projet d'une dîme royale«, Paris 1707.
Anne BLANCHARD, Les ingénieurs du »Roy« de Louis XIV à Louis XVI. Etude du Corps des Fortifications, Montpellier 1979; Christoffer DUFFY, The Fortress in the Age of Vauban and Frederick the Great 1660-1789. Siege Warfare Vol. II, London 1985; Alphonse HALTER, Le Chef-d'oeuvre inachevé de Vauban. Neuf-Brisach, Strasbourg 1992; Max JÄHNS, Geschichte der Kriegswissenschaften vornehmlich in Deutschland, 2. Abt., München 1890 [S. 1403- 1447 (betr. Vauban)]; Eva PAPKE, Der König der Belagerungskunst. Zum 350. Geburtstag von Sébastien le Prestre de Vauban, in: Militärgeschichte, Jhrg. 22, Heft 2/1983, S. 215 f., Jacques TOUSSAERT, Vauban, Saarlouis 1978/80; Anne BLANCHARD, Vauban, Paris 1996; F. J. HEBBERT, G. A. ROTHROCK, Soldier of France. Sébastien Le Prestre de Vauban, 1633 - 1707, New York-Bern-Frankfurt am Main-Paris, 1989.

Vaubans »Manier« sicherte Frankreich für lange Zeit nicht nur die neugewonnenen Gebiete, sondern gestattete es den eigenen Streitkräften auch, in deren Schutze die Faktoren von Zeit und Raum für offensive Vorhaben nutzen zu können. Festungskrieg im Zeitalter der Kabinettskriege war so immer ein wesentlicher Bestandteil der allgemeinen Kriegführung, vermochten doch die Waffenplätze außer ihren schon erwähnten Aufgaben auch, starke feindliche Truppen an sich zu ziehen und zu binden, ihrem Besitz darüber hinaus kriegsentscheidende Bedeutung zukommen zu lassen. Wenngleich die operativ-taktischen Auffassungen über Wert und Einsatz von Festungen in einem Zeitraum von fast zweihundert Jahren naturgemäß einer differenzierenderen Sicht unterliegen mußten, so behielt dennoch das in die »ceinture de fer« eingebundene Vaubansche »System« in seinen mannigfaltigen Ausprägungen bis zur die Artillerie revolutionierenden Einführung gezogener Geschütze in der Mitte des 19. Jahrhunderts Gültigkeit und fand erst, nach einer entsprechenden Modifizierung im deutschen Einigungskriege 1870/71, sein Ende im Übergang zum 20. Jahrhundert.
Im Frieden von von Rijswijk 1697 am Ende eines neunjährigen Krieges Frankreichs mit seinen Nachbarstaaten, in dem Louis XIV. eine ganze Reihe seiner »Reunionen« wieder abgeben mußte mit Ausnahme seiner elsässischen Eingliederungen, darunter auch das rechtswidrig geraubte Straßburg, kehrten die von Vauban befestigten Städte Freiburg, Breisach, Kehl und Philippsburg in den Verband des Reiches zurück. Damit war die Rheingrenze faktisch endgültig auch zur Reichsgrenze geworden und in den Mittelpunkt der Sicherheitsinteressen Frankreichs gerückt. Sogleich wurde Vauban, dessen fortifikatorische Schmuckstücke Freiburg (1677) und Breisach (1665) beim Abzug der Franzosen geschleift worden waren, mit der Anlage einer neuen, Breisach gegenüberliegenden Festung beauftragt.

Bereits in den Jahren 1679 bis 1691 hatte Vauban auf Anweisung Louis XIV. das taktisch günstig gelegene Dorf Hüningen am linken Rheinufer nördlich von Basel als Schlußpfeiler seines Fortifikationssystems entlang der Rheingrenze mit einer starken Festung der Ersten Manier in Pentagonform mit z.T. gebrochenen Kurtinen ausgestattet, die die rechte Flanke sichern, Vorwerksfunktion für die Hauptfestung Belfort ausüben und Ausfalltor aus der Burgundischen Pforte sein sollte. Ähnlich der späteren Festung Neubreisach, wurde sie mit zahlreichen Privilegien zur Neuansiedlung ausgestattet und blühte rasch auf. Schon hier wollte Vauban keine Rücksicht auf gewachsene Strukturen mehr nehmen und ließ im Auftrage des Königs das Dorf kurzerhand zerstören und die Einwohner in die benachbarten Gemeinden aussiedeln. Eine erste Bewährung erlebte die Festung während des ersten Koalitionskrieges im Jahre 1796, als die tief im Bayerischen operierende französische Rhein- und Mosel-Armee des Général Moreau unter dem Druck der Entwicklung der Lage bei der Nachbararmee am Niederrhein sich an den Oberrhein verfügte und, nach mehreren Rückzugsgefechten in der Rheinebene mit den Truppen des Erzherzogs Karl von Österreich, am 25./26. November 1796 bei Hüningen über den Strom ging. Der mittels einer Schiffsbrücke verbundene, schon mehrfach zuvor auf Grund der Friedensschlüsse von 1697, 1714 und 1735 geschleifte und in veränderter Form wiederaufgebaute rechtsrheinische

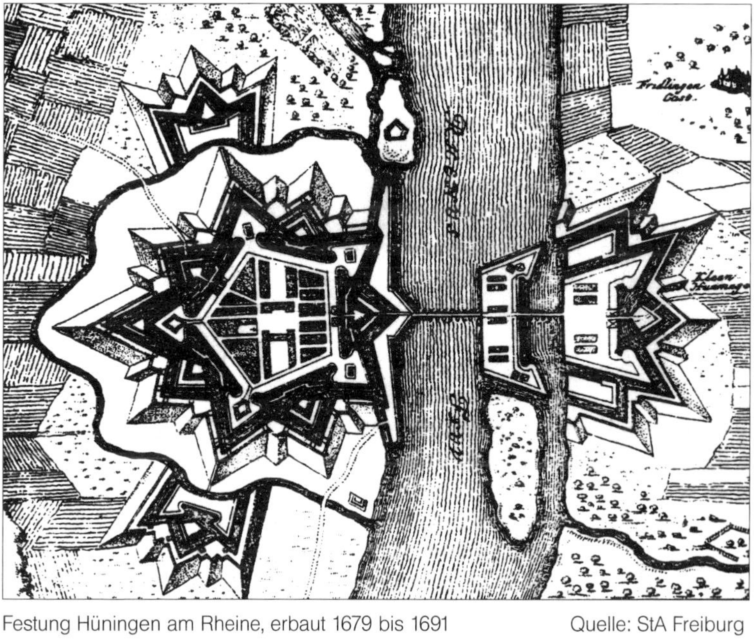

Festung Hüningen am Rheine, erbaut 1679 bis 1691 Quelle: StA Freiburg

Brückenkopf (Kronwerk und Ravelin) konnte im ersten Anlaufe am 30. November nicht genommen werden; so eröffneten die Österreicher am 18. Januar 1797 die erste Parallele und setzten am 1. Februar mit der Beschießung ein. Der Kommandant des Brückenkopfes Dufour bot daraufhin die Kapitulation an und räumte angesichts der Kräfteverhältnisse am 5. Februar das Vorwerk; die Festung selbst jedoch blieb unversehrt in französischem Besitze.
Wenige Jahre später standen Hüningen zwei erneute Belagerungen bevor. Im Zuge der durch die Leipziger Völkerschlacht ausgelösten Rückzugsbewegungen der Franzosen erreichte das bayerisch-österreichische Korps (V. Korps der Hauptarmee) unter General Wrede gegen Ende des Jahres 1813 den Eingang zum Thurtale bei Thann und schloß die Festungen Hüningen und Belfort am 24. Dezember ein. Bis in das Frühjahr des Jahres 1814 hinein dauerte die Belagerung Hüningens, und erst kurz vor dem Sturme auf die Festung kapitulierte deren Besatzung am 16. April. Das französisch gebliebene Hüningen mußte bereits im folgenden Jahre nach neuerlichem Einschlusse ab 26. Juni 1815 eine zweiwöchige Belagerung und Eroberung durch Erzherzog Johann von Österreich am 28. August erleiden. Um der von der Festung ausgehenden Drohung ein für allemal ein Ende zu bereiten, ließ Erzherzog Johann diese umgehend schleifen. Diese Maßnahme entsprach auch den Forderungen des Zweiten Pariser Friedens, wonach der Schweizer Neutralität wegen eine Sicherheitszone von drei Meilen um Basel von jeglicher Befestigung freizubleiben hatte. Damit kam der einzigen im Oberelsaß noch bestehenden Festung Neubreisach – das benachbarte, von Vauban 1675 befestigte Schlettstadt befindet sich bereits auf dem Territorium des Unterelsaß – um so stärkere Bedeutung zu.
Schon ein Jahr nach Räumung des rechtsrheinischen Gebietes wurde mit vorbereitenden Maßnahmen auf der Gemarkung Volgelsheim begonnen und am 16. Oktober 1699 der Grundstein für die Festungsstadt Neubreisach (Neuf-Brisach) gelegt, die eine ältere, Strohstadt, Ville neuve oder St. Louis genannte Ansiedlung auf den Rheininseln verdrängte. Ein eigens zur Herbeischaffung des Baumaterials und zur Flutung der Wallgräben im Belagerungsfalle von Vauban angelegter, heute noch im Gelände erkennbarer, ungefähr 40 km langer Kanal von der Ill bei Ensisheim über Oberhergheim bis Neubreisach (Canal Vauban) förderte die Arbeiten. Großzügige königliche Privilegien, darunter Zoll- und Steuerfreiheit für 20 Jahre, 1718 durch den Herzog von Orléans um den gleichen Zeitraum verlängert, sollten Neusiedler in die an einer allen Römerstraße gegründete Neustadt anlocken und die Lücke zwischen den Festungen Straßburg und Belfort schließen helfen.
Das noch aus der französischen Festungszeit Breisachs stammende, der sog. Strohstadt vorgelagerte Außenwerk (Fort Mortier; erb. 1668)

wurde durch »Drehung« in die vermutete Angriffsrichtung mittels Anlage eines Walles in der Kehle mit offenen Schießscharten gegen Alt-Breisach seiner neuen Bestimmung gerecht. Die Securitas Alsatiae, der dieses Werk dienen sollte, war zwar in der Folgezeit mehrfachen Belastungsproben ausgesetzt – so einer Blockade Neubreisachs durch die Verbündeten in den Befreiungskriegen 1814/15 – hielt jedoch bis zum Jahre 1870 allen äußeren Anfeindungen stand.
Die barocke Festung Neubreisach, eine der vollkommensten und letzten Schöpfungen Vaubans, sein »Schwanengesang« sozusagen, die voraussetzunglos ohne naturgegebene Beschränkungen geplant werden konnte – »da alle Gassen nach der Schnur gezogen, auch alle Häuser zwey Stock hoch unterm Dach, nach der Symetrie, recht zierlich und dauerhafft, ohngefehr auf die Art wie in Mannheim, erbaut sind«[5] – wird der sog. dritten Manier Vaubans zugerechnet: ein regelmäßiges Oktogon mit vier Toren (Belforter-, Colmarer-, Straßburger-, Basler-Tor), deren Schaufassaden als Zeichen der Macht des Sonnenkönigs mit repräsentativen Prunkappliken versehen waren und deren Zugang mittels einer hölzernen Fallbrücke (seit 1898 Steinbrücken) gesichert war, einem zentralen Waffenplatz (Place d'Armes), als Besonderheit dieses Systems bastionierte Türme (tours bastionnées) mit flankierend eingelassenen Schießscharten als Kaponniere im Verlaufe der Kurtine, dieser vorgelagerte detachierte Bastionen, die in Verbindung mit den dazwischen gelegenen Tenaillen und den vor diesen befindlichen Demi-Lunes (Halbmonden), deren vier mit getrennten Reduits versehen waren, nicht nur das Glacis bestreichen, sondern auch das von Vauban besonders beachtete Flankenfeuer untereinander bedienen konnten und so die Zu-

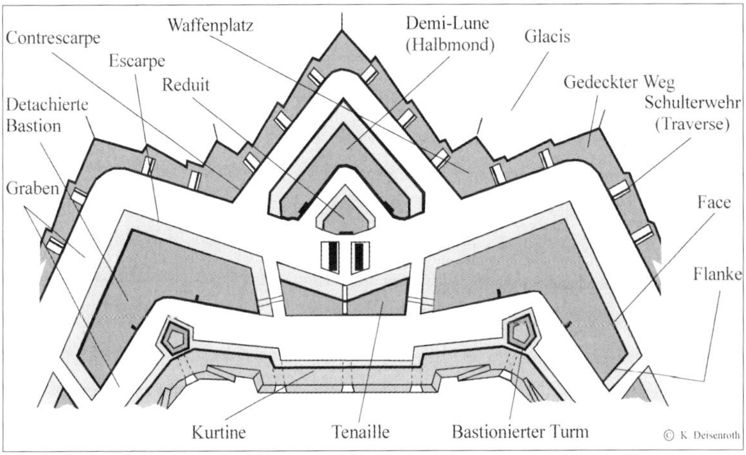

Neubreisach – Vaubans »dritte Manier«

gangswege zur Festung vollständig beherrschten. Der sägezahnförmig (en cremaillère) gestaltete gedeckte Weg sollte mit seinen Traversen Deckung gegen den Rikoschettschuß bieten, einer gerade von Vauban geforderten und geförderten Art des Festungsbeschusses, bei der ein Rollschuß des glatten Geschützes als Abpraller das Ziel in seiner gesamten Tiefe wirksam gefährdete. Wenn wir hier von der sogenannten »dritten Manier« sprechen, so deshalb, weil eine schematische Einteilung des Werkes von Vauban seiner schöpferischen Idee widerspräche, jeden einzelnen Festungsbau im Rahmen seiner Funktion im Gesamtdefensionssystem, hinsichtlich seiner geographischen Lage und unter Berücksichtigung moderner Entwicklungen im Waffenwesen, zu konzipieren. Eine weitere Besonderheit und Neuheit im Vergleiche zur üblichen Einquartierung frühmoderner Heere bildete nach dem Vorbilde von Saarlouis (1683) die Anlage von Kasernen direkt hinter dem Walle, so daß die Quartierlast von den Bürgern genommen wurde und die Festungssoldaten nahe ihrem Einsatzorte untergebracht waren.
Die Feste Neubreisach, »eine der regulairesten Vestungen in gantz Europa«[6] war der Schlußstein in einer langen Reihe von Festungsanlagen, die sich von Calais entlang der Grenze zu den Spanischen Niederlanden bis an den Rhein hinauf erstreckten und Frankreich das Gefühl gaben, durch eine eiserne Schranke gegen Angriffe geschützt zu sein. Sie gewährleisteten in der Tat bis weit ins 19. Jahrhundert hinein äußere Sicherheit oder zumindest machtvolle Bollwerke, die feindliche Einbrüche in bestimmte Bahnen lenken konnten oder aber diese für eine gewisse Zeit aufzuhalten vermochten. So endete die mit dem 4. Januar beginnende 106tägige Belagerung der unter dem Kommando von Général Dermoncourt stehenden Festungsbesatzung im Jahre 1814 durch österreichische Truppen unter General Minutillo ergebnislos, als die Abdankung Napoleons bekannt wurde; ebenso blieb die Blockade der Festung in der Phase des Rencontres des Jahres 1815 Episode. Die niemals zuvor eroberte Festung erlebte erst im Deutsch-Französischen Kriege ihre eigentliche Feuertaufe und zugleich die schmachvolle Kapitulation. Im Rahmen des Vorgehens der deutschen Truppen am Oberrhein gegen die französischen Festungsstädte Straßburg, Schlettstadt und Belfort wurde von Seiten des badischen Detachements unter General Keller neben einer Unternehmung gegen Colmar, Mülhausen und Sennheim auch eine Rekognoszierung Neubreisachs, des letzten französischen Stützpunktes im Oberelsaß, durchgeführt. Anfang Oktober wurden zur Zernierung der Festung Teile der in Aufstellung befindlichen 4. preußischen Reserve-Division unter dem Kommando von Generalmajor v. Tresckow beauftragt, die bis zum 9. Oktober den Belagerungsring schlossen. Unter dem Kommando von Generalmajor Schmeling (Hauptquartier in Künheim ndl. Neubreisach) standen

11 Bataillone, 2 Eskadronen und 4 Feldbatterien der 4. Reserve-Division, 11 Artillerie-Festungskompanien mit bayerischer und badischer Komponente sowie 4 Pionier-Kompanien. Fort Mortier, mit 255 Mann besetzt, wurde von der anderen Rheinseite durch badische Artillerie unter Beschuß genommen. Am 2. November begann der Feuerüberfall, der, nach einem vergeblichen Ausfallversuch der Festungsbesatzung am 5. November, mit der Kapitulation des schwer angeschlagenen Forts Mortier in der Nacht vom 7. auf den 8. November und dem Hissen der weißen Flagge auf den Festungswällen und dem Kirchturme der Stadt am 10. November, nachmittags zwei Uhr, von Erfolg für die deutschen Belagerer gekrönt war. Tags darauf verließ die französische Besatzung, der »preussischer Seits durch Präsentiren des Gewehrs die wohlverdienten Honneurs erwiesen« wurden[7], die Festung durch das Basler Tor und begab sich, rund 100 Offiziere und 5 000 Mann stark, in Kriegsgefangenschaft. Die Verluste beliefen sich auf 70 Gefallene und 183 Verwundete. Für die Bevölkerung, die sich in den letzten Tagen der Beschießung in die Kasematten geflüchtet und keinen einzigen Verlust zu beklagen hatte, begann der Wiederaufbau der zum Teil stark beschädigten nord- und südwestlichen Bezirke der Stadt, wurden doch gegen Neubreisach und Fort Mortier insgesamt 9 169 Schuß seitens der Belagerer abgegeben. Den tapferen Verteidigern unter dem Kommando von Lieutenant Colonel Lostie de Kerhor wurde 1872 durch den Colmarer Bildhauer Bartholdi ein Denkmal vor dem Basler Tore in Gestalt eines Schwertes errichtet. Nach der Reichsgründung erhielt Neubreisach, wie die meisten größeren Städte im Gebiete des das Oberelsaß sichernden XV. Armeekorps, sukzessive eine stärkere preußische Garnison; nicht zuletzt veranlaßt durch die mehrfachen Eingaben der Gemeinde selbst zwecks Verbesserung ihrer gespannten sozialen Lage durch Zuweisung militärischer Einheiten, so einer Unteroffizierschule (1888 in der Suzoni-Kaserne eingerichtet). Die hierfür benötigten und nach der Jahrhundertwende gebauten Kasernements außerhalb des eigentlichen Festungringes künden noch heute von dieser Zeit. Ihrer auf Grund der veränderten Reichsgrenzen unbedeutenderen taktischen Lage und der durch die Entwicklung der Brisanzgranaten und der daraus erwachsenen allgemeinen Festungskrise reduzierten Bedeutung wegen wurde Neubreisach nun in die Kategorie II eingestuft und fortan nur noch als starker Brückenkopf in einem System weiterer Brückenköpfe der Oberrheinbefestigungen im Rahmen einer strategisch-operativen Falle gehandelt.
Die Funktion Neubreisachs übernahm in der Zeit von dessen Zugehörigkeit zum Deutschen Reiche die gleichfalls von Vauban 1687 erbaute sundgauische Festung Belfort in der Burgundischen Pforte. Sie hatte zwar im Deutsch-Französischen Kriege nach zäher Verteidigung

durch den Obersten Denfert-Rochereau erst am 16. Februar 1871, zwanzig Tage nach dem Abschluß des Waffenstillstandes, gegenüber dem Belagerungskorps (1. und 4. preußische Reserve-Division v. Tresckow) kapituliert, war aber friedensvertraglich an Frankreich zurückgegeben worden und wurde nach Abzug der deutschen Besatzungstruppen im Jahre 1873 zu einer modernen Gürtelfestung ausgebaut, die im Ersten Weltkriege starke deutsche Kräfte über lange Zeit band und jederzeit den an sie angelehnten französischen Kampftruppen die Möglichkeit bot, durch die Trouée de Belfort in die Oberrheinebene durchzustoßen. Belfort war Bestandteil einer der seit 1873/75 auf Vorschlag von Général Raymond Séré de Rivières zu sog. rideaux défensifs (Schutzwällen) zusammengefassten Festungszonen, die neben stärker ausgebauten Festungen aus kleineren, die Verkehrswege sichernden forts de liaison rsp. forts d'arrêt (Sperrforts) bestanden. Zwei solcher Festungszonen schützten als »eiserne Linie« die französische Ostgrenze: die um Belfort und Epinal gruppierten Sicherungsanlagen im Tale der oberen Mosel (fünf Sperrforts) und der Festungsbereich an der Maas um Toul und Verdun (sieben Sperrforts). Die zwischen Epinal und Toul vorhandene unbefestigte Zone, die sog. Trouée de Charmes, erfüllte die Aufgabe einer Kanalisierung feindlicher Angriffsabsichten und bildete im Ersten Weltkrieg für die 6. Armee des Kronprinzen Rupprecht von Bayern eine Art operativer Falle während der

Modell der Festungsstadt Neuf-Brisach. Vorne das Straßburger Tor
Quelle: A. Halter, Neuf-Brisach, 1962

Schlacht von Lothringen. Der durchgebrochene Feind sollte in einer zweiten Befestigungslinie hinter den rideaux défensifs aufgefangen werden; Paris selbst bildete in diesem System das letzte Reduit.
Der fortifikatorischen Ausführung dieses Defensivplanes der »Ligne de Fer«, einer Eisernen Linie also, standen jedoch parlamentarisch nicht bewilligte Haushaltsmittel entgegen, so daß es zu einer klassifizierenden Bewertung der Festungen kam mit der Folge ausbleibender Modernisierungen und weiterführenden Ausbaues für die herabgestuften Werke. Die Einführung einer den Festungskrieg revolutionierenden neuen Munitionsart in Gestalt der Brisanzgranate nach 1885 verursachte darüber hinaus erhöhte Kosten wegen der Erfordernis, die gemauerten Festungswerke mit einem Beton-Schutzschild zu überziehen. So wurden zwar die Festungen unmittelbar an der Ostgrenze in die 1. Kategorie eingereiht, die Fortifikationen der zweiten Linie im Hinterlande jedoch nur noch stiefmütterlich behandelt, zumal die eine Offensive bevorzugenden strategischen Pläne des französischen Generalstabes den Festungen eine eher untergeordnete Rolle zuwiesen. Doch haben die Sperren an Frankreichs Ostgrenze entscheidenden Einfluß auf die deutschen Generalstabsplanungen gehabt, wie deren spätere Umgehung unter Bruch der belgischen Neutralität beweisen.

Neuf-Brisach (vgl. Plan S. 114), an der »Route Verte« N 415 zwischen Alt-Breisach und Colmar gelegen, kann von Deutschland aus über die A 5 bei Ausfahrt Nr. 64 (Bad Krozingen) Richtung Breisach, von Frankreich über die A 35/N 83 bei Ausfahrt Nr. 25 (Colmar) Richtung Freiburg erreicht werden. Durch die Porte de Colmar (nw) oder die Porte de Bâle (so) gelangen wir auf den zentralen Place d'armes, von welchem aus wir uns in südwestlicher Direktion durch die Rue de Belfort zur Porte de Belfort mit dem Musée Vauban wenden. Die bescheiden ausgestatteten Austellungsräume vermitteln anhand eines Modelles von Stadt und Festung Prinzip und Wirkungsweise Vaubanscher Festungsbaukunst, wie sie, ausgehend vom Belforter Tore, durch einen Rundgang der Stadtumwallung bis hin zum Glacis in etwa eineinhalb Stunden ausgiebiger Besichtigungszeit in praxi eindrucksvoll nachvollzogen werden kann. Der Verein »Etoile Sonore« (tönender Stern), bemüht, die Festungsanlagen auch optisch wirkungsvoller zu präsentieren, erleichtert an einzelnen markanten Festungsbereichen durch Schautafeln den Einblick in frühneuzeitliche Belagerungs- und Festungstaktik.
In der schachbrettartig in 48 Einzelquartieren angelegten Stadt selbst, in welcher aus taktischen Gründen eine strikte Trennung von militärischen Baulichkeiten, Bürgerquartieren und Verwaltungsgebäuden durchgeführt worden war, ragen die katholische Garnisonkirche St. Louis, König Louis IX. von Frankreich geweiht, und die Mairie aus

dem kasernentypisch gegliederten Einerlei heraus. Erstere, zwischen 1731 und 1736 von François Chevallier als barocke Hallenkirche erbaut, wurde sowohl bei der Belagerung als auch in den letzten Tagen des Zweiten Weltkrieges schwer beschädigt und wird nach der Restaurierung seit 1975 als katholische Pfarrkirche genutzt. Der denkmalgeschützte Altar aus dem 18. Jahrhundert befand sich ursprünglich in der Kirche von Gambsheim (Unterelsaß). Das Fachwerk-Rathaus, ein Relikt der einstigen »Ville neuve«, der sog. »Strohstadt« vor Alt-Breisach aus dem Jahre 1675, wurde bei Abbruch der Vorstädte angesichts veränderter politischer Verhältnisse nach Neubreisach transferiert und dort an der östlichen Ecke der Place d'Armes neu aufgebaut. 1758 wurde es wegen Baufälligkeit abgerissen und in neuem Stile errichtet. Die ursprünglich einstöckigen Häuser von gleicher Bauart wurden in ihrem Aussehen durch die Kriegseinwirkungen von 1870 und 1945 sowie Umgestaltungen und Neubauten in Friedenszeit stark verändert. Von den Toren befinden sich nur noch das Belforter und Colmarer Tor im ursprünglichen Zustande; die beiden anderen, z.T. bei der Belagerung von 1870 beschädigt, wurden schon 1902 durch Abnahme des oberen Stockwerkes freigelegt.
Der besondere Reiz dieser Festung beruht letztlich auf der Symbiose und dem Kontrast barocker und »moderner« Festungsbauelemente in Gestalt der Neubreisach umgebenden Maginot-Bunkersysteme, die die Bedeutung dieses Platzes über die Jahrhunderte hinweg in der französischen Sicherheitsmentalität bezeugen.

2. On ne passe pas? – Die Maginot-Linie

Der Versailler Diktatfrieden, der das Elsaß und Lothringen wieder der französischen Republik einverleibte, brachte Frankreich dem alten Ziele der Rheingrenze einen bedeutenden Schritt näher. Das entmilitarisierte Rheinland und die im Januar 1923 widerrechtlich besetzte Ruhrzone leisteten dem französischen Sicherheitsbedürfnis darüber hinaus Genüge. Doch mit dem Ende der Nachkriegszeit und den bilateralen vertraglichen Vereinbarungen zwischen dem Deutschen Reiche und Frankreich im Vertrag von Locarno 1925 war ein Ende der Rheinlandbesetzung absehbar geworden. Damit gewannen die schon seit Anfang der zwanziger Jahre geführten Diskussionen über eine den Erfahrungen des Weltkrieges adäquate militärische Konzeption an Aktualität, die schließlich auf eine lineare Vorneverteidigung hinausliefen. Eine Kommission zur Organisation der Festungszonen (Commission d'Organisation des Régions Fortifiées – CORF) als Nachfolgeorganisation der die strategisch-fortifikatorischen Voraussetzungen analysierenden Commission de Défense des Frontières (CDF) bearbeitete ab 1927 die techni-

schen Vorbereitungen für eine gigantische Festungsarchitektur, die vornehmlich die verwundbaren Grenzen im Norden und Nordosten Frankreichs und die dort angesiedelten Industrieanlagen sichern und einen blitzartigen Überfall seitens des Deutschen Reiches verhindern sollte. Zum andern legte die »dépopulation«, die Bevölkerungsabnahme nach dem Kriege in Verbindung mit dem Aderlaß des Weltkrieges, eine eher defensive Strategie der Landesverteidigung nahe. Zur Anlage von festen Stellungen bemerkt Clausewitz: »Die Absicht einer festen Stellung ist also, die in ihr aufgestellte Streitkraft so gut wie unangreifbar zu machen und dadurch entweder wirklich einen Raum unmittelbar zu schützen oder nur die Streitkraft, welche in diesem Raum aufgestellt ist, um mit dieser Streitkraft dann auf eine andere Art zur Deckung des Landes mittelbar zu wirken.«[8] In diesem Sinne hätten viele Verbände für andere, offensive Verwendungen eingesetzt werden können, doch hatte bereits die Maginot-Mentalität auch die Regierung, die seit 1936 eine Volksfront-Regierung war, ergriffen, als daß diese Möglichkeit in einem kommenden Kriege in Frage gekommen wäre. Zudem wehrte sich eine überalterte Offizierspitze gegen neue Gedanken, wie sie gerade der junge Hauptmann de Gaulle bereits 1934 bezüglich der Panzerwaffe artikuliert hatte.
Von seiten des Kriegsministeriums engagierten sich die beiden Ressortchefs Ende der zwanziger Jahre, der Mathematiker Paul Painlevé (1863–1933) und der Kolonialbeamte und schwerverwundete Veteran des Weltkrieges, André Maginot (1857–1932), in starkem Maße, so daß das Konzept am 14. Januar 1930 Gesetzeskraft erlangen konnte. Da vorbereitende bauliche Maßnahmen bereits vorher erfolgt waren, konnten die geplanten Projekte in rascher Folge in die Tat umgesetzt und in der Hauptsache, d.h. in den besonders gefährdeten Regionen, bis etwa 1935 fertiggestellt werden. Doch krankte die gewaltige Verteidigungsanlage von vornherein an einer inkonsequenten, weil vornehmlich monetär begründeten Durchführung des Planes. Eine Muraille (= Mauer) de France, eine nahezu lückenlose Befestigungslinie, die anfangs gar nicht vorgesehen war, konnte in einer Zeit der Geldentwertung und einer sinkenden Bevölkerungszahl nur mit starken Kompromissen errichtet werden; von den anfänglichen Planungen sollen in der Tat nur 50 Prozent verwirklicht worden sein. Diese sahen vor, die Nord und Ostfront (d. h. die Landesgrenze zu Deutschland und Italien) mit einer mehr oder weniger starken, je nach Geländegegebenheit und operativen Gefährdung ständigen Befestigung zu versehen, die, aufgeteilt in Haupt- und Unterabschnitte (régions fortifiées und secteurs fortifiés) sowie an natürliche Hindernisse angelehnte Sperrabschnitte (secteurs défensifs), in engem Zusammenwirken mit dem Operationsheere die Landesverteidigung in Verbindung mit den Ressourcen des Hinterlandes gewähr-

leisten sollten. Die besonders gefährdeten Regionen um Metz und an der Lauter besaßen erhöhte Priorität und wurden dementsprechend vorrangig ausgebaut. Doch läßt sich eine einheitliche und systematische Durchführung nicht durchweg erkennen. Die veränderten politischen Vorgaben der dreißiger Jahre, vor allem die Räumung des Rheinlandes und dessen deutsche militärische Wiederinbesitznahme sowie die Rückgabe des Saargebietes, verschoben die Akzente. Da seit 1935 die wesentlichen Arbeiten der CORF abgeschlossen waren, wurde der weitere Stellungsausbau den regionalen Militärbefehlshabern übertragen, die mittels Einsatzes der Truppe vorhandene Lücken schließen bzw. den weiteren Bau von Feldbefestigungen in eigener Regie durchführen sollten (sog. Main-d'œuvre militaire-Bunker – MOM). Daneben suchte noch die »Section Technique du Génie« (Technische Abteilung des Festungspionierkorps – STG) Einfluß auf die systematische Anlage von Kasematten und Beobachtungsbunkern zu gewinnen. So bestand schließlich bei Kriegsbeginn 1939 ein regelrechter Wildwuchs an Festungsanlagen und Sperren, die sich, nach der im OKH erstellten Denkschrift, insgesamt auf etwa 5 800 Objekte beliefen, eine Zahl, die neuere Erkenntnisse doch erheblich reduzieren, wie es die Auflistungen über die Festungswerke im Elsaß bestätigen[9]. Schwerpunkt blieb auch nach diesem Aus- und Weiterbau das Unterelsaß im Bereiche der Lauter bei Bitsch (RF II) und die Festungszone Metz bei Diedenhofen (RF III). Das ursprünglich als region fortifiée ausgewiesene Gebiet um die ehemalige Gürtelfestung Belfort (RF I) erfuhr eine Rückstufung zum secteur fortifié (befestigter Abschnitt) wie der benachbarte Abschnitt des Oberrheines zwischen dem Hagenauer Forst und Mülhausen. Aus den oben gezeigten Gründen konnte von einem einheitlichen System zwar keine Rede sein, doch lassen sich gewisse wiederkehrende Strukturen erkennen. Die Ausrichtung der Maginot-Linie erfolgte grundsätzlich nach dem Verlaufe der Landesgrenze, die im Oberelsaß mit dem Rhein als natürlichem Hindernis identisch war. Den Vorfeldhindernissen, neben den pioniertechnisch herzustellenden Panzer- und Straßensperren bestehend aus Grenzwachthäusern (maisons fortes), einer mit MG- und PAK-Bunkern besetzten Vorpostenlinie (Blocs d'avant-postes) etwa 2–3 Kilometer dahinter, die für die Alarmierung der rückliegenden Werke zuständig war, folgte – je nach geographischer Gegebenheit – in einem Abstande von etwa 4–8 Kilometer die sogenannte front fortifié, die Hauptkampflinie der Festungsfront. Rückgrat dieser ossature (Knochengerüst) bildeten die Artilleriewerkgruppen (ouvrages) mit ihren in versenkbaren Panzerdrehtürmen zum frontalen Nahkampf oder aus Panzerscharten zur Flankierung befähigten Kanonen von 75 mm bzw. Haubitzen von 135 mm und Granatwerfern von 81mm. Zwischen die Artillerie wurden Infanteriewerke gelegt, für deren Waffensysteme, gleich den Artilleriewerken, neuartige, der Schiffsbewaffnung entlehnte Festungswaffen aus Zwillings-MG 7,5 mm, überschwerem MG 13,2 mm, 37 und 47 mm PAK und Granatwerfern 50 mm bereitgestellt wurden, die in Mauerscharten bzw. Panzerglocken auch als armes mixtes eingesetzt werden konnten. Auf Flugabwehrwaffen verzichtete man dagegen eigenartigerweise. Die Lücken zwischen diesen unterirdisch angelegten Großkampfanlagen mit im rückwärtigen Bereiche integrierter Infrastruktur und den Kasernements der Festungstruppen wurden mit Infanteriebunkern geschlossen. Diese casemates d'infanterie wurden, je nach Lage, als Einzel- oder Doppelbunker in Hinblick auf die flankierende Waffenwirkung gebaut. Eine mit den örtlichen Gegebenheiten vertraute Festungsbesatzung, für die in unmittelbarer Nähe der Werke und Kasematten Kasernen zur friedensmäßigen Unterbringung gebaut worden waren, sollte dabei, gemäß der operativen Gesamtplanung, nach der die ständige Befestigung einen untrennbaren Bestandteil der Gesamtkriegsführung zu bilden hatte, eng mit der im Hinterlande dislozierten mobilen Festungsartillerie zusammenarbeiten, die aus vorbereiteten Stellungen den Kampf der Infanterie und der Werkgruppen zu unterstützen hatte.

Der uns interessierende Festungsbereich im Oberelsaß im Verlaufe der Rheinfront war gegliedert in den befestigten Abschnitt Colmar (secteur fortifié de Colmar), der südlich Diebolsheim bis südlich Blodelsheim reichte und den befestigten Abschnitt Mülhausen (secteur fortifié de Mulhouse) nördlich Rumersheim bis südlich Kembs, an den sich der befestigte Abschnitt Altkirch (secteur fortifié d'Altkirch) von Sierenz gegenüber dem Isteiner Klotz entlang der alten deutschen Reichsgrenze im Sundgau und der Schweizer Grenze bis zum Glaserberge anschloß. Das in dieser Linie verlaufende natürliche Flußhindernis des Rheines sowie die geologisch ganz anderen Bedingungen der Rheinebene als auch die völkerrechtlichen Vorbehalte der Schweiz erlaubten in diesem Raume keine den Ouvrages der Nordvogesen ähnlichen Festungswerke. Die Verteidigungslinie beschränkte sich hier auf oberirdische Anlagen, die mit den Großwerken des Unterelsaß in keiner Weise zu vergleichen sind. Hier herrschte weitgehende Regelmäßigkeit der nur bedingt getarnten Uferbefestigungen in Gestalt von zumeist reduziert ausgestatteten Doppelkasematten für flankierenden Schuß oder noch einfacher gebauten Unterständen (abris) für die Eingreiftruppen in der sog. 1. Linie, die in den SF Colmar und Mulhouse insgesamt 30 mal (22/8) vertreten waren. Die zweite Linie, knapp hinter der Uferlinie, war mit 10 Bunkern (8/2) relativ schwach ausgebaut und sollte die Uferlinie an möglichen Einbruchsstellen verstärken. Schließlich war es Aufgabe der in der dritten, an der von Straßburg nach Basel entlang des Rhein-

Rhône-Kanals (Canal du Rhône au Rhin) verlaufenden Straße D 468 gelegenen großen und kleinen Kasematten (33; 25/8), den Hauptwiderstand gegen eingebrochenen, aus den Rheinauewäldern herausgetretenen Feind zu leisten. Die gesamte Festungszone wurde durch Artillerie im Raume zwischen Ill und Rhein-Rhône-Kanal gedeckt.
In dieser sog. Dörferlinie lag auch die noch heute zu besichtigende Kasematte 35/3 ostwärts Markolsheim. Zusätzlich zu diesen durch die CORF geplanten und gebauten Bunkern errichtete die Truppe zur Auffüllung der bestehenden Lücken in eigener Regie ihre MOM-Bunkertypen. Diese in ihrer chaotischen Vielfalt nur schwer zu systematisierenden, seit 1935 angelegten, leicht bewaffneten Kampfstände (Schartenstände, Betonkuppelstände, Stützpunkte zur Straßenüberwachung) und hinter der Hauptkampflinie errichteten Befehlsstände als Kommando- und Fernmeldezentralen ergänzten die linear ausgerichtete Verteidigungskonzeption, die lediglich in dem unübersichtlichen und einbruchsgefährdeten Hartwalde, einem Staatsforst ostwärts Mülhausen, mittels Stützpunkten in der Tiefe des Raumes von der allgemeinen Tendenz abwich. Einzig zwischen Münchhausen und Ensisheim und an der Straße von Diebolsheim – Bindernheim – Hilsenheim an der Grenze zum SD Bas-Rhin sollten Riegelstellungen in Ost-West-Richtung eine feindliche Umfassung in den Rücken der Maginot-Linie verhindern.
Der südliche Rheinverlauf ab der Linie Homburg nördlich Kembs mußte in den Planungen der CDF unberücksichtigt bleiben, weil in der Wiener Kongreßakte des Jahres 1815 eine 12-km-Zone (»drei Wegstunden«) um Basel festgelegt worden war. Die HKL des SD d'Altkirch (Sundgau) schlug daher mit ihren STG-Kasematten einen halbkreisförmigen Bogen westlich Basel und bog bei Helfrantskirch in südlicher Richtung ab. Seine Stärke bezog dieser Festungsabschnitt aus der rückwärtig gelegenen Festung Belfort, der der Schutz der burgundischen Pforte oblag. Erst mit Kriegsbeginn wurden in rascher Folge während des Drôle de guerre zwischen Rheinufer und der Straße von Sierenz nach Hegenheim (D12^{BIS}) unvollkommen betonierte Kampfstände gebaut, die zwar in den folgenden Kampfhandlungen keine Rolle mehr spielten, den Festungsabschnitt aber zu einem der am tiefsten gegliederten Zonen der gesamten Maginot-Linie machten.

3. Der Ernstfall: Die Operation »Kleiner Bär« 1940

Die Bewährungsprobe für dieses Milliarden-Francs-Projekt, das die Politik und Bevölkerung Frankreichs in den dreißiger Jahren in einer trügerischen Sicherheit wiegte, kam mit dem Beginn des Krieges gegen Frankreich am 10. Mai 1940. Die strategisch-operative Planung und Durchführung des Angriffes auf Frankreich durch die deutsche Wehrmachtführung umgingen dabei dieses gigantomane Festungswerk der französischen Armee mittels schneller Truppen über die »undurchdringlichen Ardennen« und ließ die Maginot-Linie »links liegen«. Erst in der zweiten Phase des Krieges gegen Frankreich (»Fall Rot«) spielte die Maginot-Linie eine gewisse Rolle dergestalt, daß ihr an der zu den »Neuen Fronten« zählenden Kleinen Werkgruppe 505 bei Villy-la-Ferté[10] einerseits die Rolle für ein gewaltiges Ablenkungsmanöver von der eigentlichen Hauptstoßrichtung des deutschen Angriffes zugedacht war, zum anderen sie als Demonstrationsobjekt für die Nutzlosigkeit ihrer Werke angesichts neuartiger Waffensysteme und die scheinbar unüberwindbare Wehrmacht diente. Absicht der deutschen Führung im Bereiche der Heeresgruppe A war es, gemäß der Mansteinschen Planung die französischen Truppen »im Rücken der Maginotlinie zu einer Schlacht mit verkehrten Fronten«[11] herauszufordern. Zu diesem Behufe hatte die Heeresgruppe mit Masse über Sedan nach Süden vorzustoßen, während die Panzergruppe Guderian in ihrem Gefolge einen Linksabmarsch Richtung Schweizer Grenze durchführen sollte, um so drei französische Armeen, rund 500 000 Mann, im Sinne des Schlieffenschen »Cannae« einzukesseln. Die zur Heeresgruppe C gehörende 7. Armee am Oberrheine hatte letztlich den Kessel bei Mülhausen zu schließen.

Die eigentliche Schlacht am Rhein fand zwischen dem 15. und 17. Juni 1940 im Angriffsstreifen der 7. Armee des Generals der Artillerie Friedrich Dollmann unter der Tarnbezeichnung »Kleiner Bär« (vgl. Karte S. 120) statt zu einer Zeit, da der französische Widerstand längst gebrochen und die französische Hauptstadt am Vortage von deutschen Truppen besetzt worden war. Aber gerade hier galten andere Voraussetzungen, kam doch »der Eroberung – anstelle einer bloßen Besetzung – des Elsaß, Lothringens und des ›urdeutschen Landes Burgund‹ auch politische Bedeutung zu, ganz abgesehen von dem damit verbundenen Prestige.«[12] Vorgetragen wurde der um einen Tag vorverlegte Angriff von Bremgarten im Süden bis Schönau im Norden mit Angriffsschwerpunkt beim XXVII. Armeekorps in der Mitte (2 Divisionen 3. Welle: 218. rechts, 221. Mitte, mit Unterstützung der nachgeführten 213. ID) und Höherem Kommando (sp. AK) XXXIII (239. ID links, mit Unterstützung der nachgeführten Stellungsdivisionen 554 u. 556 zur Sicherung der Südflanke Richtung Mülhausen) aus dem Kaiserstuhle zwischen Schönau und Breisach in einer Frontbreite von 21 km über Colmar – Schlettstadt gegen den Ostrand der Vogesen und die diesen Raum verteidigende 8e Armée mit der aus dem Festungssektor Colmar hervorgegangenen 104e D.I.F. (Festungs-Infanteriedivision) mit nur acht Bataillonen Infanterie und einer einzigen Artillerieabteilung zu 24 Geschützen. Das XXV. AK im Norden (557. und 555. Stellungsdivision) diente der rechten Flankensicherung. Der Auftrag lautete, ohne Rücksicht auf diese über den Rhein die Hauptkampflinie des Feindes zu durchstoßen und in allgemein südwestlicher Richtung über Belfort das operative Hauptziel Dijon zu gewinnen. Das Verhältnis von Verteidiger und Angreifer pegelte sich auf die klassische Konstellation von 1:3 ein.

Am Morgen des 15. Juni um 10 Uhr tritt bei strömendem Regen gegen eine schon weitgehend durch Abzug an die bedrohte Nordfront dezimierte Festungstruppe mit schwacher Bewaffnung und ohne Luftunterstützung eine zusammengewürfelte deutsche Angriffsarmee mit z.T. aus Beutebeständen stammenden Waffen an und nimmt am ersten Tage die Rheinauewälder. Ernsthaften Widerstand findet die Truppe beim Übersetzen mit Sturmbooten über den Hochwasser führenden Rhein nur bei Schönau und besonders bei Breisach, wo gut getarnte, nicht erkannte Kampfstellungen der Maginot-Linie und verstärktes Artilleriefeuer das Übersetzen und den Vormarsch eines Infanterieregiments empfindlich stören und bis zum folgenden Tage aufhalten. Dieser sieht den Angriff auf die Kasematten der Dörferlinie, deren Panzerglocken durch deutsche 8,8-cm-Flak der Flak-Brigade Veith des Luftgaukommandos VII im direkten Schuß und Sturzkampfflugzeuge Junkers JU 87 des V. Fliegerkorps schnell außer Gefecht gesetzt werden. Die verbliebenen französischen Truppen setzen sich in den Abendstunden nach Westen ab; wenige sich zäh verteidigende Widerstandsnester im Bereiche Neubreisach, Markolsheim und Schönau werden nach heftiger Gegenwehr am 17. Juni durch die 221. ID. genommen. An diesem Tage wird, nach Überwindung des Rhein-Rhône-Kanales an allen Stellen, Colmar durch eine Vorausabteilung des Höheren Kommandos XXXIII besetzt und Neubreisach durch die 554. Div eingenommen; Mülhausen (556. Div) folgt am 18., Straßburg schließlich am 19. Juni (555. Div). Die Franzosen ziehen sich derweil auf die Vogesenhöhen zurück, die nun von den Divisionen des rechts eingesetzten XXVII. Armeekorps (218. und 221. ID) im Bereiche Col du Bonhomme und Schluchtpaß bedrängt und schließlich durch die Kesselbildung der Panzergruppe Guderian von Westen her eingeschlossen werden. Der überraschend von der Heeresgruppe C am 19. Juni angeordnete Einsatz der in Reserve gehaltenen 6. Gebirgs-Division über die Sasbacher Behelfsbrücke dient hierbei eher optischen Gesichtspunkten denn taktischen Notwendigkeiten. Denn wenn auch der Gebirgskampf den in diesem Metier weitgehend ungeübten deutschen Truppen einige Schwierigkeiten auferlegt, hat sich der Kreis längst geschlossen: Im Norden haben Teile des XXV. AK bereits Verbindung mit dem linken Flügel der 1. Armee aufgenommen. Damit ist auch das Schicksal der Maginot-Linie besiegelt. An den noch intakten Werken der Lauterfront klopft die Wehrmacht, die in der »Falle von Lothringen« drei Armeen in klassischer Manier

eingekesselt hat, am rückwärtigen Eingang an; auf Befehl des französischen Oberbefehlshabers geben die Besatzungen den aussichtslosen Kampf auf. Die Devise der Festungstruppen »On ne passe pas« hatte die Verantwortlichen Lügen gestraft, das Denken in Kategorien einer »securité« sich als Chimäre erwiesen.
Die aus dieser Katastrophe zu ziehenden Lehren waren eindeutig: Auf Feindseite war das Konzept des Zusammenwirkens von Festungen und Feldarmee mangels Reserven gründlich mißachtet worden. Die Bunker der Maginot-Linie und ihre Besatzungen standen somit weitgehend unverbunden, in zu großem Abstande und ohne Artillerie- und Luftunterstützung, einem Gegner gegenüber, der zwar nicht über vollwertige Truppen verfügte, dafür aber unter Ausnutzung des taktischen Überraschungsmoments – Angriff zu ungewöhnlicher Zeit bei extremen Wetterbedingungen – und einer guten Kenntnis der Lage der Werke in Ufernähe mit deutlicher Artillerieüberlegenheit und Luftbeherrschung einen schon weitgehend demoralisierten Verteidiger in wenigen Tagen zur Kapitulation zu zwingen vermochte. Die Maginot-Linie hatte ihre Bewährungsprobe nicht bestanden.

Große Teile der ehemaligen starken Befestigungen an den Rheinübergängen sind heute verschwunden. Von den vorhandenen Anlagen im Oberelsaß, darunter auch einige deutsche der Jahre 1914–1918, sind nur wenige noch begehbar; viele sind zerstört oder einer neuen Verwendung zugeführt worden, so eine heute einen Weinkeller beherbergende deutsche Kasematte von 1892. Die als Standardtypus weitverbreitete Doppelkasematte 44/3 Algolsheim-Nord südostwärts von Neuf-Brisach findet sich mehrfach in der sog. Dörferlinie. Die Kasematte 35/3 Marckolsheim-Sud dient jetzt als Gedenkstätte und Museum (s.u. Kriegsgeschichtliche Museen). Sie ist eines der eindrucksvollsten Relikte der am Rheine vertretenen Sonderbauform der oberirdischen Befestigungsanlage der 3. Linie. Neuerdings kann auch die STG-Kasematte Aschenbach südl. Uffheim nahe Sierenz im Festungsabschnitt Altkirch besichtigt werden, ein auf den Sundgauhöhen gelegener Bunker mit Untergeschoß. Daneben aber fallen dem Besucher des Elsaß die zahllosen Überreste dieser gigantischen Orgie in Stahlbeton allerorten ins Auge und halten die Erinnerung wach an eine nun glücklicherweise überwundene Zeit der »Erbfeindschaft« zwei bedeutender Kulturnationen unseres Kontinentes.

IV. Der Erste Weltkrieg am Oberrhein und in den Vogesen

1. Die Voraussetzungen

Ungeachtet der ihm folgenden unheilvollen Entwicklungen und Umbrüche muß der Erste Weltkrieg retrospektiv als *das* Ereignis, als »great seminal catastrophy of this century«, die »Urkatastrophe des zwanzigsten Jahrhunderts«[13], wie sie George F. Kennan bezeichnete, gewertet werden. Denn nur die aus ihm resultierenden Aggressionen und Emotionen zeitigten Weiterungen, die ihre Auswirkungen bis heute ausstrahlen. Im Bündnissystem der Großmächte zu Beginn des 20. Jahrhunderts stand das erst seit 1871 geschaffene, durch Bismarck mittels eines Krieges geeinte Deutsche Reich nach 1890 unter seinen Nachfolgern vor der Bündnisfrage in einem Mitteleuropa, dessen divergierende Machtinteressen denen des Reiches diametral entgegenstanden. Eine wenig feinfühlige Reichsleitung verpaßte die Chance der Fortführung und Vernetzung der Bismarckschen Bündnispolitik und isolierte Deutschland in der internationalen Politik. Zuletzt blieben nur noch der Vielvölkerstaat Österreich-Ungarn und das unsichere, weil mit Österreich durch gemeinsame, umstrittene Grenzen verbundene Italien als Bundesgenossen. Interessen des zaristischen Rußland in Verfolg panslawistischer Ideen auf dem Balkan und territorialer Begehrlichkeiten gegenüber der Türkei an den Dardanellen kollidierten mit deutschen Bündnisverpflichtungen und machtpolitischen Vorstellungen, die das Land in die Arme des mit Deutschland in »Erbfeindschaft« verbundenen Frankreichs trieben, das, zusammen mit dem um die »balance of power« bemühten, letztlich aber nur auf seine wirtschaftlichen Vorteile bedachten Empire, sich in einer »Entente cordiale« zusammenfand, die das Reich zunehmend isolierte. Eine in einer Art »fin de siecle«-Stimmung gesteigerte Todesbereitschaft und Überdrüssigkeit einer bürgerlichen Saturiertheit, die sich schon im ersten Jahrzehnt des neuen Jahrhunderts in einem Ausbruch eines Teiles der Jugend in der Wandervogelbewegung äußerte und auch in weiten Teilen des Volkes den Wunsch nach einem »Stahlbad« zur Reinigung von dekadenten Erscheinungsformen weckte, relativierte Bedenken gegenüber einem künftigen Waffengange.

In diese Situation sah sich der deutsche Generalstab gestellt, dem die Planung eines möglichen Krieges aufgetragen war. Die überragende Gestalt seines von 1891 bis 1906 amtierenden Chefs Alfred Graf v. Schlieffen und seine strategische Überlegungen überstrahlten auch den Nachfolger im Amte, Generaloberst Helmuth v. Moltke d. J. , der die Zwanghaftigkeit dieses Konzeptes zur – allerdings nicht unwesentlich veränderten – Grundlage seines Operationsplanes für die entscheidenden Schläge gegen die Feinde in Ost und West machte. Die im Jahre 1905 kurz vor dem Ausscheiden Schlieffens formulierten Gedanken, in der Folge als Schlieffen-Plan bezeichnet, wurden nicht nur im Generalstabe als Patentrezept für den Sieg über die Kontinentalmächte gehandelt; sie gingen von einem für das Deutsche Reich auf Grund seiner Mittellage und seiner Wirtschaftskraft unausweichlichen Zweifrontenkrieg aus, dem mittels einer schnellen Zerschlagung Frankreichs unter Inkaufnahme der Verletzung der Neutralität Belgiens und Luxemburgs und einer daran anschließenden Umgruppierung der Streitkräfte gegen die erst dann als aufmarschfertig gedachte russische Armee begegnet werden sollte. Um diese zeitlich eng begrenzte strategische Vorgabe erfüllen zu können, sollte das Westheer mit verstärktem rechten Flügel in einem schnellen Flankenmarsch weit ausholend westlich an Paris vorbei nach Südosten einschwenken und die im Festungsgürtel an der Ostgrenze Frankreichs vermutete französische Armee in einer an Cannae erinnernden Einkesselung vernichten. Unterschätzung des französischen Gegners und ein gewisser Hurrapatriotismus auch im preußisch-deutschen Offizierkorps trugen in Verbindung mit dem als siegbringend eingeschätzten Schlieffen-Plan vor dem Hintergrund eines verbreiteten Einkreisungskomplexes nicht unwesentlich zu einem leichtfertigen Vertrauen maßgebender deutscher Politiker in die Angriffsfähigkeit der deutschen Armee[14] bei, die nach dem Attentat von Sarajewo am 28. Juni 1914 ein dem Ernste der Situation gebotenes Krisenmanagement vermissen ließen und so ein gut Teil Schuld am Entstehen des Ersten Weltkrieges auf sich luden. Gleichwohl kann und darf die Mitverantwortung und Mitschuld der Hauptmächte im europäischen Konzert am Vorabend dieser Katastrophe dadurch nicht minimiert werden.

2. Ausgangslage 1914: Die operativen Planungen beider Seiten mit Schwerpunkt im Raume Oberelsaß

Deutsches Reich

Als der deutsche Kaiser am 31. Juli 1914 im Sternensaal des Berliner Schlosses die Ordre über den Zustand der drohenden Kriegsgefahr auf der Hand des Kriegsministers v. Falkenhayn unterzeichnete, begann in den militärischen Schaltstellen ein Uhrwerk anzulaufen, das in seiner Präzision seinesgleichen suchte. Zugleich entzog die Oberste Heeresleitung (OHL) und damit die militärische Führungsschicht den Politikern das Gesetz des Handelns und setzte eine Militarisierung der Gesellschaft in Gang, deren Auswirkungen sich erst in der Zeit der ersten deutschen Republik wirkmächtig entfalten sollten. Dadurch wurde aber auch der preußische Generalstabschef unter erheblichen Zugzwang gesetzt, war doch selbst von seinem Onkel, dem älteren Moltke, für den Fall eines gleichzeitigen Krieges gegen Frankreich und Rußland eine defensive Strategie der Präventivkriegsidee vorgezogen worden, zumal eine friktionsarme Durchführung des Schlieffen-Planes angesichts des deutschen Kräftedefizits schon im Ansatze als wenig erfolgversprechend erscheinen mußte[15]. Der deutsche Aufmarschplan – beginnend mit der 1. Armee am rechten Flügel bis zur 5. Armee am beabsichtigten Drehpunkt Diedenhofen–Metz – hatte ursprünglich für die wegen des starken Festungsgürtels als unüberwindlich erscheinende französische Ostfront nur Grenzschutz und einen dünnen Schleier von gemischten Landwehrbrigaden in der Oberrheinebene vorgesehen, auch auf die Gefahr hin, daß ein Einbruch in deutsches Land erfolgte[16]. Dies lag durchaus im Kalkül Schlieffens, der die Franzosen in diese operative Falle locken wollte, um sie dann im Rücken einkesseln zu können (Drehtüreffekt). Moltke aber, der glaubte, einen Vorstoß in badisches Land mit seinen verheerenden psychologischen Folgen für die Bevölkerung nicht verantworten zu können – der unerwartete, überraschende Einfall der Russen in Ostpreußen kurz nach Kriegsbeginn und seine Auswirkungen auf die Einwohnerschaft sollte ihm gewissermaßen recht geben –, hatte bereits im Aufmarschentwurf 1908/09 die Sicherung des Oberrheintales durch das XIV. AK angeordnet, um dem Feind keinen Einblick in die Situation auf dem rechten Rheinufer zu erlauben. Schließlich gestaltete sich das ursprüngliche Verhältnis des rechten zum linken Flügel von 7:1 durch Aufmarsch der 6. und 7. Armee mit insgesamt 8 Armeekorps in Lothringen und am Oberrhein auf lediglich 3:1. Die 7. Armee war »in der Gegend von Straßburg versammelt, um einem Vorgehen des Gegners von Belfort in das Oberelsaß entgegen zu treten. Mit diesem Unternehmen rechnete ich fast mit Sicherheit. Die Franzosen mußten es schon des Prestiges halber in Szene setzen.«[17] Moltke hat diesen »Liebesdienst«, wie sich Schlieffen ausdrückte, nicht angenommen.

Der uns hier interessierenden 7. Armee unter dem Befehl von Generaloberst v. Heeringen war der Aufmarschraum Straßburg – Mülhausen – Freiburg i. Brg. mit zwei aktiven Armeekorps (XIV. u. XV. AK) und einem Reservekorps (XIV. RK) sowie der 60. Landwehr-Brigade und den unterstellten Festungen Straßburg und Neubreisach zugewiesen worden. Daneben sollten die unter dem Kommando des stellvertretenden Kommandierenden Generals XIV. AK stehenden Deckungstruppen (1. und 2. bayer. Landwehr-Brigade, 55. Landwehr-Brigade, Landwehr-Infanterieregiment 110, 1 Batterie schwere Feldhaubitzen) zunächst noch der 7. Armee zugewiesen bleiben. Enges Zusammenwirken mit Teilen der 6. Armee des bayerischen Kronprinzen in Lothringen im Falle eines offensiven Vorgehens der Franzosen in den Reichslanden war vorgesehen. Aufgabe der 7. Armee in der Phase des Aufmarsches war der Schutz des Oberelsaß dergestalt, daß schwächere französische Angriffsunternehmen zurückgewiesen, stärkeres Vordringen dagegen durch Rücknahme der eigenen Kräfte auf die allgemeine Linie Straßburg – rechtes Rheinufer und Zerstörung der Lebenslinien dieses Landes als auch des rechtsrheinischen Südbadens beantwortet werden sollten.

Standorte deutscher Truppen im Oberelsaß im Jahre 1914

Colmar i. E. (XV. AK):
Kdo 39. Div; Idtr 39. Div; Kdo 82. InfBrig; Kdo 39. KavBrig; Kdo 39. FeldaBrig; 2. Oberels. InfRgt Nr. 171; Großhzgl. Mecklb. JägerBtl Nr. 14; Kurmärkisches DragRgt Nr. 14; JägerRgt z. Pf. Nr. 3; St u. I./3. Oberels. FeldaRgt Nr. 80; BezKdtr; Proviantamt; MilBauamt; GarnVerw; GarnLaz
Mülhausen i. E. (XIV. AK):
Kdo 58. InfBrig; Kdo 29. KavBrig; 4. Bad. InfRgt Prinz Wilhelm Nr. 112; St, I. u. III./7. Bad. InfRgt Nr. 142; 3. Bad. DragRgt Prinz Karl Nr. 22; JägerRgt z. Pf. Nr. 5; BezKdtr I u. II Mülhausen i. E.; Proviantamt; GarnVerw; GarnLaz
Neubreisach (XV. AK):
Kdtr, 3. Oberels. InfRgt Nr. 172; I./4. Bad. FeldaRgt Nr. 66; II./3. Oberels. FeldaRgt Nr. 80 (vorl. TrÜbPl Oberhofen/Elsaß); ArtDepot; Fortifikation; VerkehrsOffz v. Pl.; Proviantamt; GarnVerw; GarnLaz

Frankreich

Mit der Ernennung des Général Joseph Joffre zum Generalstabschef im Jahre 1911 erfolgte auch ein Wandel im Denken des französischen Militärs von Kategorien der strategischen Abwehr hin zu einer strategischen Offensive, die Absprachen mit dem russischen Bündnispartner aus dem Jahre 1911 in ihr Kalkül miteinbezog und den Aufmarsch des Heeres weiter nach vorne zur Ostgrenze vorverlegte. Dieser im Frühjahre 1913 von der französischen Regierung abgesegnete Plan Nr. XVII (vgl. Karte, S. 115) sah zwei mögliche Angriffsrichtungen gegen den

Raum südlich und ostwärts Metz mit einem flankensichernden Ablenkungsangriff ins Oberelsaß oder aber von einer Linie Verdun–Metz in nördliche Richtung vor. Demgemäß wurde daher ein Versammlungsraum im Bereiche des Festungsgürtels Belfort–Epinal–Toul–Verdun für die südliche Armee-Gruppe (VII. Korps, 1. u. 2. Armee mit der 2. Gruppe Reserve-Divisionen sowie der 1. Gruppe Reserve-Divisionen bei Vesoul als Flankensicherung zur unmittelbaren Verfügung der Heeresleitung) und ein ebensolcher von Verdun ausschließlich bis Hirson im Norden reichender für die nördliche Hauptgruppe (5. Armee, Kavalleriekorps Sordet, 4. Gruppe Reserve-Divisionen) bestimmt. Dazwischen, sozusagen als Eingreifreserve für eine der beiden Gruppen und als Deckung der Festung Verdun, stand auf den Höhen der Maas, den Côtes Lorraines, gegenüber der deutschen Festung Metz die 3. Armee mit der 3. Gruppe Reserve-Divisionen. Rückwärts versetzt mit Anlehnung an den linken Flügel der 3. Armee sollte die 4. Armee die strategische Reserve der Heeresleitung bilden. Durch diese Staffelung war es der französischen Armee verhältnismäßig leicht möglich, die deutschen Angriffspläne durch geschicktes Manövrieren zu konterkarieren resp. ihnen zuvorzukommen.
Auftrag der der deutschen 7. Armee gegenüberliegenden 1. französischen Armee unter dem Oberbefehl des Général Dubail war der frontale Angriff und Durchbruch der deutschen Front mit allgemeiner Richtung Breuschtal–Donon–Saarburg. Das auf dem rechten Flügel versammelte VII. Korps hatte diesen Vorstoß über Colmar–Schlettstadt flankierend zu unterstützen. Möglicherweise zielte die Planung im Unterbewußtsein auf einen allgemeinen Durchbruch bei Straßburg weiter über den Rhein zur Trennung der norddeutschen und süddeutschen Staaten mit der vagen Hoffnung auf einen Separatfrieden mit letzteren, wonach der entscheidende Stoß gegen Preußen geführt werden sollte, wie dies im Deutsch-Französischen Kriege von seiten des französischen Generalstabes projektiert worden war. Ohne eine solche Konzeption müßte der allein auf Angriff fixierte Plan Joffres frontal ins Reich als zumindest phantasielos bezeichnet werden.

3. Die Eröffnungsschlachten im deutschen Reichsland August 1914

Die Erste Schlacht bei Mülhausen

Zur Entlastung der sich entwickelnden Schlacht in Lothringen beschloß der Oberbefehlshaber der 1ère Armée, Général Dubail, einen Vorstoß über die Grenze des Reichslandes durch die Vogesentäler in die Rheinebene zu wagen. Hierzu sollte das verstärkte VIIe Corps d'Armée von

Général Bonneau mit der 8e Division de cavalerie als Flankenschutz am 7. August 1914 aus dem Raume Belfort heraus mit der 14e Division d'infanterie die Linie Altkirch–Niedersulzbach erreichen und mit der 41e Division d'infanterie aus dem Thurtale gegen Thann vorgehen. Die deutschen Grenzsicherungen im Oberelsaß, hauptsächlich die zur 29. Infanterie-Division zählende 58. Infanterie-Brigade unter Generalmajor Stenger, zogen sich hinhaltend kämpfend in der Nacht zum 8. August nach Neuenburg am Rhein zurück. Am Abend des 8. August marschierten die Franzosen (14e D.I.) unbehelligt in Mülhausen ein. Zu diesem Zeitpunkt hatte sich der Armeeoberbefehlshaber v. Heeringen, nach Rücksprache mit der OHL und deren ausdrücklicher Genehmigung, bereits entschlossen, die Herausforderung anzunehmen, um einer Ausweitung des Angriffes von vornherein zu begegnen. Hierfür erhielt das XV. AK (30. und 39. InfDiv) Befehl, im Bahntransport den Raum Colmar zu erreichen und mit Teilen die Sperren der Vogesenpässe aufrecht zu erhalten; das XIV. AK sollte seine Bereitstellungsräume bei Breisach (28. InfDiv) und Müllheim (29. InfDiv) beziehen. Das in der Heranführung befindliche XIV. RK hatte im Laufe des 9. August die Rheinübergänge bei Markolsheim (28. ResDiv) und Schönau (26. ResDiv) zu erreichen. Schließlich lautete der Auftrag für das Gouvernement Straßburg auf Sperrung des Breuschtales. Der Angriffsbefehl erfolgte am Abend des 8. August; die beiden Korps sollten in frontalem

»A la conquête de l'Alsace« (Auf zur Eroberung des Elsaß!). Zeitgenössische französische Postkarte in naiver Manier. Die Soldaten sind neben ihrer Waffe mit dem sogenannten »Hartmannsweilerstock« ausgerüstet.

Angriff in der Reihenfolge 39., 30., 28., 29. Infanterie-Division den Gegner auf den Sundgau und Belfort zurückwerfen[18]. Das für den Gegner vorteilhafte Gelände sowie die heiße Wetterlage des 9. August behinderten die Aktion nicht unwesentlich; vor allem aber ließen die Vogesen-Vorberge und die bis auf diese Höhe in Stellung gegangenen Posten des 133e R.I. unter Colonel Coste eine taktische Entfaltung und Umfassung über die Höhen nicht zu. Der am rechten Flügel eingesetzten 39. Infanterie-Division unter Generalleutnant Frhr. v. Watter gelang daher erst gegen 18.00 Uhr die Erstürmung des nordwestlich von Sennheim gelegenen Dorfes Steinbach mit der 61. Infanterie-Brigade. Besonders die auf Höhe 419 gelegene Antoniuskapelle nördlich Steinbach und westlich des gleichfalls hart umkämpften Uffholz machte den Soldaten des InfRgt 61 zu schaffen. Die links davon marschierende 30. Infanterie-Division des Generalleutnants v. Eben vermochte nur im Zusammenwirken mit der Nachbardivision am Abend Sennheim nach heftigem Straßenkampfe zu säubern; ein französischer Gegenstoß des 15e BCP und von Teilen des 133e R.I. konnte pariert werden. Eine Verfolgung des Gegners wurde nicht aufgenommen und die Möglichkeit eines Durchstoßes gegen den bei Mülhausen stehenden Gegner und des Abschneidens seiner Rückzugswege nicht wahrgenommen. Ein Grund hierfür mag auch die an diesem ersten Kampftage vorherrschende Verwirrung und fehlender Überblick unter den Kombattanten gewesen sein, die gar zu Angriffen in den eigenen Reihen führten wie z. B. in Wittelsheim ostwärts Sennheim, wo eine allgemeine Schießerei »zu bedauerlichen Verlusten führte und erst nach längeren Bemühungen durch Blasen von Signalen [!] beendigt werden konnte.«[19] Mangelnde Nachrichtenverbindungen und Anschlüsse zu den Nachbareinheiten und die ungewohnte Kriegspraxis ließen diesen Tag fast zum Fiasko werden.
Die räumlich auseinandergezogenen Divisionen des XIV. AK am linken deutschen Flügel waren infolge der marschungeübten Truppe und starker Hitze unter Zurücklassung zahlreicher Fußkranker nur bis vor Mülhausen gelangt, wo sie auf Anweisung des Oberbefehlshabers der 7. Armee zur Unterstützung des XV. AK, das nun zu einer Umfassungsaktion angesetzt worden war, für einleitende Kämpfe am nächsten Tage bereitstehen sollten. Doch im Eifer der ersten Gefechte – dynastische Profilierungsgründe sind, ähnlich der Vorgehensweise kurze Zeit später bei der bayerischen 6. Armee, nicht auszuschließen; der zu den Positionen des Armeekorps herüberschallende Kanonendonner mag zusätzlich stimulierend gewirkt haben – ließ der Kommandierende General v. Huene des XIV. AK die Bewegungen auf Mülhausen in den Nachmittagsstunden fortsetzen. Er geriet dabei in anhaltende, zum Teile schwere Kampfhandlungen, kam aber über die Linie Burzweiler –

Napoleonsinsel – Habsheim nicht hinaus. Huene sah sich daher auch außerstande zur Abgabe einer für das XV. AK geforderten Brigade. Die Infanterie-Regimenter 111 und 40 der 56. InfBrig am rechten Flügel der 28. Division konnten erst nach erbitterten Gefechten gegen die 41^{e} D.I. Lutterbach nordwestlich Mülhausen nehmen. Ähnlich hart fochten die linken Nachbar-Regimenter 109 und 110 im Norden Mülhausens bei Illzach und Burzweiler. Am linken deutschen Flügel, bei der 29. Division, sah es nicht besser aus: auch hier mußte sich die 84. InfBrig unter verlustreichen Kämpfen, bei welchen der Kommandeur, General v. Koschembahr, den Soldatentod fand, den Weg bahnen. Erst gegen Abend gelang es dann der links eingesetzten 58. Brigade mit dem Seehasen-Regiment 114 aus Konstanz gegen Rixheim und Habsheim (Exerzier- und Flugplatz) südwestlich von Mülhausen vorzugehen, bis die hereinbrechende Nacht, die zur weiteren Verwirrung in den eigenen Reihen führte, die Streitenden endlich trennte und sie wegen fehlender Anbindung und Nachrichtenverbindungen z. T. wieder ihre Ausgangsposition beziehen ließ.

Als die deutschen Verbände am folgenden Tage den Kampf wieder aufnehmen wollten, hatten sich die Franzosen, trotz eines dringenden Appells des möglicherweise über die tatsächliche Lage nicht hinreichend unterrichteten Joffre, in Erwartung eines Flankenangriffes des rechten deutschen Flügels bei Lutterbach und Sennheim bereits auf eine Linie Altkirch – Galfingen – Reiningen–Thann zurückgezogen. Auf der Linie Brunstatt – Landser verharrte schließlich ohne weitere Feindberührung das XIV. AK, dessen 55. Infanterie-Brigade zuvor kampflos in Mülhausen einmarschiert war.

Das XV. Korps des Generals v. Deimling bekam dagegen wieder Fühlung mit dem Feinde, der sich auf den Höhen bei Ober- und Niederaspach und Schweighausen verschanzt hatte, um den Abzug der ostwärtigen Verbände zu decken. Erst gegen Abend führte ein frontaler Infanterieangriff der 39. Division zum Erfolge – der Umfassungsversuch der 30. Division bei Reiningen kam dagegen zu spät und traf ins Leere –, so daß sich die 41e D.I., das energische Eingreifen ihres Kommandeurs, Général Superbie, mißachtend, genötigt sah, sich in größter Eile zurückzuziehen und den Sundgau bis zum 13. August zu räumen. Das Treffen bei Altmünsterol ostwärts Belfort am 13. August, in welchem der 113e Brigade d'infanterie der 57e D.R. durch geschickt operierende deutsche Verbände ein großer Aderlaß beigebracht wurde, blieb solitär.

Die deutschen Truppen hatten zwar einen ordinären Sieg errungen, aber um welchen Preis! Das Schlieffensche Konzept war spätestens zu diesem Zeitpunkt endgültig aufgegeben worden und einem bloßen Taktieren in zusammenhanglosen Einzelgefechten gewichen. Ursächlich hierfür waren neben einem geringen Ausbau des Wegenetzes und der wenig Entfaltung gewährenden Ostseite der Vogesen in erster Linie schwere Versäumnisse der oberen Führung, insonderheit des Armeeoberbefehlshabers v. Heeringen, die die Gunst der Stunde nicht zu nutzen wußten und ihre Truppen in die frontale Abnutzung schickten. Vernachlässigung der Anbindung an die Nachbarn und schwerfällige Nachrichtenverbindungen sorgten für Friktionen im Ablaufe der Operationen, die zudem unnötige Opfer forderten. »An der Grenze Elsaß-Lothringens spielte sich eine der größten militärischen Torheiten dieses Jahrhunderts ab. Die Franzosen drängten in den von Schlieffen geplanten Kessel hinein, doch die Deutschen auf dem linken Flügel warfen die Angreifer, die sich freiwillig in den Schlund des Verderbens gestürzt hatten, mit aller Kraft wieder hinaus. [...] Somit geriet die Durchführung des Schlieffenplanes im Jahr 1914 zu einer Persiflage der Schlacht von Cannae, wobei offenbar der rechte Flügel nicht wußte, was der linke tat.«[20]

Die Zweite Schlacht bei Mülhausen

Am 10. August, dem Tage des Sieges bei Mülhausen, waren die gesamten Truppen im Reichslande Elsaß-Lothringen dem Oberbefehlshaber der 6. Armee, Kronprinz Rupprecht von Bayern, unterstellt worden. Unklar über die Absichten des Feindes, erkundete Rupprecht die Möglichkeiten einer Offensive seiner Armee gegen das Département Meurthe et Moselle, wozu die 7. Armee mit XIV. und XV. AK aus dem Oberelsaß und auf der Linie Colmar – Oberehnheim über die Vogesen hinweg gegen die Meurthe vorgehen sollte. Erkenntnisse über starke feindliche Kräfte gegenüber der 6. Armee ließen die OHL Rupprecht jedoch anweisen, ein offensives Vorgehen sei im Interesse der Gesamtplanung nicht opportun. Zu diesem Zeitpunkte war der Abtransport der 7. Armee bereits im vollen Gange, deren XV. AK (Deimling) wegen Differenzen in der Zusammenarbeit mit den Eisenbahnbehörden gegen den Befehl des Armeeoberkommandos den Fußmarsch nach Norden antrat. Das von aktiven Truppen entblößte Oberelsaß wurde jetzt nur noch von Landwehrverbänden geschützt, die jedoch allesamt in den rechtsrheinischen Brückenköpfen versammelt waren. Unter dem Oberbefehl von General der Infanterie Gaede standen eine Landwehr-Brigade unter Befehl des Kommandanten der Oberrheinbefestigungen, Generalleutnant v. Bodungen, zur Sicherung des Abschnittes von Neuenburg bis Basel, die 55. gem. Landwehr-Infanterie-Brigade des Generalleutnants Mathy, die 55. gem. Ersatz-Brigade des Generals Dame und das 4. bayer. Reserve-Infanterieregiment als Deckungstruppe für den Abzug der 7. Armee, sowie die

1. und 2. bayer. Landwehr-Brigade zur Ablösung des noch in den Vogesen stehenden Grenzschutzes des XV. AK. Die Bewegungen der deutschen Truppen im Elsaß blieben den Franzosen verborgen, hätten sie doch ansonsten leichtes Spiel in dem militärisch entblößten Oberelsaß gehabt.
Mittlerweile ließ Joffre das VIIe Corps zur Armée d'Alsace durch Général Pau umbilden, die den erneuten Stoß gegen die im Oberelsaß stehenden deutschen Verbände führen sollte, um diese zu binden und den Vormarsch der 1ère und 2ème Armée flankierend zu sichern. Der Angriffsbeginn, auf den 14. August festgelegt, verzögerte sich bei der Armée d'Alsace auf Grund der vorausgegangenen Ereignisse um einen Tag. Am 15. August trat sie – insgesamt sechs Divisionen – mit rechtem Flügel am Rhein-Rhone-Kanal angelehnt zum Vormarsch gegen Mülhausen an; als Zwischenziel war die Linie Dammerkirch – Thann bestimmt worden, die sie am folgenden Tage erreichte. Gleichzeitig ging die Gruppe des Général Bataille mit dem 152e R.I. und Jägern des 5e BCP, 13e u. 30e BCA über den Schlucht-Paß im Fechttale vor und besetzte Münster. Beim Erreichen der Linie Altkirch – Mülhausen – Sennheim stieß die Armée d'Alsace am 19. August mit angriffsweise vorgehenden deutschen Landwehrverbänden der Brigade Mathy (rechts), Dame (Mitte) und Bodungen (links als Flankensicherung) zusammen, die vor dem Ansturm der aktiven Verbände des VIIe C.A. (Dornach, Zillisheim, Tagsdorf) bis zum Abend über den Rhein zurückweichen mußten.
Dieser Rückzug geriet bei dem der Brigade Mathy zugehörigen Landwehr-Infanterieregiment 40 zur zügellosen, auch durch deren Offiziere nicht mehr aufzuhaltenden Flucht nach Neuenburg. Vorausgegangen war dieser Panik ein Gefecht in Mülhausens westlicher Vorstadt Dornach[21] in den Morgenstunden des 19. August, bei welchem die zuvor unbehelligt durch Mülhausen marschierte Truppe direkt in den Aufmarsch der französischen Armee gestoßen war. Das 42e R.I. der 28e Brigade im Verbande der 14e D.I. hatte bei Erreichen Dornachs Feuer bekommen und daraufhin den Kampf mit allen zur Verfügung stehenden Mitteln aufgenommen. Wegen der Intensität des Gefechtes setzte der Kommandeur der 14e D.I., Général Curé, seine 27e Brigade mit den Infanterieregimentern 44 und 66 ein; zugleich belegten die beiden, bei Niedermorschweiler in Stellung gegangenen Abteilungen des 47e R.A. Dornach und die dort noch haltenden Landwehrinfanterieregimenter 40 und 110 mit heftigem Granat- und Schrapnellfeuer. Erst als sich der Ring um Dornach durch den Einsatz weiterer Jägerbataillone (15^{e} und 55^{e} BCP) und Feldartillerieabteilungen (5^{e} R.A.) zu schließen drohte, befahl General Mathy um die Mittagszeit den Abbruch und Rückzug.

Der Nachbarbrigade Dame war als Tagesziel Galfingen jenseits des Rhein-Rhône-Kanals bestimmt worden, das sie durch Sicherung der Brückenübergänge über die Ill bei Brunstatt und dem südlich gelegenen Zillisheim zu erreichen suchte. Genau an dieser Stelle jedoch sollte die 66e D.R. über die Ill in Richtung Brunstatt vorgehen. Da sie Zillisheim besetzt fand, entschloß sich die Divisionsführung zum Übergang der Ill bei dem südlicher gelegenen Illfurt, um ihr Ziel zu erreichen. Von Zillisheim aus setzte die Brigade des Général Saucède das 253e R.I. gegen Flachslanden ein, auf dessen umgebenden Höhen General Dame zwei Ersatzbataillone postiert hatte, die den nun folgenden Angriff des LIR 119 decken sollten. Nach mehrmaligem Ansturme konnte sich das Regiment im Dorfe unter heftiger Gegenwehr der Franzosen festsetzen und diese in schwerste Bedrängnis bringen. Auch der taktisch ungeschickte Einsatz des 97^{e} R.I. unter Colonel Roux in den Kampf vermochte keine Wende herbeizuführen, so daß die Franzosen in den frühen Nachmittagsstunden des 19. August, nach schwersten Verlusten, in heilloser Verwirrung bis auf Zillisheim zurückgingen. Ein Denkmal an der Straße nach Mulhouse (D432) südlich Flaxlanden erinnert noch heute an das Schicksal dieses aus Savoyen stammenden Regiments.
Auch der am linken Illufer vorgehenden französischen Infanterie der Regimenter 215 und 303 glückte der Flußübergang nicht. Dafür griffen die auf den Höhen zwischen Diedenheim und Fröningen aufgefahrenen 9 Batterien der französischen Artillerie mit Bravour in das Gefecht ein und belegten Brunstatt und Flachslanden mit schweren Kalibern. Noch während des Dornacher Gefechtes hatte die auf dem Illberge sdl. Altkirch stehende Korpsartillerie des VIIe C.A. unter Colonel Nivelle auf den Höhen um Brunstatt die offen am Waldrande aufgefahrene deutsche Artillerie der Brigade Dame entdeckt und »4 Batterien (24 Geschütze) ehrenvoll zusammengeschossen«[22]; die Hälfte der Brigadeartillerie war damit vernichtet. Diese falsche, in weiten Kreisen der Feldartillerie zu Beginn des Weltkrieges verbreitete Ehrauffassung, die das indirekte Schießen als Feigheit apostrophierte, hat einen nicht unerheblichen Blut- und Materialzoll gekostet.
Auf die links eingesetzte Brigade Bodungen traf die Tête der 44e D.R. bei Emlingen völlig unvorbereitet und mußte schleunigst retirieren, um die nachfolgende Hauptkolonne nicht in die Falle laufen zu lassen. Auch bei Tagsdorf gelang es dem LIR 109, das 157e R.I. zu schlagen und dessen Kommandeur, Général Plessier, tödlich zu verwunden. Die führungslosen Franzosen wichen panikartig nach Walheim zurück. Dort traf gegen 11 Uhr die linke Kolonne der Division unter Colonel Buchner mit dem wenig später bei Zillisheim unglücklich kämpfenden 97e und dem 159e R.I. ein, der die Initiative ergriff und in zähen Kämp-

fen mit den links und rechts umfassend vorgehenden Teilen der Division und der auf den Höhen bei Altkirch und Heidweiler postierten Artillerie General Bodungen zum Ausweichen gegen den Rhein zwang.
Am Abend des 19. August hatte die Armée d'Alsace bereits Mülhausen besetzt und eine allgemeine Linie Tagsdorf – Mülhausen – Sennheim – Gebweiler gewonnen, in welcher der Angriff erstmals innehielt, weil sich Général Pau für eine Fortführung desselben noch nicht stark genug fühlte. Operatives Ziel war zunächst der Gewinn der Linie Colmar – Neubreisach, auf welcher ein Zusammengehen mit den in den Vogesen die Paßübergänge von Belfort bis zum Col du Bonhomme besetzt haltenden Truppen vorgesehen war. Bis zum 26. August konnte Pau seine Stellungen halten; vereinzelt kam es zu kleineren Aktionen, so am Ausgange des Fechttales bei Logelbach (vgl. die Gefechte von 1675 und 1945!), wo die Gruppe Bataille Colmar bedrohte und trotz massiven Einsatzes der 1. bayer. Landwehr-Brigade nicht nur nicht zurückgeworfen werden, sondern sogar – durch Zurücknahme der Brigade in eine Aufnahmestellung – kampflos in Colmar einrücken konnte. Das lange Zögern Paus verhinderte den möglichen Durchbruch und damit die Veränderung der gesamten operativen Lage an der Westfront. Dann erforderte die kritische Lage an der Mittel- und Nordfront, in die die 2ème (Castelneau) und 1ère Armée (Dubail) gegenüber der 6. deutschen Armee geraten waren, eine Umstrukturierung der in der linken Flanke bedrohten Truppen im Oberelsaß, der die Armée d'Alsace zum Opfer

»Donnernde Grüße aus den Vogesen«. Zeitgenössische Feldpostkarte 1914

fiel: sie wurde zum 26. August aufgelöst. Lediglich eine Division des VIIe Corps (41e D.I.) verblieb am Schlucht-Paß; die 57e und 63e Reserve-Division sicherten im Rahmen der 1ère Armée den Festungsraum Belfort. Damit war der Zustand quo ante wiederhergestellt und das Oberelsaß als Angriffsziel vorerst aus den Augen verloren. Die Franzosen zogen sich wieder auf die Vogesenhöhen zurück und beließen lediglich am Ausgange des Thur-Tales bei Thann – Alt-Thann – Leimbach–Roderen vorgeschobene Stützpunkte.

Der Preis hierfür war hoch. Allein am 19. August, dem »Ehrentag der deutschen Landwehr«, verloren die drei Landwehrbrigaden Mathy, Dame und Bodungen in einer Stärke von 17 Bataillonen, dreieinhalb Eskadronen und zehn Batterien an die 3 000 Mann[23]; 4 Batterien wurden bei Brunnstatt vernichtet, das Landwehr-Infanterie-Regiment 40 stark dezimiert, die Reste gingen fluchtartig in Auflösung nach Neuenburg über den Rhein zurück. Aber auch der Gegner blieb von großen Verlusten nicht verschont, wenngleich er gerade bei den Absetzbewegungen mit größtem taktischen Geschick operierte. Tragisch mutet das Schicksal der 4e Chasseurs d'Afrique an, die, ohne Sicherung, bei Tagsdorf in das Feuer der Vorhut der Landwehr-Brigade Bodungen gerieten. »Ihnen schlug sofort ein prasselndes Feuer entgegen, unser Vortrupp raste heran, der Haupttrupp ebenso im Laufschritt. Die feindlichen Reiter fielen wie die Hasen im Kessel, immer langsamer wurde die Attacke, aus dem Galopp Trab, aus dem Trab Schritt, und endlich kam sie auf 200 m vor uns zu stehen. Alle Bemühungen, das Feuer zu stopfen, mißlangen, die Mannschaften, die zum erstenmal ins Gefecht kamen, wollten den Augenblick, auf den sie im Frieden so oft vorbereitet worden waren, auskosten, sie schossen, was nur aus dem Lauf ging, und bald standen nur noch reiterlose Pferde vor uns, und bewegten sich Verwundete kriechend aus dem Feuer. Endlich gelang es, das zuletzt nutzlose und unerquickliche Feuer zum Schweigen zu bringen, die Angreifer – die 4. Chasseurs d'Afrique – waren so gut wie vernichtet, nur 27 Mann wurden z. T. verwundet gefangen genommen. Ueberall leuchteten die roten Hosen in der Sonne, überall sah man Tote liegen und leere Pferde stehen.«[24]. Auf höherer Ebene aber entschied sich in diesen Tagen das Schicksal der Westfront: Die deutsche Führung, Oberste Heeresleitung wie der Oberbefehlshaber der 6. Armee, hatte den »Liebesdienst« der Franzosen nicht angenommen und Grundprinzipien der Schlieffenschen Planung gröblich mißachtet. Die Folge davon war das Verlassen der strategischen Ebene und die Zuflucht in operativ-taktischen Scharmützeln, die die Front erstarren ließen (vgl. Karte, S. 115) und zu einem lange andauernden, Millionenopfer fordernden Kriege führten. Auf diesem Kriegstheater spielte das Oberelsaß, trotz seiner geostrategischen Lage, nur noch die Rolle des Statisten.

4. Der Krieg in den Vogesen

»Ein Haufe, der in der Ebene von ein paar Schwadronen verjagt würde und von Glück zu sagen hätte, wenn er durch den eiligsten Rückzug sich vor Auflösung und Gefangenschaft rettete, ist imstande, im Gebirge, man möchte sagen mit einer Art taktischer Frechheit einer ganzen Armee unter die Augen zu treten und von ihr die kriegerischen Ehren eines methodischen Angriffs, einer Umgehung usw. zu fordern.«[25]

Die Kampfhandlungen im Abschnitt Hartmannsweilerkopf 1915-1918

Militärgeographische Beschreibung

Am 6. September 1914 erkundete erstmals eine deutsche Patrouille des IV./LdwInfRgts 119 (ObstLt Ströhlin) den bisher vom Kampfgeschehen unberührt gebliebenen Hartmannsweilerkopf, der schon bald ins Rampenlicht der Kriegsgeschichte treten und über die Dauer des gesamten Krieges hinweg Hekatomben von Opfern von beiden Seiten fordern sollte. Vor dem Eintritt in das eigentliche Kampfgeschehen seien daher an dieser Stelle die geographisch-geologischen Voraussetzungen geschildert, um die folgenden Situationen verständlicher erscheinen zu lassen.

Der am Fuße des ihm den Namen gebenden Dorfes Hartmannsweiler gelegene Berg zählt zum Ausläufer eines Seitenkammes der eigentlichen Vogesen (oder des Wasgenwaldes). Diese, dem oberrheinischen Gebirgsstocke angehörend, bildeten ursprünglich mit ihrem Schwestergebirge, dem Schwarzwald, eine Einheit. Durch Absenkung und Überflutung im Mesozoikum (vor ca. 200 Mio. Jahren) setzten sich Sedimentgesteine ab, die in der Zeit des Känozoikums (vor ca. 60 Mio. Jahren) durch Auffaltung und Anhebung des kristallinen Grundgebirges ein zusammenhängendes Gewölbe bildeten. Erst durch den Einbruch der Oberrheinischen Tiefebene in der Tertiärzeit entstanden die relativ scharfen Abbrüche nach Osten und der verhältnismäßig sanfte Übergang zur lothringischen Hochebene im Westen.

Der umgangssprachlich auch Habschwihrbuckel genannte, 956 m hohe Hartmannsweilerkopf (vgl. Skizze S. 53), nur durch eine Einsattelung mit dem vom Hilsenfirst über den Großen Belchen, Sudelkopf (1 012 m), Kohlschlagsattel (828 m), Riesenkopf (1 077 m) zum Molkenrain (1 125 m) verlaufenden Seitenkamm verbunden, war vor dem Kriege ob seiner aus glasiertem Porphyr bestehenden Geröllhalde unterhalb des Aussichtsfelsens in Fachkreisen bekannt geworden. Einer der frühen Vogesenführer berichtet, »daß das porphyritische Steinrudel seine Verglasung nur einem mächtigen Feuer (Hochofen, Glashütte, St. Johannisfeuer oder dgl.) zu verdanken habe und sonach die Annahme, einen ausgelöschten Krater mit Resten von Lavabrocken vor sich zu haben, auszuschließen sei.«[26] Der Berg selbst zeigt ungefähr die Gestalt eines Dreieckes, das auf einer Linie von etwa 900 m Höhe die Geländepunkte kurz oberhalb des Silberloches im Westen – Aussichtsfelsen im Osten – Bischofshut im Norden miteinander verbindet. Von letzteren beiden ziehen sich im Gelände gut sichtbare Bergrücken hinab: vom Aussichtsfelsen in südostwärtiger Richtung gegen Hartmannsweiler der Porphyrgrat (cuisse droite = rechter Schenkel) zum Sandgrubenkopf (585 m), vom Bischofshut der Ziegelrücken (cuisse gauche = linker Schenkel) in nordostwärtiger Richtung ins Wünheimer Tal. Die zwischen diesen Rücken liegende Einbuchtung (entre cuisses) mit einem kleineren Grat, den der Gauchenbachrunz vom Ziegelrücken trennt, nahm später die deutschen Versorgungswege und -einrichtungen auf. Südlich des Porphyrgrates schließen sich weitere, deutlich zu erkennende Rippen an. Der Fitztanne (Fesse droite = rechte Gesäßbacke) folgen, parallel zum Goldbachtale, die vom Unterrehfelsen herabziehende »Lippesche Schweiz« und der Sihlbach und Silberbach (Faux sihl = falscher Sihlbach) trennende »Namenlose Rücken« (Crête sans nom), der beim Hirzenstein, einem 570,6 m hohen Felsgestein, das bis zur Revolution eine mehrfach umkämpfte Burg[27] murbachischen Lehens krönte, endet. Zwischen dem Silberlochsattel, von welchem der Vordere Guttenbachrunz zum Guttenbachtale, einem Seitentale des Wünheimer-Tales, verläuft und dem Ziegelrücken bildeten zwei Bergrücken gleichsam die vorderste Linie der Deutschen im Bereiche Jägertanne und der Franzosen im Abschnitt Fesse gauche (= linke Gesäßbacke). Erst der Weltkrieg hat diesen dicht bewaldeten Hartmannsweilerkopf aus seinem Dornröschenschlaf geweckt und ihm zu einem traurigen Bekanntheitsgrade verholfen.

Gebirgstruppen

Vor dem Ersten Weltkriege stellten sich die Generalstäbe einen Gebirgskrieg zumeist nur auf Täler und Paßübergänge beschränkt vor und sicherten diese durch Befestigungen und Sperren. Eine spezifische Winterausbildung im Hochgebirge mit speziell dazu ausgerüsteten Truppen hielt man daher noch kurz vor Kriegsbeginn 1914 für unnötig. Lediglich Österreich-Ungarn (Kaiserjäger: 4 Rgter., [Landwehr]-Landes-, seit 1917 Kaiserschützen), Italien (Alpini seit 1872: 8 Rgter. mit 26 Btle.; 2 Gebirgsartillerie-Rgter. zu je 12 Bttr.; ca. 5 000 Maultiere) und Frankreich (Chasseurs alpins: 13 Bataillone) verfügten auf Grund der Geländegegebenheiten ihres Landes über Gebirgsformationen. Deutschlands geostrategische Lage mit dem verbündeten Österreich-Ungarn und der neutralen Schweiz an seiner Südgrenze machte scheinbar die Aufstellung solcher Elite-Einheiten überflüssig. Die Vogesen an der Westgrenze wurden nicht als künftiger Kriegsschauplatz erachtet, wenngleich die 82. Infanterie-Brigade in Colmar auch Übungen im Gebirgskriege bereits vor dem Ersten Weltkriege durchgeführt hatte. Die anders verlaufende Entwicklung zu Kriegsbeginn machte daher die Aufstellung speziell für den Gebirgskrieg ausgebildeter Truppen dringend notwendig. Am 21. November 1914 stellte die Kgl. Bayer. Armee als erstes deutsches Kontingent in München das Schneeschuhbataillon Nr. 1 auf; dem folgte bald darauf das württembergische Kontingent mit der Schneeschuhkompanie Nr. 1 und die preußische Armee mit den Schneeschuhbataillonen Nr. 2 und 3. Die bis zum Frühjahr 1915 bestehenden 4 Schneeschuhbataillone wurden zum Jägerregiment 3 zusammengefaßt und bildeten später, gemeinsam mit dem Jägerregiment 2, die Jägerbrigade 2 des Alpenkorps. Dies waren jedoch nur mit Skiern mobil gemachte Infanteristen, eine spezifische Hochgebirgsausbildung fehlte ihnen. Es mangelte überdies an gebirgsgängigem Artillerie- und Transportgerät. Neben diesen Neuformationen besaßen die einzelnen Kontingente Jägereinheiten, die gewisse Voraussetzungen für das Verhalten im Mittel- und Hochgebirge mitbrachten. Hierzu zählten insonderheit die auch in den Vogesen zum Einsatze gekommenen Gardetruppenteile wie das Potsdamer Garde-Jäger-Bataillon, das Berliner Garde-Schützen-Bataillon und das mecklenburgische, seit 1890 in Colmar stationierte Jäger-Bataillon Nr. 14, die neben ihrem Einsatze als Gebirgs-Jägertruppe auch sog. »Abschußkommandos« – Scharfschützen und Patrouillengänger – zur Unterstützung der Landwehreinheiten zeitweise abstellten. Der weitere Kriegsverlauf degradierte die Vogesenfront zum Nebenkriegsschauplatze, der damit auch nicht in den Vorzug dieser Spezialtruppen kam, es sei denn als »Ausputzer« in kritischen Lagen. Lediglich die am 31. März 1915 in Gebirgskompanie umbenannte württ. Schneeschuhkompanie, die am 1. Oktober 1915 zum Bataillon aufgestockt wurde[28], blieb bis Oktober 1916 in den Vogesen.

Die von Italien ausgehende drohende Kriegsgefahr gegenüber dem österreichischen Verbündeten veranlaßte die OHL, zur Sicherung von dessen Grenzen zu Italien im Hochgebirge vom Kreuzbergsattel bis Trient bundesbrüderliche Hilfe in Gestalt des neu aufgestellten »Deutschen Alpenkorps« unter dem Kommando des bayerischen Generalleutnants Konrad Krafft v. Dellmensingen zu entsenden, das bis zur Ablösung durch die vom östlichen Kriegsschauplatz herangeschafften österreichischen Gebirgstruppen im Oktober desselben Jahres die Bedingungen des Hochgebirgskrieges kennenlernen konnte. Diese verstärkte Jägerdivision setzte sich zusammen aus dem bayerischen Infanterie-Leibregiment, der bayerischen Garde schlechthin, drei preußischen und drei bayerischen Jägerbataillonen, den schon erwähnten Schneeschuhbataillonen und den notwendigen Unterstützungstruppen wie Gebirgs-MW-, Gebirgs-MG- und Feldartillerieabteilungen sowie schwerer Artillerie, Pionieren und Nachrichteneinheiten. Das diesem Korps nach dem

Einsatze in den Dolomiten von Feldmarschall Erzherzog Eugen verliehene Edelweiß wurde zum Wahr- und Ehrenzeichen der deutschen Gebirgstruppe bis zum heutigen Tage. Daneben bestimmten die grüne Waffenfarbe und der Tschako bzw. die Bergmütze als Kopfbedeckung, ein »S« auf dem Kragen für die Schneeschuhtruppen, lederbesetzte Berghose mit Wickelgamaschen, Nagelschuhe und Schneemäntel für den Winterkrieg die von der Linie abweichende Uniformierung, zu welcher als zusätzliche, außeretatsmäßige Ausrüstung der auch vom Gegner getragene »Hartmannsweilerstock« zählte, eine unentbehrliche Hilfe im steilen, zur Winterzeit gefährlich glatten und unwegsamen Gelände. Die grüne, mit dem Gelände korrespondierende Waffenfarbe der Vorkriegszeit wurde letztlich das Vorbild für die feldgraue Uniform, mit der das deutsche Heer in den Ersten Weltkrieg zog.
Die 1888 aus den Jägerbataillonen hervorgegangenen französischen Alpenjäger (Chasseurs alpins) in einer Stärke von 12 Bataillonen verfügten bereits vor dem Kriege über drei Schneeschuhschulen (Ecole normale de ski) in Briançon (1903 mit norwegischen Instrukteuren errichtet), Pau-Cauterets (für die Pyrenäen) und Gérardmer (für die Vogesen) sowie über ausreichende Gebirgserfahrung, die ihnen einen anfänglichen Vorteil in der Führung des Mittelgebirgskrieges verschaffte, diesen aber durch vorzeitigen Einsatz der im Skifahren Ausgebildeten verspielte. Im Gegensatz zur traditionellen deutschen Jägerfarbe Grün bevorzugten die Franzosen einen einreihigen Feldrock mit breitem, liegendem Kragen in dem den Nationalfarben entlehnten Blau, allerdings in einer dunkleren Ausprägung als das der Linieninfanterie. Das Kennzeichnende der Alpenjäger wurde das breite Béret mit dem daran angebrachten goldfarbenen Jagdhorn. Wickelgamaschen und Bergschuhe, dazu ein kräftiger Bergstock, den später auch die deutschen Soldaten am HK sich zulegen sollten, vervollständigten das jägermäßige Erscheinungsbild. Der ihnen im Ersten Weltkriege beigelegte Ehrenname »Diables bleus« (blaue Teufel) mag dazu beigetragen haben, nicht von der Waffenfarbe abzuweichen, auch, als diese bereits von der militärischen Zweckmäßigkeit längst überholt war.

Günther HEBERT, Das Alpenkorps. Aufstellung, Organisation und Einsatz einer Gebirgstruppe im Ersten Weltkrieg, Boppard a. Rh. 1988 (= Militärgeschichtliche Studien, Bd. 33); Theodor SPROESSER et al. (Bearb.), Die Geschichte der Württembergischen Gebirgsschützen, Stuttgart 1933 (= Die Württ. Regimenter im Weltkrieg 1914 - 1918, Bd. 49)

Erste Annäherung an den Berg (Herbst 1914 bis Frühjahr 1915)

Dem Rückzuge der Franzosen aus dem Oberelsaß nach dem zweiten Gefecht bei Mülhausen und der Verlagerung des Kampfgeschehens in den lothringischen Bereich folgte eine Zeit des Abwartens und Sondierens, bedingt durch die augenblickliche eigene Schwäche und fehlende Ressourcen auf französischer Seite und die Notwendigkeit der Neuordnung der Verteidigung mit nicht aktiven Verbänden im deutschen Lager. Auch nach dem Ende der Marneschlacht, die den weitausholenden Flügelmarsch der deutschen 1. und 2. Armee zum Halten und zum Zurücknehmen der Fronten hinter die Marne zwang und das Ende des Bewegungskrieges markierte, blieb die Front im Süden des Elsaß in einem eigenartigen Schwebezustand. Grund hierfür waren auch die Schwierigkeiten, durch enge Täler und über relativ hohe Kammlagen Waffen und Nachschub heranzubefördern und gegen die bis zur jeweiligen Talmitte in Stellung gegangenen deutschen Landwehrverbände vorzugehen. Diese seit dem 19. September 1914 als »Armeegruppe Gaede«[29] zusammengefaßten Deckungstruppen am Oberrhein hatten von der OHL den Auftrag erhalten, den Schutz der Rheinebene im Anschluß an die rechts eingesetzte Armee-Abteilung Falkenhausen zu übernehmen mit dem Ziele der Vorneverteidigung auf dem Vogesenkamme. Nach Abflauen der Kampfhandlungen richtete sich die Armee-Gruppe mit bayerischer Landwehr-Division (aus 2. u. 1. bayer. gem. Landwehr-Brigade) am rechten Flügel von Diedolshausen bis Fecht-Tal ausschließlich, 51. gem. Landwehr-Brigade (Abt Frech) im Fecht- und Lauch-Tale, 55. Landwehr-Brigade (Abt Mathy) im Rimbach-Tale und von Sennheim auf einer gegen Mülhausen einschwingenden Linie über Reiningen bis Fröningen zur Verteidigung ein, schließlich sicherte die Linie Illfurt – Bettlach an der Schweizer Grenze die Abteilung Bodungen in Stärke einer gemischten Brigade aus Truppen der Kommandantur der Oberrhein-Befestigungen. Besetzung der Vogesenpässe zur Entlastung der Nachbar-Abteilung Falkenhausen lehnte Gaede mit Hinweis auf die Struktur seiner Verbände als kaum durchführbar ab.

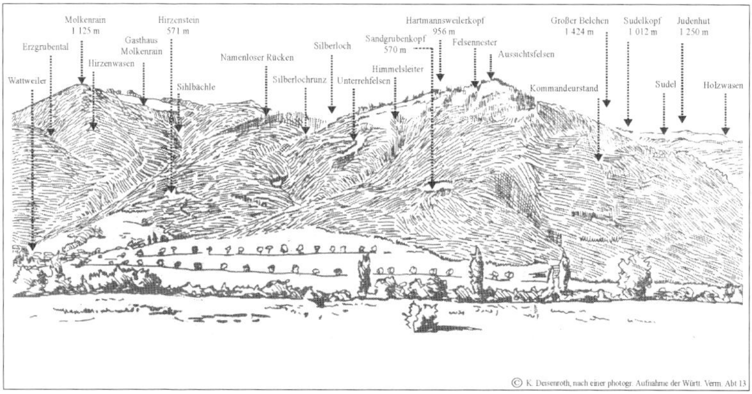

Hartmannsweilerkopf und Molkenrain von der Ebene gen Westen

Während sich die Front in Lothringen schon verfestigt hatte, konnte Gaede seine Positionen in den Tälern noch leicht verbessern. Ansonsten bestimmten Vorpostenstellungen auf beiden Seiten der Front die Lage; rege Spähtrupptätigkeit im Vorgelände sollte genauere Kenntnis des Feindes wie des Geländes erbringen.
Erst gegen Jahresende 1914 schenkte die französische Armeeführung der Front im Oberelsaß wieder Beachtung. Joffre hatte seinen ursprünglichen Plan eines Vorgehens durch den Sundgau und die Vogesentäler noch nicht aufgegeben und setzte erneut auf den Versuch, den Gegner in seiner schwachen linken Flanke zu fassen, ihn gegen Straßburg und dann, mittels frontalen Angriffes über die Vogesen, über den Rhein zu drängen, so daß die linke deutsche Flanke gefährlich bedroht gewesen wäre. Bereits am 2. Dezember war der Buchenkopf gefallen, es folgten starke Angriffe der Franzosen gegen die an die Ortschaften angelehnte Linie Sennheim–Burnhaupt; Mitte Dezember begannen an der gesamten Front Angriffe der Franzosen ohne direkte Schwerpunktbildung, aber in verstärktem Maße bei der Armee-Abteilung Gaede, der gerade rechtzeitig am 12./13. Dezember die aktive Division des Generalleutnants Fuchs auf Anweisung des deutschen Kronprinzen zugeführt worden war; dazu trafen am 25. Dezember Teile der 7. Kavallerie-Division ein. Besonders der Abschnitt bei Sennheim–Steinbach und die diese Orte überragende Höhe 425 standen wegen ihrer taktischen Bedeutung im Ausgange aus dem Thur-Tale unter starkem französischem

Das zerstörte Sennheim in den Januarkämpfen des Jahres 1915

Beschuß. Nach anfänglichem Geplänkel auf beiden Seiten und verstärktem deutschen Ausbau der Linie Uffholz–Steinbach–Höhe 425 griffen am Weihnachtstage des Jahres 1914 starke französische Kräfte der 66e Division unter Général Guerrier von den Höhen des Silberthals beidseits Steinbach die deutschen Verteidigungsstellungen des im Rahmen der 29. Infanterie-Brigade unter General Mathy eingesetzten Rheinischen Infanterie-Regiments 161 (Oberst Wilcke) und des württ. Landwehr-Infanterie-Regiments 119 vorwärts Steinbach und auf der Höhe 425 südlich des Ortes mehrfach erfolglos an. Vorstoß folgt unmittelbar Gegenstoß, nur mühsam können sich die französischen Regimenter vorkämpfen. Bis in die ersten Tage des neuen Jahres hinein dauern die verlustreichen Kämpfe an, dann gibt die deutsche Führung das durch die auf den umliegenden Höhenstellungen Amsel- und Wolfskopf, Pastetenplatz und Schletzenburg postierte französische und die bei Sennheim stehende deutsche Artillerie völlig zerstörte Dorf Steinbach, dessen Einwohner ebenso wie die vom Nachbarort Sennheim viel zu spät evakuiert worden sind, und die Höhe 425 auf; das Tor zur Rheinebene, Sennheim, dagegen bleibt in deutschem Besitze. Denn die Angreifer sind gleichfalls am Ende ihrer Kräfte, zumal die Versorgung übers Gebirge erhebliche Schwierigkeiten bereitet. Mangelnde Reserven verhindern zudem ein weiteres Vordringen gegen die Ebene durch das Fehlen flankierender Maßnahmen. Damit stabilisierte sich die Front in diesem Bereiche und bestand ohne wesentliche Änderungen bis zum Waffenstillstande im Jahre 1918. Ein Denkmal für die »15-2«, die »Quinze-deux«, wie dieses Regiment verkürzt genannt wird, erinnert in Steinbach an die schweren Kämpfe vom 25. Dezember 1914 bis 8. Januar 1915.

Im Hauptquartier in Freiburg herrschte bei Gaede wie bei seinem neuen Generalstabschef Bronsart v. Schellendorff Übereinstimmung in bezug auf die »unerlaubt schwache vordere Linie, in der die Truppen ohne Ablösung ermüden und zermürben müssen.«[30] Es wurde die Notwendigkeit einer starken mobilen Reserve in Stärke von etwa einer Division und ausreichender Munition, besonders für die Feldartillerie, festgestellt. Die überdehnten, zum Teile lückenhaften Fronten aus zumeist Landwehr-Einheiten mußten den Gegner geradezu zum Angriff einladen. Auch hatte sich die direkte Unterstellung der Landwehr-Brigaden unter das AOK Gaede bei Kampfhandlungen als nicht vorteilhaft erwiesen. So wurden sukzessive Divisionskommandos zwischen diese beiden Ebenen eingezogen, die landsmannschaftlich gegliedert waren und dadurch das Zusammengehörigkeitsgefühl und die Kampfmoral erheblich zu stärken vermochten. Der Gegner selbst hatte ähnliche, wenn nicht noch schwierigere Probleme mit dem Nachschub, wenngleich die Franzosen als kampfstärkere, weil aktive Einheiten den Land-

Fliegeraufnahme des Unteren Rehfelsens (vorne rechts) mit Lippischer Schweiz
Quelle: Flieger-Abt. A 253 v. 24.2.1918, Höhe 2000 m; BA-MA Freiburg

wehrsoldaten gegenüber deutlich besser abschnitten. Nach dem erneuten Scheitern eines Durchbruches in die Rheinebene formte sich in der französischen Planung allmählich der Gedanke an eine Invasion über das Gebirge. Zumindest sollten Stützpunkte auf den Höhen die Nachschubprobleme erleichtern helfen und flankierende Operationen ermöglichen. Auch die deutsche Führung besann sich nun erst der Höhen, von denen ihr Gefahr drohte, die sie aber zugleich als Basis für Unternehmungen gegen die in die Täler eingedrungenen Franzosen zu nutzen beabsichtigte. So begann Anfang des Jahres 1915 ein Kampf, der an Dramatik, Dauer und Opfern den Kämpfen an anderen markanten Punkten der Westfront durchaus ebenbürtig war.
Erstmals am 4. Januar 1915 erscheint im Gaedeschen Journal[31] der Name des Berges, der in der Folge mehr und mehr die Soldaten beider kriegführenden Staaten in seinen Bann ziehen wird. An diesem Tage bestieg die durch Soldaten des am 31. Dezember 1914 zugeführten 2. Landsturm-Bataillons Heidelberg verstärkte 8./LdwInfRgt 123 der Abteilung Frech den Berg, um dort eine Tage vorher durch Patrouillen aufgeklärte französische Gipfelbesatzung auszumachen und zu vernichten. Das III./LdwInfRgt 123 besetzte zur Sicherung der rechten Flanke den nördlich dem Hartmannsweilerkopf gegenüberliegenden Thierenbachkopf (836 m) mit dem Auftrage, einen Ablenkungsangriff auf den westlich benachbarten Sudelkopf (1012 m) zu unternehmen. Taktisch

sollte der Hartmannsweilerkopf als Stützpunkt für eine geplante Offensive gegen Thann dienen. Die vom bereits stark befestigten Gipfel des Molkenrain ausgesandte Jägerabteilung des 28e BCA hatte schon am 25. Dezember 1914, dem Tage des Beginnes des Gefechtes um Steinbach, auf der Kuppe des Hartmannsweilerkopfes eine Art Blockhaus ausgebaut, dieses mit einer Feldwache belegt und den deutschen Spähtrupps in dem undurchdringlichen Walde manches Rätsel aufgegeben. Der erste Zusammenstoß mit dem kleinen französischen Detachement endete für die deutschen Angreifer ernüchternd. Die im Gebirgskriege ausgebildeten und geübten Alpenjäger töteten aus dem Hinterhalte, von Baumwipfeln herab, ohne selbst gesehen zu werden. Fünf Tage später, am 9. Januar 1915, scheiterte ein ähnlicher Versuch in Bataillonsstärke (I./LdwInfRgt 123 mit Pionieren); mangelhafter und unpräziser Artillerieeinsatz, der auch der eigenen Truppe zu schaffen machte, und die geschickte Verteidigung der Chasseurs alpins unter Sous-Lieutenant Canavy verhinderten eine geplante Umfassung der durch Drahtsperren unnahbaren Gipfelstellung und letztlich den Erfolg. Der Bataillonskommandeur, Major Sprandel, fiel, den Kompanien gelang es nicht, die Alpenjäger-Festung beim Gipfel zu nehmen. Auf einer Linie vom Ziegelrücken über Aussichtsfelsen zum Oberrehfelsen stand halbmondförmig die Sicherungslinie in Schnee und Kälte.

Fliegeraufnahme der Südvogesen. Links im Vordergrunde Molkenrain, rechts anschließend Silberloch und Gipfel HK.

Quelle: Flieger-Abt. A 223 v. 25.1.1918, Höhe 3800 m; BA-MA Freiburg

In dieser Situation ordnet das Oberkommando den Einsatz aktiver Einheiten im Rahmen der verstärkten Kavallerie-Brigade 42 (Generalmajor Heidborn) an, darunter das Großherzoglich Mecklenburgische Jäger-Bataillon 14 und die Ulanen-Regimenter 11 und 15 der ihrer Waffenfarbe wegen sogenannten gelben Ulanen-Brigade. In einer ellipsenförmigen Umfassung der Kuppe mit Ausgangspunkt bei Jägertanne und Ziel am Silberlochsattel schließt sich am 19. Januar der Ring um die Alpenjäger in der Ringburg auf der Kuppe, die nun vom Entsatz aus der Molkenrain- und Silberloch-Stellung gänzlich abgeschnitten sind und von dort keine Hilfe mehr erwarten können. Zwar läßt Colonel Serret mit 3 Kompanien um die Mittagszeit einen Versuch unternehmen, den Sperriegel zu durchbrechen, doch scheitern zwei dieser Angriffe im konzentrierten Feuer der deutschen Jäger, Ulanen und Landwehrsoldaten. Dennoch gelingt es bis zum Einbruch der Nacht nicht, die sich zäh verteidigenden Alpenjäger in ihren Stellungen auszuheben. Auch am nächsten Tage können sich die Verteidiger trotz wütender deutscher Angriffe mit frisch eingesetzten Truppen (InfRgt 84) in ihrer Fliehburg halten; Entlastungsangriffe Serrets am Silberloch mit schnell herbeigeführten Kompanien seiner Alpenjägerbataillone brechen im konzentrierten Feuer des deutschen Sperriegels zusammen. Erst am 21. Januar fällt die Entscheidung: Nachdem auch ein weiteres Alpenjägerbataillon zwar die deutsche Sperre am Silberloch durchbrechen kann, jedoch gegen die unmittelbar darauf ins Gefecht geworfenen deutschen Reserven wenig auszurichten vermag, erzwingt eine neue Waffe, der Minenwerfer, das Ende des Kampfes. Ein Volltreffer des am Aussichtsfelsen postierten Werfers der mittleren Minen-Werfer Abteilung VI unter dem Ingenieur Leutnant d. R. Türk setzt mit dem dritten Schuß die Verteidiger der Ringburg außer Gefecht. Ein Alpenjäger soll sich danach gegenüber Türk geäußert haben: »Malheur, malheur, fusil ce n'est rien; mais les gros obus étaient détestables!« (O weh, o weh; das Gewehrfeuer hatte nichts zu sagen, aber die schweren Granaten waren fürchterlich!)[32]

Minenwerfer

Der Minenwerfer (frz. Crapouillot), eine Art Bindeglied zwischen den Mörsern und infanteristischen Nahkampfmitteln (Infanteriegeschützen) verdankt seine moderne Entwicklung den Erfahrungen bei der Beschießung von Port Arthur im Russisch-Japanischen Kriege 1904/05, in welchem sich der Wert der auf geringe Entfernung verschossenen Sprengmittel beim Brescheschießen erwiesen hatte. Noch vor Kriegsbeginn 1914 gab der preußische Generalstab bei der Rüstungsindustrie Werfer in Auftrag, die dann den Pionier-Belagerungstrains zugeführt wurden, um die 4. Kompanien der Festungs-Pionier-Ba-

taillone heimlich daran auszubilden. Eine eigene Werfertruppe existierte bis dahin nicht. Zu Anfang des Krieges führte so die deutsche Armee als einzige diese neuartige Waffe mit ins Feld (70 schwere, 116 mittlere MW).
Die als Vorderlader gebauten Minenwerfer wurden in die drei Kategorien schwer (25 cm), mittel (17 cm) und leicht (7,6 cm) eingeteilt, deren letztere jedoch noch nicht ausgeliefert waren. Der schwere MW mit gezogenem Rohr und Rohrrücklauf verschoß 100-kg-Luftminen mit Doppelzünder (vereinigte Aufschlag- und Brennzünder) bis auf eine Entfernung von 420 m, der mittlere MW 50-kg-Sprengminen bis auf 800 m, der leichte MW 4,75-kg-Minen mittels Patronengeschossen bis zu 1050 m. Die Lafetten waren mit eisernen Bettungsplatten verbunden, die zum Transport mit Rädern versehen werden konnten; die Bodenplatten der leichten MW wurden von Mannschaften oder Maultieren befördert. Die gute Wirkung der feindlichen Flügelminen in der Somme-Schlacht, die ihrer stabilisierten Flugbahn wegen größere Erfolge erzielen konnte, führte 1917 zur Entwicklung der nach ihren Konstrukteuren benannten sog. Iko (Ingenieur-Komitee)- und Albrecht-Werfer.
Seine besondere Leistungsfähigkeit bewies der MW im Stellungskriege, wo bei den kurzen Distanzen zu den feindlichen Gräben die Artillerie nicht eingesetzt werden konnte. Bei Rohrerhöhungen von 45–75° konnte ein sMW im Bogenschuß bei geringer Streuung Stollen bis zu 8 m Dicke eindrücken. Der relativ leichten Transportmöglichkeit standen die lange Einbauzeit und geringe Feuergeschwindigkeit gegenüber.
Die anfänglich mangelhafte Organisation der Minenwerfertruppe nahm 1915 festere Formen an, als die OHL neben der Heeresreserve Minenwerfer-Bataillone aufzustellen begann (bei Kriegsende 23 Btle.), die Heeresreserve erhöhte und die »wilden« Formationen zu MW-Kompanien bei den Divisionen zusammenfaßte. Für die Armeeabteilung Gaede waren in der Zeit vom 17. November bis 1. Dezember 1914 Minenwerfer-Trupps in Istein und Neubreisach instruiert und anschließend auf die Abteilung verteilt worden. Zusätzlich befanden sich bei jeder Pionier-Kompanie 6 lMW. 1916 traten Gebirgs-MW-Kompanien mit Maultieren und Karren hinzu; die Sturm- und Jägerbataillone erhielten je 1 MWK mit 8 lMW. Um die Jahreswende 1916/17wurden die leichten Werfer den Formationen genommen und zur Infanterie überführt (pro Btl 4 lMW im MW-Zug), die damit, was deren Einsatz betraf, beweglicher wurde. Diese wegen fehlenden Ersatzes bei den Pionieren notwendig gewordene Maßnahme wurde, aus den gleichen Gründen, Anfang September 1918 auch auf die Divisions-MW-Kompanien ausgedehnt (Stärke: 8/200, dazu 64 Mann Bespannungsabt., 56 Pferde, 15 Maultiere), die nun aufgelöst wurden und mit ihren mMW zu den Infanterie-Regimentern als 13. Kp übertraten (3 m, 9 lMW).
Die obere Führung der Minenwerfer oblag den Inspizienten der Minenwerfer Nr. 1–4 beim General der Pioniere im Großen Hauptquartier. Die Armee-Minenwerferschule am Isteiner Klotz und eine Heeres-Minenwerfer-Schule in

Valenciennes bildeten – letztere seit Oktober 1917 – in diesem Fache aus. Kenntlich waren die Angehörigen der Minenwerfertruppe an den Buchstaben »M.W.« auf den Pionier-Schulterklappen mit Ziffer des Bataillons bzw. der Kompanie.
Auch bei den Franzosen wurde sehr schnell die außerordentliche Einsatzmöglichkeit der Werfer im Stellungskriege erkannt und die Einführung dieser Geschützart beschlossen. Die leichten MW mit glattem, 8,1-cm-kalibrigem Rohre und 52 kg Gewicht – also deutlich leichter als die deutschen 7,6-cm-MW mit ca. 300 kg Gewicht – besaßen eine Schußweite von 1 900 m und verschossen Flügelminen. Der mittlere MW m/17 besaß gegenüber der vergleichbaren deutschen Version ein kleineres Kaliber von 15 cm und eine größere Reichweite von 2 000 m.

Zwei Offiziere und 125 Alpenjäger[33] ergeben sich schließlich dem deutschenParlamentär des Grenadierregiments 89; ihnen werden nach altem Brauche die militärischen Honneurs erwiesen, bevor man sie als Kriegsgefangene der Etappe überstellt. Damit hatte dieser Berggipfel erstmals seinen Besitzer gewechselt; es sollte ihm dieses Schicksal in der Folge noch mehrfach beschieden sein. Die neue Front verlief nun von der Jägersappe bei der Fesse gauche im Norden aufwärts westlich am Roche Mégard vorbei über die Eierstellung zum Silberloch, wenige Meter ostwärts des heutigen Nationalfriedhofes, entlang der Höhenlinie 900 m, abfallend über Roche Martin zum Silberlochrunz, bei Erreichen des Bergpfades in südostwärtiger Richtung beim Unteren Rehfelsen wieder auf die alte Linie stoßend. Damit war der Hartmannsweilerkopf im großen und ganzen in deutscher Hand.
Zwei Lehren ergaben sich für die Franzosen aus dieser »Begegnung«: Zum einen hatte es sich gezeigt, daß der Besitz der Gipfelstellung keine wesentlichen taktischen Vorteile mit sich brachte, da er keine Sicht über das Plateau hinweg bot, der feindlichen Artillerie dagegen treffliche Wirkungsmöglichkeiten gewährte; desweiteren hatte sich die schwierige Nachschub- und Versorgungslage empfindlich bemerkbar gemacht und den rechtzeitigen Einsatz von Reserven verhindert. Die Effizienz der neuen Minenwerferwaffe hatte das übrige dazu getan, neue taktische Maßnahmen auf beiden Seiten zu überdenken.
Ähnlich der übrigen Westfront ging auch hier der Bewegungskrieg in den Stellungskrieg über, gruben sich beide Seiten augenblicklich in die Erde ein. Der deutschen Seite brachte die intakte Infrastruktur der Rheinebene und des badischen Hinterlandes erhebliche Vorteile in der Anlage der Verteidigung am Berge. Dennoch bedeutet der fortifikatorische Ausbau des Hartmannsweilerkopfes eine außerordentliche Leistung der hieran beteiligten Pioniere, besonders aber der über 1 000 Ar-

Hartmannsweilerkopf: Unterer Rehfelsen

beiter der Armierungstruppen, die in mühevoller Kleinarbeit die bis zum Sandgrubenkopf relativ bequem herbeigeschafften Materialien über vereiste und verschneite Bergpfade oder durch unwegsames Gelände hindurch zur Kuppe beförderten. Der Einsatz von ca. 170 Maultieren vermag dabei die Leistung des einzelnen Mannes nicht zu schmälern, der es in dem felsigen Gestein des Hartmannsweilerkopfes doppelt schwer hatte, seinen Auftrag zu erfüllen. Zu Bewältigung dieser Aufgabe wurde daher sogleich mit dem Bau einer Serpentinenstraße auf den Berg begonnen, die, als Anschluß an den von Hartmannsweiler den Bruderpfad am Fuße des Berges kreuzenden Weg sich in sieben Windungen zu einer Höhe von knapp 800 Metern am ostnordostwärtigen Berghange emporschraubte und im Hadelnsteig unterhalb der Bastion endete. Auf diesem sogenannten »Kurvenweg« wurde während der weiteren Gefechtshandlungen der Großteil an Waffen, Gerät und Baumaterial in die Gipfelregion befördert. Daneben gewährte der Kurvenweg mit seinen zahllosen, zum Teile noch heute erhaltenen einfachen Unterständen der Truppe Schutz vor Artillerie- und Minenwerferfeuer und diente zur Anlage von Versorgungsdepots, Fernmeldeeinrichtungen, Pionierparks und Stabseinrichtungen, wie dies rudimentär noch heute bei Kurve 2 (Cantine Zeller), dem Sitze des damaligen Abschnittkommandos II unter Generalmajor v. Sproesser und dem Pionierdorfe erkennbar ist. »Herrlich war es hier zu jeder Jahreszeit, einen wundervollen Ausblick hatte man auf die Rheinebene, den Schwarzwald und das nahe Waldland. Küche und Gesellschaftsräume waren vorhanden, in der Nähe entstand im Walde ein größeres Bereitschaftslager, es gab eine Buchhandlung, ein Zahnarzt arbeitete in einem gesicherten Unterstand, ein Photograph machte kunstvolle Landschaftsaufnahmen, eine Barbierstube hatte viele Kunden und eine Kapelle diente den sonntäglichen Gottesdiensten. Die zahlreichen Nachrichtenmittel waren an verschiedenen Plätzen geschickt verteilt. […] Eine große Stollenanlage im Fels sollte Schutz gewähren.«[34] Zusätzlich zu dieser lange Zeit vor feindlicher Einsichtnahme geschützten Versorgungslinie sorgte eine zu gleicher Zeit angelegte, den Kurvenweg mehrfach querende Drahtseilbahn (Funiculaire) für die mühelose Beförderung vor allem von Werkstoffen für den Stollen- und Stellungsbau und von Munition bis unterhalb des Gipfels. Diese im Februar 1915 als erste gebaute Seilbahn führte von der Nähe des Schlosses Ollweiler (Station Gaede) über die Station Sproesser bei Kurve 5 direkt zum Aussichtsfelsen. Eine zweite Bahn hatte ihren Ausgang beim »Bahnhof« der Sulzer Bahn, einer Schmalspurbahn entlang des Bergfußes vom Ausgang westlich Wünheim am unteren Gauchenbachlager bis ostwärts des Hirzensteines oberhalb Wattweiler. Anfangs in westlicher Richtung verlaufend, bog sie in der Nähe des mittleren Gauchenbachlagers auf Höhe 470 in südwestlicher Direktion ab zum Klippenstollen, von wo eine neue Bahn zur Kurve 7 gelangte.

Mittels dieser infrastrukturellen Maßnahmen gelang es der deutschen Seite, trotz wiederholter Gegenaktionen der Franzosen, unter kriegsmäßigen Bedingungen den größten Teil des Berges zu einer waffenstarrenden Festung auszubauen, die noch heute ihresgleichen sucht. Die geologische Beschaffenheit des Hartmannsweilerkopfes gestattete es dabei, mit pioniertechnischen und bergmännischen Mitteln tief in den Fels einzudringen und so, weitgehend vor feindlichem Beschusse gesichert, einem Angreifer bei Tag und Nacht entschieden entgegenzutreten. »Es waren Räume für Maschinengewehre mit Schußöffnungen vorhanden, Räume für Granatwerfer, für Schützen, die zwangsläufig in einer bestimmten Richtung schießen mußten. Ihre Wohnräume waren dabei. Sie hatten Lebensmittel, Munition und Waffen für viele Tage. Weiter befanden sich im Fels Gelasse für Fernsprecher, für eine Funkentelegraphenstation, Meldehunde und Brieftauben, für Artilleriebeobachter, von deren Wohnung man in einem Schacht auf einer Leiter zu einem sattelartigen Sitz emporstieg, von dem aus man mit dem Scherenfernrohr die gegnerische Stellung ausgezeichnet überblicken konnte.«[35] Eine technische Leistung besonderer Art war die Versorgung der Besatzung mit Wasser, Elektrizität und Fernmeldeeinrichtungen, die, unter ständigem Feuer der Franzosen, immer wieder repariert und benutzbar gemacht wurden. Diese bautechnischen und fortifikatorischen Tätigkeiten, die sich über das ganze Jahr 1915 hinzogen, mußten jedoch zusätzlich zu der eigentlichen Aufgabe des Soldaten, der Sicherung des Berges gegen einen feindlichen Durchbruch in die Ebene, ausgeführt werden. Daß es die Franzosen bei der Niederlage des 21. Januar bewenden lassen wollten, war nach der Anlage der bisherigen Operationen nicht zu erwarten; so bereitete sich die durch den Abzug aktiver Truppenteile geschwächte Armee-Abteilung Gaede auf die Verteidigung des Gewonnenen vor. Größere Aktionen waren bis frühestens 15. Februar, dem voraussichtlichen Termin der Gefechtsbereitschaft der 8. (bayer.) Reserve-Division, keinesfalls möglich. Auch den Franzosen war die Nachschublage schmerzlich bewußt geworden, endete doch die einzige Straße aus dem Thur-Tale in Goldbach unterhalb des Sudelkopfes. Daher wurden eiligst zwei Straßen von Weiler und Bitschweiler hoch zum Herrenfluh (857 m) zur schnelleren Versorgung der dort und auf Molkenrain eingesetzten Batterien angelegt. Die »Route Joffre« (D 14^{BIV}) von Masmünster über Hundsrücksattel (748 m) nach Bitschweiler diente dem Materialtransport und der Verbindung des Dollertales mit dem Thurtale. Da die gegnerische Absicht der Erstürmung des Hartmannsweilerkopfes und der Weiterführung des Angriffes hinab in die Ebene eine dauerhafte Verteidigungsstellung überflüssig erscheinen ließ, fehlen im Bereiche des französischen Stellungsverlaufes die für die deutsche Seite so typischen, mehrstöckigen Bunkeranlagen,

Hartmannsweilerkopf: Kommandeurstand Kurve 2

wenn wir von der HKL an der Nordwestseite einmal absehen, wo auch die Franzosen, bedingt durch günstige geologische Voraussetzungen, gegenüber der deutschen Festungskette massive Anlagen errichteten, wovon Roche Mégard und Roche Sermet noch heute zeugen. Außerdem konnten sie sich im Falle eines massierten Angriffes sehr schnell in den Schutz des Molkenraines und Freundsteines begeben.

Die Schlacht (Dezember 1915 bis Januar 1916)

Die dem ersten Gefechte am Hartmannsweilerkopfe folgenden Wochen und Monate des Jahres 1915 waren gekennzeichnet von ständigen Nadelstichen beider Seiten um die Inbesitznahme bzw. Verteidigung der Gipfelhöhe, deren wichtigster, weil aussichtsreichster Punkt der dementsprechend genannte Aussichtsfelsen (930 m) das Ziel der französischen Begehrlichkeiten darstellte. Zwar hatte sich das Schwergewicht der Gesamt-Operationen beider Seiten auf den nördlichen Teil der Westfront verlagert, doch bildete der Vogesenabschnitt weiterhin ein im taktischen Bereiche stets zu aktivierender Störfaktor im Kalkül beider Seiten, der starke Kräfte zu binden in der Lage war. Daneben spielte immer noch der operative Gedanke eines Einfalles in die Rheinebene und einer nach Norden ausgreifenden Flankenbedrohung des linken deutschen Flügels eine gewichtige Rolle, konnten doch so mit einem Schlage die Versorgungslinien der deutschen Armeen abgeschnitten werden. Schließlich hatte der Waffenstolz der Alpenjäger, der »Diables bleus«, empfindlich gelitten, so daß auch Fragen des Prestiges eine nicht unwichtige Bedeutung erlangen sollten.
Zwei Phasen erhöhter Gefechtstätigkeit ragen im Früh- und Spätjahr 1915 heraus: die Kämpfe im März/April und im Oktober zur Wiedergewinnung verlorengegangener Positionen und zur Fortführung des Angriffes über die Höhe des Hartmannsweilerkopfes hinweg in das Rheintal. Beide Male gelang es den französischen Angreifern jedoch nicht, entscheidende Geländegewinne zu erzielen. In dieser Zeit bildete sich auch die Frontlinie heraus, die dann fast vier Jahre ohne wesentliche Veränderungen Bestand haben sollte und den deutschen Verteidigern die Möglichkeit des festungsmäßigen Ausbaues der Stellungen bot.
Beim Chef des Generalstabes des Feldheeres v. Falkenhayn begannen im November des Jahres 1915 Pläne Gestalt anzunehmen, die Frühjahrsoffensive im Westen mit einem Schlage gegen Belfort und das südliche Oberelsaß zu eröffnen. Diese Gedanken waren schon im August 1915 vom Chef der 5. Armee, General Schmidt von Knobelsdorf, erwogen, damals aber von Falkenhayn eher dilatorisch behandelt worden[36]. Nun aber traten diese Überlegungen bei Falkenhayn wieder in

den Vordergrund seiner Planspiele für das Jahr 1916 und damit die Aktualisierung und Vorantreibung der von der Armeeabteilung Gaede ausgearbeiteten Angriffsentwürfe »Schwarzwald« für den Sundgau und Belfort sowie »Kaiserstuhl« für die Südvogesen; ein dritter Entwurf »Waldfest« galt den Argonnen und sollte der Täuschung über die wahren Absichten dienen. Am 4. Dezember erging ein Befehl an das AOK 5, das Unternehmen »Schwarzwald« sei in Aussicht zu nehmen. Etwa vier Tage später entschloß sich Falkenhayn aber für den Angriff auf Verdun, da er sich hiervon operative Vorteile versprach im Unterschiede zu Belfort, dessen Lage nahe der Schweizer Grenze von vornherein größere Schwierigkeiten bereitet und zudem im Falle eines Erfolges keine kriegsentscheidende Wirkung gezeitigt hätte, auch wenn die Befreiung des Elsaß für die deutsche Stimmungslage sicher von erheblicher Bedeutung gewesen wäre.
Etwa zur gleichen Zeit wie die deutsche Seite beschäftigte sich der französische Generalstab mit einer definitiven Lösung des Problems Hartmannsweilerkopf im Rahmen eines Entlastungsangriffes für die Kämpfe in der Champagne und bei Arras. Auch hier standen zwei Meinungen konkurrierend im Widerstreite: Der Oberbefehlshaber der Armée d'Est, Général Dubail, bevorzugte einvernehmlich mit dem Kommandeur der 66e D. I., Général Serret, eine nach Raum und Ausdehnung begrenzte Aktion, während der OB der 7e Armée, Général de Maud'huy, den Ansatz für allzu schwach erachtete und eine großzügi-

Hartmannsweilerkopf: Jägerdenkmal im ursprünglichen Zustande

gere Planung insgesamt beantragte. Der widerstrebende de Maud'huy »aurait voulu retarder l'opération ou obtenir un renforcement de moyens[37]« und wurde daher am 3. November durch Général de Villaret ersetzt. Zugestanden erhielt Général Dubail in einem Vorbefehl des französischen Oberkommandos vom 18. November eine beachtliche Verstärkung der Artillerie, darunter zwei 37 cm-Mörser aus Besançon. Die endgültige »Ordre d'opérations« vom 18. Dezember legte fest, daß

a) die verstärkte 81e Brigade den Hauptstoß über die Kuppe gegen Ziegelrücken, Wickle-Felsen (Porphyrfelsen) und Oberrehfelsen zu führen habe,
b) die 6e Brigade de chasseurs, eingesetzt zwischen Chemin des Dames und Erzgrubental im Süden, den Hirzenstein beidseitig zu umfassen habe.

Zur Feuerunterstützung wurde eine ungeheure Anzahl schwerer und schwerster Waffen bereitgestellt, darunter zwei 37-cm-Mörser, denen als Auftakt der Schlacht die Zerstörung von Schloß Ollweiler und Wattweiler und die weitere Unterstützung ihrer Brigaden oblagen. Zusätzlich waren noch zwei Flugzeuge und zwei Ballons zur Aufklärung zugeteilt. Für diese Artillerie-Zusammenfassung, wie sie selbst an den großen Fronten des Weltkrieges nur höchst selten zustande kam, mag nachstehender Vergleich aufschlußreich sein.[38] Zu Beginn des Angriffes vom 21. Dezember kam auf 13 Meter der ersten deutschen Linie 1 Geschütz, und in der Gesamtfront des HK 1 Geschütz auf 17 Meter. Dagegen entsprach die Verteilung in der Champagne-Schlacht im September 1915: 1 Geschütz auf 36 Meter! An der Somme waren es im Juli 1916 24 Meter; lediglich bei Malmaison am 23. Oktober 1917 war das Verhältnis mit 1 Geschütz auf 10 Meter noch günstiger. Das Verhältnis beim Munitionsverbrauch dagegen konnte mit der Westfront nicht mithalten. Hier kamen lediglich 193 Kilo auf einen laufenden Meter, während es in der Champagne 885 Kilo, an der Somme 1000 Kilo und bei Malmaison gar 7000 Kilo waren. Dennoch erreichte der Munitionsverbrauch der Artillerie alleine am 21. Dezember die Menge von 760 Tonnen.

Die Massierung von Truppen, Waffen und Gerät konnte eigentlich den Deutschen nicht verborgen bleiben, doch scheint die Flugaufklärung nur mangelhaft betrieben worden zu sein; denn ihr hätten die neuen Barackenlager hinter der französischen Front und die artilleristische Verstärkung auffallen müssen. Erst am 20. Dezember notierte Gaede in sein Journal: »Vor meiner Front lebhaftere Tätigkeit der Franzosen; sowohl artilleristisch als auch im Vorsappieren bei Bisel gegen die uns kürzlich vorgeschobenen Stellungen. Überläufer kündigt Angriff auf Südhang des Hartm. Kopfes an.«[39]

Sturm

Der »dies ater« am 21. Dezember 1915, wie ihn Gaede bezeichnete, beginnt um 10.15 Uhr mit zwei mächtigen Schlägen und Volltreffern gegen Schloß Ollweiler und Wattweiler durch die nahe Goldbach am Kohlschlagsattel stehenden 37 cm-Mörser, gefolgt von einem mörderischen fünfstündigen Trommelfeuer auf die deutschen Stellungen des Hartmannsweilerkopfes. Der deutsche Chronist des Geschehens am Berge, Gustav Goes, sucht seine Impressionen in Worte zu kleiden: »Trommelfeuer ...! Was noch lebt, springt in Deckungen, Stollen, duckt sich, kauert sich, rührt sich nicht mehr. Vorne sind die Reserven durch eine Eisenwand abgeschnitten von ihren Plätzen. Ganze Batterien von Minenwerfern jagen ihre Geschosse hoch, aus Richtungen stürmen Granaten an, wo bisher noch nie ein französisches Geschütz gestanden, Lufttorpedos lassen sich in die deutschen Gräben fallen, um den Hartmannsweiler legt sich eine Kappe schweren, qualmenden Rauches, die das Tageslicht nicht zu durchdringen vermag. Im fahlen, zitternden Halbdunkel liegen die Menschen, und es ist ihnen, als müsse der Berg jeden Augenblick auseinanderfallen, in furchtbaren Stürzen Lebende, Verwundete, Tote in ein einiges Grab wälzend. Abgeschlossen haben sie mit dem Dasein, ihre Seele sucht Gott ...«[40]

Gegen 14.45 Uhr legt die deutsche Artillerie Sturmabwehrfeuer auf die Kuppe, da der geplante Angriffsbeginn durch die Abhörstelle im Aussichtsfelsen bekannt geworden war. Dauernde Abgaben an andere Fronten haben dazu geführt, daß der weit überlegenen französischen Artillerie lediglich sieben Batterien der 12. Landwehr-Division und sechs Minenwerfer gegenüberstehen, deren mittlere schon zu Beginn wegen Rohrzerscheller ausfallen. Um 15.15 Uhr steigen die 152er (IIe, IIIe, Ier) unter Führung von Lieutenant Colonel Semaire aus ihren Sturmausgangslinien innerhalb der Feuerglocke und stürmen massiert zwischen Kuppe und Aussichtsfelsen gegen die zerschossenen deutschen Gräben vor und überrennen das, was von den Jägern 14, die in den vordersten Gräben als Arbeitsdienst beschäftigt waren, noch am Leben ist. Scheinbar mühelos, das Ier B^{on} nur aufgehalten durch zähen Widerstand in der Feste Großherzog, entfalten sie sich danach am Nordosthang und stoßen mit Ier B^{on} am rechten Flügel über Porphyrgrat bis zur Höhe 742 am Fabeckweg/Krebspfad zwischen Kurve 6 und Kurve 2 (Pionierdorf), dem weitesten erreichten Punkte am Osthange, vor. Das IIIe B^{on}, in der Mitte angesetzt, das in flankierendes MG-Feuer gerät und schwere Verluste erleidet, kann dennoch den Hadelnsteig gewinnen. Das am linken Flügel kämpfende IIe B^{on} gelangt über den Johann-Albrecht-Graben zum Bischofshut, wo es auf entschiedene Abwehr einer zusammengewürfelten Gruppe der Jäger 14 mit einem Maschinengewehr trifft, die sich schließlich auf die

Hartmannsweilerkopf: Aussichtsfelsen und Eingang zur »Feste Ratz« (l.)

Bastion zurückzieht und noch einmal dem Vordringen der 152er letzten Widerstand entgegensetzt, um sich dann in die dritte Verteidigungslinie abzusetzen.
Den rechts an das 152^{e} R.I. anschließenden Einheiten des 23^{e} R.I. und des 15^{e} BCP (Groupement Dussauge) obliegt die zangenförmige Umfassung des Oberrehfelsens über Porphyrgrat und Höhe 742, resp. – südostwärtig umgehend – über Unterrehfelsen. Der Angriff kommt vor allem bei den Fußjägern nur unter großen Verlusten durch das Abwehrfeuer von Teilen II./ResInfRgt 78 voran und bleibt schließlich vor dem Unterrehfelsen im Feuer der sich dort in den Felsen krallenden deutschen Besatzung liegen. Nur im oberen Bereiche beim 23^{e} R.I. kann die Offensive fortgeführt werden. Es gelingt dort schließlich, über die Himmelsleiter-Stellungen den Oberrehfelsen im Verein mit den 152ern zu umzingeln und letzte Reste der Jäger 14 zu überwältigen, um den Porphyrgrat hinab zum befohlenen Tagesziel zu stoßen.
Am rechten Flügel der Angriffsfront gelingt den Alpenjägern der 6^{e} Brigade fast mühelos der Vorstoß gegen den Hirzenstein, den sie trotz Widerstandes des III./ResInfRgt 78 um etwa 16.00 Uhr nehmen. In Verbindung mit der überhöhenden Stellung der Angreifer beim Unterrehfelsen geraten die noch beim Hirzenstein stehenden deutschen Einheiten in größte Gefahr und retirieren auf eine rückwärtige Position, die in den frühen Morgenstunden, da der befürchtete Durchbruch in die Ebene ausgeblieben ist, noch einmal ca. 125 m zurückgenommen wird, um eine sicherere Verteidigungsstellung aufbauen zu können.

Im nördlichen Teile der Angriffszone (Jägertanne Nord) kann das 5e BCP im schnellen Vormarsche die stark befestigte Festungskette Doppelkopf – Veilchenstein – Adlerhorst – Beskid – Felseneck durchbrechen und gegen Kardinal, Schlummerklippe und Leopoldswerk vorgehen. Den deutschen Verteidigern – Teilen I./ResInfRgt 78 und IV./ LdwInfRgt 99 – in dem von Sudel und Großem Belchen einsehbaren und pausenlos unter Beschuß stehenden Frontbereich gelingt es gerade noch, das scheinbar unaufhaltsame Vordringen der Jäger gegen Schlummerklippe und Tanzplatz zu verhindern und sie hinter den 700 m-Weg zu werfen. Bei Einbruch der Dunkelheit ist somit der Hartmannsweilerkopf fast zur Gänze in der Hand der Franzosen. Obwohl nun die deutschen Verteidiger ersichtlich überall auf dem Rückzuge sind, halten die Franzosen nach Einbruch der Dunkelheit inne und gehen zur Verteidigung über. Zwar wurde das ausgegebene Tagesziel, wenn auch unter großen Verlusten, voll erreicht, doch langte die Kraft nicht mehr zur Fortführung des Angriffes. Die von Général de Maud'huy seinerzeit eingeforderten und nicht genehmigten Reserven, hier wurden sie schicksalsentscheidend, zumal ihnen die Deutschen nur wenig entgegenzusetzen vermocht hätten. Der fehlende Mut zum entscheidenden Schlage gegen die deutsche Herrschaft im Oberelsaß ermöglichte der 66e D.I. nur einen ordinären Sieg, dessen sie sich ob der großen Verluste – ca. ein Drittel bei den Diables rouges – und der bereits anlaufenden Gegenmaßnahmen der Deutschen nicht einmal eine ganze Nacht freuen konnten. Der anbrechende Tag sollte vielmehr der »dies horribilis« der Franzosen und das Ende eines ruhmreichen Regiments werden.

Konterattacke

Schon der Eröffnungsschlag gegen die beiden Schlösser Ollweiler und Wattweiler am Vortage hatte das Besondere dieser Offensive erkennen lassen und die Führung der 82. Landwehr-Brigade umgehend veranlaßt, Reserven aus den umliegenden Ruhequartieren zu alarmieren. Das am Hilsenfirst und Ebeneck im Arbeitseinsatz befindliche Reserve-Jägerbataillon 8 marschierte am 21. Dezember bereits um 14.00 Uhr von seinem Ruhequartier in Bühl bei Gebweiler zum HK, Kurve 2, ab. Dorthin hatte sich auch sein Kommandeur, Major Kachel, unverzüglich begeben, von General Rudolph in bester preußischer Auftragstaktik, wie sie sonst im Stellungskriege nur in beschränktem Maße anzuwenden war, mit größtmöglicher Selbständigkeit betraut, sich von dem noch unter Schockeinwirkung stehenden Kommandeur der zerschlagenen 14er Jäger[41] in die Lage einweisen lassen und erste Maßnahmen zur Wiedereroberung des Berges getroffen. Ebenso wie die Jäger 8, waren auch die Landwehrmänner der Bataillone 40 und 99 mit den örtlichen

Gegebenheiten und Besonderheiten bestens vertraut und bedurften keiner langen Einweisung in ihre zugewiesenen Bereitstellungsräume bzw. Sturmausgangsstellungen.

Major Kachel, Kommandeur Reserve-Jägerbataillon Nr. 8 Quelle: WGM Rastatt

Bis zum Eintreffen der Verstärkungen sah sich Kachel gezwungen, mit relativ bescheidenen Kräften eine erste Konsolidierung der vorgefundenen Lage zu erreichen. Die Tatsache, daß ein kleiner Rest des Jägerbataillons 14 sich in einer hufeisenförmigen Ausbuchtung unterhalb der Bastion mit einer nur dünnen Postenkette noch zu halten vermochte, veranlaßte den Major, dorthin die in diesem Sektor schon früher beheimatete 3. Kompanie unter Hptm. d. R. Naendrup zu entsenden, dem es gelang, die einzige Lücke im französischen Postennetz zu finden, und unbehelligt den vorgeschobenen Posten zu erreichen. Zugleich erhielt die Nachbarkompanie unter Hauptmann d. R. Müller den Auftrag, links anschließend etwa 100 m unterhalb der Station Sproesser gegen den Jägerfelsen vorzugehen.

Das relativ rasche Fortschreiten des Angriffes bewog Kachel, diesen um 11.00 Uhr auf der ganzen Linie fortzusetzen. In enger Absprache mit der Artillerie auf dem Thierenbachkopfe wurde zuvor Wirkungsfeuer auf die Kammlinie gelegt, das dann, um 11.00 Uhr auf die alte französische Stellung vorverlegt, als Sperrfeuer das Nachholen von Reserven des Gegners verhindern sollte. Während Kurve 6 bald genommen war und gegen Kurve 7 flankierend vorgegangen wurde, leistete Bischofshut erheblichen Widerstand. Es bedurfte daher eines wiederholten Angriffs, bis er seine alte Besatzung wiedersehen konnte. Im Nahkampf wurde Sappe für Sappe, Graben für Graben zurückerobert; und gegen 1.30 Uhr nachmittags waren die ehemaligen Stellungen wieder fest im Besitze der 8er Jäger. An die 1200 Gefangene und Unmengen an Waffen, Ausrüstung und Gerät wurden alleine von ihnen erbeutet.

Mittlerweile war das Landwehr-Infanterieregiment 56 nachgeführt worden und hatte seine Bereitstellungsräume eingenommen. Damit wurden

das 152^{e} Infanterieregiment und das 5^{e} Jägerbataillon zangenförmig eingeschlossen und vom Rückzugswege abgeschnitten. In den Mittagsstunden des 22. Dezember vollendete sich das Geschick dieses Regiments. Nachdem das dritte Bataillon der »Diables rouges« auf dem Kamme ohne Aussicht auf Entkommen weitgehend dezimiert worden war, hörte diese berühmte Truppe auf zu bestehen. Einem möglichen Durchbrechen der Deutschen stellten sich drei rasch herbeibeorderte Kompanien des 23^{e} R.I. und die 8^{e}/68^{e} BCA in den alten französischen vordersten Linien entgegen. Lediglich die Teile des 5^{e} BCP am linken Flügel beim Nordhange hatten ihre Stellungen anfangs verteidigt, sie dann aber in der Nacht befehlsgemäß zurückgenommen, weil ihre Lage unhaltbar geworden war. Insgesamt 1530 Soldaten des Gegners konnten am Abend dieses Tages der Gefangenschaft zugeführt werden. Auf der Südseite des HK, beim Unteren Rehfelsen und bei Hirzenstein, ließ sich die entstandene Lage vorläufig allerdings nicht bereinigen, da die dort eingesetzte Truppe des Geländes unkundig war.
War so in erstaunlich schneller Folge die Scharte des Vortages ausgewetzt worden, sollte sich das verbliebene Widerstandsnest der Franzosen beim Hirzenstein und Unteren Rehfelsen als wesentlich zäher erweisen und die Angreifer auf eine harte Probe stellen. Zuerst aber gelang es am folgenden Tage, dem 23. Dezember, die noch am Nordhange in den Felsennestern Felseneck, Doppelkopf und Adlerhorst ausharrenden Franzosen nach ausgiebigem Artilleriebeschuß durch die Pionier-Kompanie der Sturmabteilung Rohr, Teile LdwInfRgt 99 und 56 unter Zurücklassung ihrer Waffen zu vertreiben und die gesamte vorderste Linie bis hinauf zum Emma-Graben in Besitz zu nehmen.
Inzwischen hatte auch Général Serret das völlige Scheitern des Vorhabens erkennen müssen und die 2e Brigade de chasseurs unter Colonel Passaga zur Ablösung und Reorganisation der Verteidigung im Raume Hirzenstein/Unterrehfelsen eingesetzt. Der für Heiligabend angesetzte Angriff auf die Hirzensteinbesatzung scheiterte bereits im Ansatze des wütenden Abwehrfeuers wegen. Den Sturmkolonnen der von Drei Ähren hierher verlegten Gardejäger und einem Zuge der Sturmabteilung Rohr war es nicht gelungen, die Festung zu nehmen. Bei kaltem Regenwetter mußte sowohl die nördliche Gruppe im Blinddarm-Graben wie auch die stärkere Südgruppe im Sihlbachtal der hohen Verluste wegen das Vorhaben abbrechen. Auch gegen den weiter nördlich gelegenen Unterrehfelsen blieben die Gardejäger wiederholt erfolglos. »Les Allemands sont extrêmement nerveux«, notiert der Chronist der französischen Seite[42]. Denn mittlerweile hatten sich die frischen Kräfte der Franzosen im Bereiche Hexenküche gegen die deutschen Linien herangearbeitet und drohten, Teile des III./LdwInfRgt 40 und der 7./ResInfRgt 74 einzuschließen. Die Situation wurde noch heikler, als ein Voll-

treffer in das Handgranatenlager bei Kurve 0, an welcher gerade eine Stabsbesprechung der an dem vorgesehenen Angriff gegen den Unterrehfelsen beteiligten Truppenteile stattfand, die Leitung des Unternehmens außer Gefecht setzte, sämtliche Fernsprechverbindungen unterbrach und so die Aktion vereitelte. Dagegen brachen Alpenjäger am Nachmittage gegen die schwache Front am Rehfelsen vor, wo es ihnen gelang, Teile der dortigen Einheiten einzuschließen und die unhaltbar gewordene Lage in der Lippeschen Schweiz für sich auszunutzen. Immerhin glückte es einer Kompanie der Gardejäger, aus freiem Entschluß offensiv gegen die linke Flankenbedrohung in Gestalt zweier Kompanien des 23^{e} R.I. oberhalb des Unterrehfelsens vorzugehen und mit 250 Gefangenen zurückzukehren.
Da die bisherigen Versuche einer Bereinigung der unhaltbaren Lage am Südosthange nicht von Erfolg gekrönt waren, sollte die Einführung einer neuen Brigade mit aktiven Truppenteilen endlich den ersehnten Durchbruch ermöglichen. Am 29. Dezember übernahm die 187. Infanterie-Brigade des Obersten Gündell im Verbande der 12. Landwehr-Division den Abschnitt Hirzenstein, der links an den vom Holzplatze im Wünheimer Tale bis Silberbach reichenden Abschnitt der 82. Landwehr-Infanteriebrigade anschloß; rechts neben der 82. lag der bis Sudelkopf reichende Abschnitt der 8. bayer. Landwehr-Division. Auch die Befehlsführung der einzelnen Abschnitte wurde nun angesichts des bevorstehenden Angriffes gestrafft. So erhielt der bergerfahrene Major Kachel als Kommandeur Abschnitt II den Unterrehfelsen als Unterabschnitt IIb zugewiesen. Auf der französischen Gegenseite machte die tödliche Verwundung des Général Serret im Silberbachtale am 29. Dezember 1915 einen Wechsel im Divisionskommando nötig, das Général Nollet übertragen wurde.
Die Wende zum Jahre 1916 sollte endgültig die Schwachstelle der deutschen Verteidigung am Unterrehfelsen beseitigen. Nach der Bereinigung der Lage am Unterrehfelsen, dem Eckpfeiler des deutschen Stellungssystems am Südhang des Hartmannsweilerkopfes, hatte der 8. Januar die Entscheidung zu bringen. Für den Angriffstag wurde eine gewaltige Artilleriestreitmacht zusammengezogen und in die Angriffsvorbereitungen, für die auch Aufnahmen der Feld-Fliegerabteilung 68 ausgewertet wurden, das Sturmbataillon Rohr an führender Stelle mit einbezogen. So konnten die bisher gewonnenen Erfahrungen voll in den Angriffsbefehl der 187. Infanterie-Brigade einfließen und die Führer und Unterführer in ihr jeweiliges Angriffsziel systematisch eingewiesen werden. Die Sturmaufstellung sah vor, das Angriffsziel von Norden und Süden her in die Zange zu nehmen.
Am frühen Morgen des 8. Januar 1916, als man in Moosch den Leichnam des Général Serret der Erde übergibt, sickern die Sturmkolonnen

in ihre Ausgangsstellungen ein. Das beidseitige Artillerieduell steigert sich und liegt nun auf dem erst tags zuvor eroberten Blinddarm-Graben, der nach Versagen der Handgranaten geräumt werden muß; doch stört dies nicht den präzise vorbereiteten Gesamtablauf der Aktion. Planmäßig um 14.45 Uhr steigen die Märker aus ihren Gräben und stürmen die französischenStellungen. Die nördliche Kolonne schafft dies in kürzester Frist, so daß sich das II. Bataillon schon nach einer halben Stunde an das III. anschließen kann. Hier, am Steilhange direkt vor dem Hirzenstein, ist das Vorgehen schwieriger und der Widerstand ausgeprägter, vermag jedoch nicht, ernsthafte Probleme zu bereiten. In vergleichsweise kurzer Zeit gelingt es, in die französischen Stellungen einzubrechen und die französischen Grabenbesatzungen zu dezimieren; alleine das 47^e BCA beklagt den Verlust von 8 Offizieren und 414 Jägern. Nun macht sich auch bei ihnen das Fehlen von Reserven schmerzlich bemerkbar; die zwei Kompanien des in den Kampf geschickten 28^e BCA vermögen an der Sachlage nichts mehr zu ändern. Am Abend des 8. Januar ist die Ausgangssituation, d. h. der Frontverlauf vor dem 21. Dezember 1915, wiederhergestellt. Der Erfolg ist teuer erkauft! In dieser Zeit erhält der Hartmannsweilerkopf seinen traurigen Beinamen »mangeur d'hommes«, Menschenfresser.
Wieder einmal, wie bereits ein halbes Jahr zuvor im Münstertale (vgl. weiter unten), erwies sich das Konzept der französischen Führung, den Kampf über die Höhen zu führen, als untauglich. Zwei Ursachen zu-

Hartmannsweilerkopf: Feste Bischofshut

mindest waren beide Male ausschlaggebend für den Mißerfolg: die fehlende Unbedingtheit des Wollens und die daraus resultierende Halbherzigkeit in der Ausstattung der Truppe und der Mangel an Reserven, der auch als Ausfluß dieses Denkens gesehen werden kann. Ein weiterer Punkt kam hinzu: Zu viel kostbare Zeit hatte die Führung verstreichen lassen, bis sie überhaupt zu einem relevanten Entschlusse kam. Dies hatten die Verteidiger genutzt, um den Berg zu einer waffenstarrenden Festung auszubauen und ihn so praktisch uneinnehmbar zu machen. Wenn dennoch am 21. Dezember den Franzosen ein Überraschungsschlag gelang, so wohl auch deshalb, weil die gespannte Aufmerksamkeit einer eher sorglosen Gewohnheit gewichen war. War der umgehende deutsche Gegenschlag auch ein gutes Zeichen für den gerade den Jägern innewohnenden Angriffsgeist, so zeigten doch die folgenden Tage, daß es äußerster Anstrengung bedurfte, um einen in wohlvorbereiteten Stellungen eingenisteten Feind wieder daraus zu vertreiben. Hier wirkte sich zum ersten Male die dem Sturmtruppengedanken innewohnende Präzision aus, mit der der Angriff auf den Hirzenstein vorbereitet worden war.

Sturmtruppen[43]

Die Dauer des Stellungskrieges führte zu Bestrebungen, die operative Freiheit und Beweglichkeit durch überraschende Stoßtruppunternehmen wieder zu gewinnen. Hervorgegangen sind diese besonders ausgebildeten und ausgerüsteten Einheiten aus dem »Sturmbataillon Rohr«, das im Verbande der Armeeabteilung Gaede (B) am Hartmannsweilerkopfe 1915 Verwendung fand und dort erstmals diese Taktik erprobte. Vorgänger dieser Einheit war ein Truppenversuch der Obersten Heeresleitung im Frühjahr 1915 gewesen aus Ersatzpionieren des preußischen Pionier-Bataillons 3, das auf dem TrÜbPlatz Wahner Heide durch Major Calsow vom PiBtl 18 ausgebildet worden war (2 PiKp mit Schutzschilden, 1 Abt 3,7 cm-Kanonen zu 20 Geschützen)[44]. Der Mißerfolg dieser Mustertruppe an der Lorettohöhe wegen der auffälligen Ausrüstung mit sog. Panzerschilden, die zu großen Verlusten führte, zwang zum Abbruch des Versuchs und zur Abgabe der dezimierten Einheit an die Armee-Abteilung Gaede Ende August 1915. Dort übernahm am 8. September 1915 Hauptmann Rohr aus dem Gardeschützenbataillon, das bereits am 2. März 1915 erstmals eine ausgesuchte Kompanie für ein Stoßtruppunternehmen zusammengestellt hatte, die Neuformierung mit einer veränderten Konzeption auf Grund der bisherigen Erfahrungen: Die behindernden Panzerschilde entfielen, die Zusammenarbeit mit den Maschinengewehren und der Artillerie wurde forciert. Am 4. Oktober 1915 führte Rohr bei Achkarren im Kaiserstuhl eine Grabenerstürmung im steil ansteigenden Walde im Beisein des Generals

Gaede vor. Schon am 12. Oktober am Lingekopf und am 15. Oktober 1915 beim Angriff der Gardeschützen und Gardejäger auf die Kuppe des Hartmannsweilerkopfes wurden Teile der Rohr'schen Truppe eingesetzt. Eine größere Lehrvorführung der Sturmtruppe fand, nach einem sechstägigen Lehrgang bei der 12. Landwehr-Division, am 16. Dezember unter den kritischen Augen des Führers der Armeeabteilung Gaede bei Oberbergen im Kaiserstuhl statt. Nach Beschuß der Stellung stürmte die Sturmtruppe mit Schutzschilden am linken, Flammenwerfern am rechten Flügel die Gräben und bereitete diese sofort zur Abwehr eines Gegenangriffes durch Einbau von Maschinengewehren und Stacheldraht- und Minensperren vor der Stellung vor. Ein Parademarsch mit Musik im Dorfe Oberbergen beendete diese erste gelungene Mustervorführung. Das Sturmbataillon wechselte nach seiner bestandenen Feuertaufe in der großen Schlacht am Hartmannsweilerkopfe Anfang Februar 1916 zur 5. Armee und gab den Anstoß zur Bildung weiterer Sturmbataillone. Auch bei der HG Kronprinz Rupprecht v. Bayern wurde aus dem Jäger-Bataillon 3 ein Sturmbataillon formiert. Weitere Erfahrungen sammelte man in der Schlacht um Verdun und an der Somme, so daß im Oktober 1916 der Chef des Generalstabes die Aufstellung derartiger Sturmtruppen bei allen Heeresgruppen/Armeen/Armee-Abteilungen anordnete, die bei den vorgenannten Stammeinheiten ihre Ausbildung erfahren sollten. Ein solches Sturmbataillon umfaßte den Stab, 2 Sturmkompanien (à 5/263), 1 MGK (4/85), 1 MWK (2/108) und 1 Flammenwerferzug, fallweise 1 InfGesch-/GebGesch Bttr. Bei Kriegsende bestanden 17 Bataillone und 1 (bayer.) Kompanie; der Mangel an geeignetem Ersatz und Fehlstellen bei der Infanterie, zu deren Auffüllung die Sturmkompanien herangezogen wurden, verringerten das ursprüngliche Potential. Grundsätzlich handelte es sich hierbei um infanteristisch ausgebildete Mannschaften, weshalb sie auch als Grenadiere bezeichnet wurden und deren Uniform trugen. Eine Ausnahme machten lediglich das Sturmbataillon 3 gemäß seiner Herkunft aus der Jägerwaffe und das aus den Pionieren hervorgegangene Sturmbataillon 5 (Rohr), das innerhalb der Sturmtruppen eine Sonderstellung einnahm, einen Sonderweg ging und für die Schulung der Infanterie der Armeen beider Fronten – West und Ost – auf dem TrÜbPl Doncourt zuständig war. Zu diesem Behufe waren ihm neben 5 Sturmkompanien 2 MGK, 1 MWK, ein Flammenwerfer-Zug und eine 10,5-cm-Gebirgs-Haubitz-Batterie zugeteilt. Im letzten Kriegsjahre wurde das Bataillon geschlossen in den großen Abwehrschlachten eingesetzt und abgenutzt, bis es zuletzt als Schutztruppe des Großen Hauptquartiers Dienst tat[45]. Eine Ausbildungsvorschrift für die Fußtruppen im Kriege (AVF) vom Dezember 1916 (weitere Vorschriften erschienen im Januar 1917 und Januar 1918) definierte ihre Funktion als Lehrtruppe für Führer und Unterführer sowie als Kampftruppe vorzüglich im Gefechte um Stellungen, zu welchem Zwecke die Führer der Infanterie beratend in ihren Einsatz eingewiesen werden und zugeteilte Sturmtrupps im Zusammenwirken mit der Infanterie den Auftrag vorberei-

tend ausführen sollten. Gelehrt und geübt wurde vornehmlich das Zusammenwirken der Infanterie mit den Unterstützungswaffen und Nahkampfmitteln. Nach Vorüben an detailgetreuen Nachbildungen wurden Sturmtrupps als kleinste Teileinheit den Infanterieverbänden, in deren Abschnitt der Angriff erfolgen sollte, zugeteilt, um mit diesen, auf Zusammenarbeit angewiesen, den Einbruch nach vorheriger Luftaufklärung und Erkundung des Stellungsverlaufes durchzuführen. Aufgabe der Sturmtrupps war es dabei, die Sturmgassen zu öffnen, die feindlichen Gräben aufzurollen, MG-Nester auszuschalten, die Gräben »umzudrehen« und das Vorfeld zur Verteidigung einzurichten. Die mitgeführten schwereren Waffen hatten den Einsatz flankierend abzusichern, die Flammenwerfer sollten Widerstand in den Gräben und Blockhäusern brechen. Grundsätzlich hatten die Stoßtrupps keilartig, ohne Rücksicht auf flankierende Maßnahmen, bis zum Ziele durchzustoßen. Nach erfolgtem Einweisen der Infanterie sollten dann die Sturmtrupps wieder herausgezogen werden.
Die Taktik dieser Sonderformationen änderte sich mit fortschreitendem Kriege. So wurde des Überraschungsmoments wegen weitgehend auf Artillerievorbereitung verzichtet und mit Scheinangriffen der Gegner getäuscht. Ziel war es, die normale Infanterie allmählich mit dieser Kampfweise vertraut zu machen und sie zur eigenen Ausbildung zu befähigen. Die Notwendigkeit der Sturmbataillone als Lehrtruppe bei dem immer schlechter werdenden Ersatz der letzten Kriegsjahre wurde von der OHL bis zuletzt bejaht. Die Erfolge des Generals der Infanterie Oskar v. Hutier als OB der 8. Armee vor Riga im September 1917 oder in der »Großen Schlacht« im März 1918 zeitigten ihre Nachwirkung im deutschen Reichsheere, in dem diese Taktik dann allgemeinverbindliches Gut der Dienstvorschriften und der Ausbildung wurde. Die später als »Blitzkrieg« charakterisierten Operationen der Wehrmacht im Westfeldzuge 1940 werden heute als die konsequente Weiterentwicklung des ursprünglichen »Stoßtrupp«-Gedankens der unteren taktischen Ebene gewertet.[46]
Die Ausrüstung und Bewaffnung dieser freiwilligen »Grenadiere« war zum Teile auf die jägermäßige, zum andern aber auf die pioniertechnische Vorgehensweise ausgerichtet: zu Stahlhelm oder Feldmütze und Gebirgsbekleidung (lederbesetzte Berghose und Bergschuhe mit Wickelgamaschen) traten Karabiner 98k mit Seitengewehr, vornehmlich jedoch Handgranaten und Pioniergerät wie kleiner und großer geschärfter Spaten, Drahtschere, Äxte und Handbeile. Unteroffiziere und Fernmeldetrupps waren mit Pistolen bewaffnet.
Auch die gewöhnliche Infanterie hatte die Vorzüge der Sondertruppe schätzen gelernt und Sturmkurse im zerstörten Schloß Ollweiler eingerichtet, wo die Landwehrleute Selbstvertrauen in ihre Kräfte gewinnen sollten durch Übungen im Schießen, Handgranatenwerfen, Ringen, Fechten mit Bajonett und Dolch und dem Zusammenwirken in der Gruppe. Patrouillenunternehmungen am Berge wurden in der Regel in Ollweiler an Stellungsnachbildungen

vorgeübt. Diese bis Kriegende abgehaltenen Kurse förderten nicht nur das Zusammenwirken der einzelnen Waffen untereinander, sondern auch den Zusammenhalt und Kameradschaftsgeist der Truppe.

Hellmuth GRUSS, Die deutschen Sturmbataillone im Weltkrieg. Aufbau und Verwendung, Berlin 1939 (= Schriften der kriegsgeschichtlichen Abteilung im Historischen Seminar der Friedrich-Wilhelms-Universität Berlin, H. 26); Eberhard von SCHWERIN, Königl. Preuß. Sturmbatallon Nr. 5 (Rohr). Nach der Erinnerung aufgezeichnet unter Zuhilfenahme des Tagebuches von Herrn Oberstleutnant a.D. Rohr, Zeulenroda 1939 (= Aus Deutschlands großer Zeit, Truppenteile des ehem. preuß. Kontingents, Bd. 116); Bruce I. GUDMUNDSSON, Stormtroop Tactics. Innovation in the German Army, 1914-1918, New York 1989

Die daraus gezogenen Lehren konnten später an anderen Gebirgsfronten angewandt werden. So erwies sich die genaue Einweisung der Führer und Unterführer in den Gefechtsstreifen als Vorbedingung für einen möglichst verlustarmen Erfolg. Pioniertechnische Hilfen, besonders bei der Beseitigung der Drahthindernisse, waren der stürmenden Truppe segensreiche Erleichterung im Einsatze. Die artilleristische Vorarbeit hielt, im Gegensatze zum ersten Kriegsjahre, jeglicher Kritik stand. Die Zusammenarbeit des Vorgeschobenen Beobachters mit der Infanterie und die durch optische oder aber funktechnische Signale verbesserte Verbindung zu den Batterien ließ die Gefahr von Kurzschüssen geringer werden. Auch hatte die Artillerie im indirekten Richten im ersten

Lingekopf: Deutsche Schützengräben

Hartmannsweilerkopf: Gardeschützen bei Kurve 6 im Winter (mit Hartmannsweilerstock)

Kriegsjahre notwendige Erfahrungen gesammelt, die zu nachhaltigen Verbesserungen führten. Die neue Waffe der Minenwerfer bestand ihre Feuerprobe und entwickelte sich zu einem unentbehrlichen Helfer der Infanterie im Grabenkampfe, wenngleich der schnelle Stellungswechsel ihre Achillesferse blieb. Die spätere Eingliederung der aus der Pioniertruppe hervorgegangenen Waffe als 13. Kompanie bei den Infanterieregimentern kann als Resultat dieser Erfahrungen gesehen werden. Überhaupt hatte es sich im Mittelgebirgskriege mit seinen Nachschubproblemen sehr bald als vorteilhaft erwiesen, leicht transportierbare Geschütze einzusetzen, die das Moment der beweglichen Truppenführung unterstützten und im Notfalle – beim Fehlen von Tragtieren – auch von Mannschaften bewegt werden konnten.

Neben den Minenwerfern hatte sich eine weitere neue Waffe, die Flammenwerfer, gerade im Einsatze gegen Stollenbesatzungen trefflich bewährt. Die dritte »Errungenschaft« des Krieges, die Gaswaffe, spielte am HK der nahen gegnerischen Stellungen und der in dieser Region häufigen Westwinde wegen, die die eigene Truppe empfindlich getroffen hätten, eine nur untergeordnete Bedeutung. Schließlich muß noch auf die dichte Versorgung der Stollen mit Fernsprechmitteln hingewiesen werden, die auch bei Beschuß und Zerstörung unverzüglich wiederhergestellt wurden und die taktische Koordinierung des Feuereinsatzes erleichterten.

So hatte es sich bestätigt, daß im Gebirge das gewöhnlich angenommene erfolgversprechende Verhältnis 3:1 von Angreifer und Verteidiger keine Gültigkeit hatte und von einer Überlegenheit von mindestens 7:1 ausgegangen werden mußte. Daß die französische Führung nach dem Debakel am Lingekopf (s. u.) keine Lehren hieraus gezogen hatte, sondern in einem neuerlichen Anlaufe, trotz der Warnungen ihres Armeechefs, eine ganze Division sinnlos »verheizte«, muß als unverzeihlicher Fehler angesehen werden, dessen Folgen Legionen von Gefallenen beider Nationen waren. Den von deutscher Seite immer wieder erwarteten Vorstoß aus der Trouée de Belfort, dem zeitweise mit einer eigenen operativen Maßnahme zuvorgekommen werden sollte, hat der Gegner danach allerdings nicht mehr gewagt, obwohl ein wohlvorbereiteter Flankierungstoß aus dem französisch besetzten Thurtale über Thann in diesem Bereiche großer Erfolgsaussichten sicher gewesen wäre. Der Tod des Divisionärs auf dem Schlachtfelde weist so auch symbolischen Charakter auf.

Plänkeleien (1916–1918)

Mit der Rückeroberung der alten Stellungen trat auf dem Hartmannsweilerkopfe deutscherseits eine Phase der Sicherung und Besitzstandswahrung ein, die das Verteidigungssystem nach den gewonnenen Erkenntnissen umgestaltete – eine »Schule für Beton- und Stollenbau« in Zillisheim bildete speziell in dieser Fachrichtung aus – und den Berg zu einer praktisch uneinnehmbaren Festung ausbaute. Dies konnte um so besser gelingen, als zu Jahresbeginn schon absehbar war, daß der geplante deutsche Schlag nicht im Elsaß, sondern in Lothringen vor Verdun stattfinden würde, wozu beide Seiten ihre schlagkräftigsten Truppen an diese Stelle der Hauptkampflinie verlegten. Die am 21. Februar 1916 dort beginnende Schlacht lenkte für ein halbes Jahr die ganze Aufmerksamkeit und Anstrengung auf diesen Abschnitt, so daß der Hartmannsweilerkopf nun endgültig »ruhige Front« wurde. Dies hieß aber nicht, daß Schnitter Tod keine Ernte mehr hätte einfahren können; doch verteilte sich nun das Sterben auf Jahr und Tag und kulminierte nur noch gelegentlich in räumlich und zeitlich begrenzten Aktionen.
Ausgangspunkt der Neustrukturierung des Verteidigungssystems war die Erkenntnis aus den bisherigen Kämpfen, daß die unmittelbare Vorneverteidigung unflexibel und mit großen Verlusten behaftet war, da infolge des nur wenige Meter gegenüberliegenden Gegners weder an einen großzügigen Ausbau der Stellungen gedacht noch das Überraschungsmoment ausgeschaltet werden konnte. So entstand nun in der zweiten Sicherungsphase des Berges durch Verlagerung der Hauptkampflinie in eine vom Feinde nicht einzusehende Hinterhangstellung mit starken Stützpunkten und flankierenden Wirkungsmöglichkeiten eine flexibel zu besetzende Tiefengliederung. Die vordersten Stellungen

dienten fortan nur als in der Nacht zu besetzende Vorpostenstellungen, während die Hauptverteidigungslinie weiter rückwärts, den Augen des Feindes verborgen, desto stärker auszubauen war, um ein elastisches Ausweichen mit anschließendem Gegenstoße zu gewährleisten, obwohl dies am Hartmannsweilerkopfe nur in sehr begrenztem Maße der Geländesituation wegen möglich war. Wenn auch im Jahre 1916 keine größeren Kampfhandlungen wie die des Vorjahres erfolgten, so heißt dies nicht, daß sich die deutschen Verteidiger um so ungestörter ihrer Bautätigkeit widmen konnten. Ständiger mehr oder weniger starker Beschuß vom Molkenrain und anderen überhöhenden Stellungen der Franzosen und die Antwort der deutschen Feldkanonen und Haubitzen – »Abendsegen«, »Morgengebet« und »Mittagszauber« – machten oft die Arbeit ganzer Wochen zunichte. Und der Tod hielt immer aufs neue Einkehr in den Regimentern.
Es ginge zu weit, diese im Vergleiche zu den großen Kämpfen am HK unbedeutenden Nadelstiche ausführlich darzulegen. Wir können uns daher darauf beschränken, zwei spektakuläre Aktionen kurz zu erwähnen. So fand das Unternehmen »Rumänien« des LdwIR 124 in der Dunkelheit des 28. Januar 1917 nach verschleiernder Artillerievorbereitung gegen den Südhang und Hirzenstein mit vier Sturmpatrouillen statt, die in die vordersten Gräben der Franzosen einbrachen und zahlreiche Gefangene mit zurückbrachten. Der Verlust des Regiments war denkbar gering: 1 Toter und 11 Verwundete, wären da nicht die 63 Toten

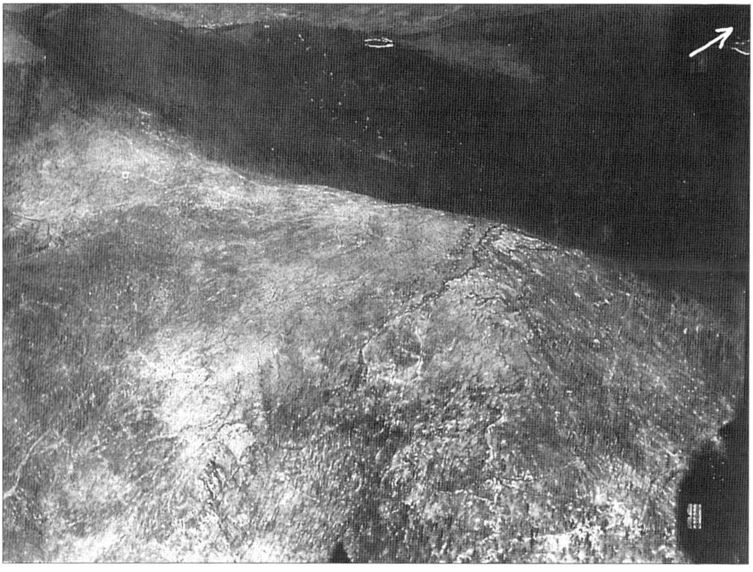

Fliegeraufnahme des HK Quelle: Flieger-Abt. 253 v. 18.3.1918; BA-MA Freiburg

Hartmannsweilerkopf: Baumlose Gipfelregion nach schweren Kämpfen

im Ziegelrückenstollen gewesen, von denen der größte Teil dem vierten Sturmtrupp des Regiments angehörte, der vor Sturmbeginn sich im Stollen versammelt hatte und auf das Zeichen zum Angriff wartete. Fünf Minuten vor der Zeit traf vermutlich eine Granate den vor dem Stollen arbeitenden sMW »Christian« und mit ihm die nahebei lagernde Munition. Der Eingang des Ziegelrückenstollens wurde völlig verwüstet. »In einen Knäuel gepreßt, zerfetzt, zerrissen, vom Luftdruck getötet, liegen 4 Offiziere und 59 Mann unter den Trümmern in dem von giftigen Gasen und Dämpfen erfüllten Raume. Ohnmächtig sinken die hierhin vordringenden Rettungsmannschaften zu Boden, und draußen müssen sie sich erbrechen. Nur mit Sauerstoffapparaten kann man, da das Aufräumen des vorderen Stolleneingangs mehrere Tage in Anspruch nimmt, die schon in Verwesung übergehenden Leichen und Leichenteile bergen.«[47] Der »Erfolg« des Unternehmens: 35 Gefangene und 1 MG.

Auf den Tag genau zwei Jahre nach dem Beginn der großen Schlacht am HK sollte noch einmal ein größerer Vorstoß Erkenntnisse zu Agentenmeldungen über einen geplanten französischen Angriff bringen. Das Unternehmen »A 130« mit 240 Mann wurde durch einen nächtlichen Gasüberfall mit Blau- und Grünkreuzmunition (3460 Schuß) vorbereitet, der eine Stunde vor Angriffsbeginn viertelstündlich wiederholt wurde. Als die Truppe frühmorgens antrat, fand sie entgegen ihren Erwartungen die Gräben nicht verlassen. So fiel das Ergebnis entsprechend dürftig aus: nur 12 Gefangene konnten eingebracht werden. Zwar hatte das Gasschießen die Sperrfeuerbatterien des Feindes kurzfristig auszuschalten vermocht, jedoch keine wesentlichen Zerstörungen verursacht und unterlaufen werden können.

Bis zum Kriegsende sollte diese Situation unverändert Bestand haben. Am 9. November 1918, dem Beginn der Revolution in der Reichshauptstadt, verzeichnet das Kriegstagebuch der Armeeabteilung B keinen Eintrag. Am folgenden Tage überstürzen sich die Ereignisse: In Colmar bildet sich ein Soldatenrat, der dem nach längerer Absenz im Kaiserlichen Hauptquartiere zu Spa eiligst zurückgekehrten Oberbefehlshaber rät, sein Hauptquartier schnellstens in die politisch ruhigeren Gefilde nach Freiburg zu verlegen, was dieser auch sogleich am 11./12. November ausführt. Als am 11. November 1918 Waffenruhe ab 11.55 Uhr befohlen wird, löst sich kurz zuvor noch einmal die Spannung in einem gewaltigen Feuergrollen entlang der gesamten Front. »Endlich wird es still. Überall stehen Freund und Feind auf Deckung und winken einander zu. Besuche gehen herüber und hinüber. Man bewirtet einander, und mancher scheint über dem französischen Weißbrot und Wein alles zu vergessen. Aber vielen, vielen blutet in diesem Jubel das Herz.«[48] Als am Abend des 11. November die Dämmerung einsetzt, kommt »mit ihr ein unendlich schönes Schauspiel, ein Feuerwerk, wie man es niemals sah und niemals sehen wird. Millionen von Leuchtkugeln in allen Farben so weit das Auge reicht. Das ganze Rheintal ist davon übersät.«[49] Das Ende ist grau, der Rückmarsch in die Heimat beginnt, die Hungerblockade der Entente wird noch manches Todesopfer im Frieden fordern. Aber der Große Krieg war zu Ende.

Die Kampfhandlungen im Abschnitt Lingekopf 1915–1918

> *»Ein Feldherr, der sich in einer ausgedehnten Gebirgsstellung auf das Haupt schlagen läßt, verdient vor ein Kriegsgericht gestellt zu werden.«* [50]

Militärgeographische Beschreibung

Der gegen das Tal von Unterhütten vorspringende, auch Scheitholz genannte Lingekopf (986 m) ist der nördlichste Teil eines vom südlich gelegenen Kleinkopfe (940 m) über den Barrenkopf (981 m), Schratzmännele (1045 m) zum Lingesattel (983 m) sich erstreckenden, 2,5 km langen Querriegels, Ausläufer eines vom Hauptkamme über Wettsteinpaß (882 m) und Hinteren Hörnleskopf (1000 m) ostwärts ziehenden Vogesenkammes zwischen Fecht- und Weißtale, welcher über das Hohnackmassiv (982 m) und Drei Ähren hinab nach Colmar verläuft (vgl. Karte S. 118). Das Schratz- oder Schrätzmännele, dessen Name von einem in seinem Steinbruche hausenden Berggeiste (Schrat) herrührt, ist in dieser Linie die höchste Erhebung, ohne jedoch der vorgelagerten Berge wegen Einblick in die Täler südlich und nördlich des Kammes zu gewähren. Ein großer und ein kleiner Steinbruch in seinem Kammverlaufe zum Barrenkopfe hin bilden natürliche Sperriegel. Der bis zum Ersten Weltkriege weitgehend unbekannte Lingekopf – der vielgelesene Vogesenführer von Mündel erwähnt ihn erst gar nicht – ist eine nach drei Seiten steil abfallende, vom Gipfel des Schratzmännele herabziehende Gebirgsnase mit einem wenig ins Auge springenden Gipfel. Die nördlich davon gelegene Ansiedelung Unterhütten läßt im Namen schon die Struktur dieser Gegend erkennen. Einzelne Bauerngehöfte, Melkereien kennzeichnen diese zersiedelte Gegend, deren nächste größere Ortschaften im Süden Münster und Sulzern, im Norden Urbeis sind. Die Wegegabelung ostwärts des Lingesattels beim Bärenstall schließt den Kamm an das Fechttal an, während das westlich gelegene Wege-T beim Wettsteinpaß die Täler der Weiß und der Fecht miteinander verbindet und schon vor dem Ersten Weltkriege den einzigen befahrbaren Übergang darstellte. Einzig das Hohnackmassiv mit Kleinem (927 m) und Großem Hohnack (982 m) bietet einen weiten Rundblick, weshalb beide zum Amte Rappoltstein, einem alten österreichischen Lehen, gehörenden Gipfel auch mit stattlichen Verteidigungseinrichtungen befestigt wurden, deren eine auf dem Kleinen Hohnack noch heute in ruinösem, aber gut konserviertem Zustande einen Eindruck von ehemaliger Größe vermittelt. Der sogenannten Hexenkessel auf dem Großen Hohnack wird als druidisches Denkmal gedeutet. Das ursprünglich wie das ganze Weißtal im Besitze der Grafen von Egisheim befindliche Schloß auf dem Kleinen Hohnack geriet im 13. Jahrhundert in den Besitz der Grafen von Pfirt als Sitz des Geschlechtes von Hohenack und kam 1288 an die Grafen von Rappoltstein, die es 1635 an Louis XIV. herausgeben mußten, der es 1654 zerstören ließ. Bei der ehedem der Dekapolis zugehörigen Reichsstadt Türkheim schließlich fällt der Kamm zur Ebene hin ab.

Türkheim – blutgetränkter elsässischer Boden

Die Landschaft vor Türkheim, dem breiten Eingang zum Münstertale mit dem berühmten »Brand«, einer der besten Elsässer Weinlagen, bot dreimal den Schauplatz heftiger Fehden zwischen den Mächten beidseits des Rheines. Am 5. Januar 1675 fand nahe der Stadt an der Fecht eine für das Elsaß entscheidende Schlacht (vgl. Karte S. 113) zwischen den Reichstruppen unter dem brandenburgischen Kurfürsten Friedrich Wilhelm III., dem »Großen Kurfürsten«, sowie dem kaiserlichen General Herzog von Bournonville und dem französischen Heere unter Marschall Vicomte de Turenne im Gefolge des zweiten niederländischen Krieges der französischen Krone (1672-1678) als

Rache- und Raubaktion gegen die sich den Expansionen Louis XIV. entgegenstellenden Generalstaaten statt. Nach wechselnden Koalitionen der Kriegsparteien hatte sich im Herbst 1674 Friedrich Wilhelm III. den Kaiserlichen angeschlossen und mit seinen Truppen dem Elsaß zugewandt, wo Turenne, den Bezug der Winterquartiere vortäuschend, die kaiserlichen Truppen vor Belfort überraschte und ihnen am 29. Dezember bei Mülhausen eine Schlacht anbot, die zwar unentschieden ausging, unter den Verbündeten jedoch erhebliche Verwirrung und den Eindruck einer Niederlage hinterließ, so daß sie sich schleunigst mit dem Großen Kurfürsten vor Colmar zu vereinigen suchten. Mehrere große Kriegsräte der versammelten Heerführer und Diplomaten bestätigten das Bild einer unentschlossenen, widerstreitenden Bündnisarmee. Die durch die zögernde Haltung Bournonvilles versäumte Inbesitznahme Türkheims nutzte Turenne aus, um am 4. Januar 1675 in einem Gewaltmarsche von Süden über Belfort und Mülhausen her die 1673 im Zuge der Aneignungen des Elsaß von der französischen Krone okkupierte und entfestigte Reichsstadt zu besetzen. Die in Anlehnung an Colmar bis vor Türkheim hinter dem Logelbache (fr. Mühlbach) gegen die Vorstellungen des Großen Kurfürsten aufgestellten, in sich uneinigen Reichstruppen erwarteten die Schlacht in gespannter Atmosphäre. Am linken Flügel nordostwärts Colmar standen die Brandenburger unter Feldmarschall Frhr. v. Derfflinger, bei Logelbach versammelte sich die Hauptmacht der Infanterie unter Herzog Georg von Celle, den rechten Flügel nahmen die Kaiserlichen und weitere kleinere Verbündete ein; hinter der Mitte befand sich die gesamte Reiterei in der Erwartung Turennes. Dieser aber hatte sich einer Kriegslist bedient: Um eine frontale Begegnung zu vermeiden, war er mit nur einem kleinen Teile seiner Streitmacht (einige Schwadronen Reiterei und 14 Bataillonen Infanterie) über für unpassierbar gehaltene Pfade durch die Weinberge an den Westeingang von Türkheim vorgestoßen und hatte diese nur mit einer Feldwache besetzte Stadt gestürmt; seine Hauptmacht unter Führung seines Neffen, des Grafen de Lorge, hatte er in gehöriger Entfernung vor den kaiserlichen Truppen zwischen Winzenheim und Wettolsheim mit Front nach Nordosten aufgestellt. In den frühen Nachmittagsstunden begann Turenne das Treffen gegen die rechte Flanke der Verbündeten. Nach einem blutigen Gefecht um den Türkheimer Kirchhof stabilisierte sich die Front beidseits der Fecht, die die Parteien nicht ohne äußerste Gefährdung zu überschreiten vermochten. Die Zuführung von Hilfstruppen vom linken Flügel des Großen Kurfürsten konnte wegen der früh einbrechenden Nacht nicht mehr wirksam werden. Der dreistündige Kampf wurde schließlich unentschieden abgebrochen. Die Interessengegensätze bei den Reichstruppen, die »Zerfahrenheit im Oberbefehl«[51] führten dann zu einer überstürzten Retraite mit z. T. chaotischen Auflösungserscheinungen bei der Truppe in der folgenden Nacht in Richtung Schlettstadt und Straßburg. Ein Grund für diesen Rückzug muß auch in der katastrophalen Versorgungslage gesehen werden, die in den Überlegungen zur schnellen Verlegung nach Straßburg eine nicht unwesentliche Rolle spielte. Die überlegene Kriegführung Turennes, die sich gerade in der Anwendung des Flankenangriffes und der Umgehungstaktik äußerte, hatte in Verbindung mit den Unzulänglichkeiten bei den Verbündeten, die durch den von Frankreich inspirierten Einfall der eigentlich mit Brandenburg verbündeten Schweden in die Mark Brandenburg noch verschlimmert worden waren, zu diesem Debakel geführt. Letztlich bedeutete dies auch die endgültige politische und kulturelle Aufgabe des Elsaß in seiner Zugehörigkeit zur deutschen Nation.

Preußischerseits nahmen an dieser Schlacht mit jeweils etwa 30 – 33 000 Soldaten auf beiden Seiten die Infanterie-Regimenter Nr. 2 (sp. GrenRgt 1), 3 (1806 aufgelöst) und 5 (1806 aufgelöst) sowie die Kürassier-Regimenter Nr. 2 (aufgelöst 1806), 3 (aufgelöst 1806) und 4 (sp. Leibkürassier-Regiment Großer Kurfürst Nr. 1) teil. Die Verluste sollen bei den Franzosen erheblich höher als bei den Verbündeten gelegen haben; die Schätzungen gehen z.T. weit über 1 000 Mann bei beiden Kriegsparteien, doch dürfte die Zahl von 109/764 bei den Franzosen und über 600 bei den Reichstruppen der Wirklichkeit näher kommen[52].

Etwas mehr als hundert Jahre später kämpfte hier im Koalitionskriege gegen das revolutionäre Frankreich 1793 ein preußisches Korps unter dem Prinzen Friedrich Ludwig Christian von Preußen gegen ein ebensolches der französischen Rheinarmee und obsiegte unter Gefangennahme von 1 200 französischen Soldaten.

Schließlich kehrte die Kriegsfurie noch einmal am Ende des Zweiten Weltkrieges in diese gesegnete Landschaft zurück, als der Colmarer Brückenkopf (»Poche de Colmar«), den die deutsche Wehrmacht seit Herbst 1944 zäh verteidigte, in den Tagen zwischen dem 25. Januar und 9. Februar 1945 von amerikanischen und französischen Truppen genommen wurde (s. a. S. 169).

[BRAUBACH], Bemerkungen zum Treffen von Türkheim am 5. Januar 1675, in: Wanderer 7, 1894/95, S. 169-171; Ch.[arles Alexander Claude] GÉRARD, La bataille de Turckheim, in: Revue d'Alsace II, 1851, S. 1-23 u. 377-419, auch Colmar 1870; G.[ustav] v. KORTZFLEISCH, Der oberelsäßische Winterfeldzug 1674/75 und das Treffen bei Türkheim, Straßburg 1904 (= Beiträge zur Landes-und Volkeskunde in Elsaß-Lothringen, H. XXIX); H.[einrich] PETER, Der Krieg des Großen Kurfürsten gegen Frankreich 1672 bis 1675, Halle a. S. 1870; H.[einrich] ROCHOLL, Der Große Kurfürst von Brandenburg im Elsaß 1674/75, Straßburg 1877; derselbe, Der Feldzug des Großen Kurfürsten im Elsaß. 1. Sammlung der in den elsässischen Archiven beruhenden, die Brandenburgische Campagne betreffenden handschriftlichen Documente, Berlin 1879; derselbe, Studien über den Feldzug des Großen Kurfürsten gegen Frankreich 1674-75, Berlin 1900 (= Beihefte zum Militärwochenblatt, 1900, H. 2); Karl TSCHAMBER, Der deutsch-französische Krieg von 1674/75, Hüningen 1906

Das südlich dieses Querkammes gelegene Fecht- oder Gregoriental – nach der dieses beherrschenden Stadt Münster auch Münstertal benannt – war und ist bis heute die wichtigste Verbindung vom Oberelsaß über den Schluchtpaß nach Gérardmer und Epinal. In Münster verzweigt sich der Fechtbach in die Kleine und Große Fecht, welch letztere ihren Weg über Mühlbach und Metzeral nimmt, von wo über Sondernach auf der D27 der Anschluß an Markstein (1266 m) und die Route des Crêtes erreicht wird. Im Norden des Lingekopfes zieht eine offene Weidelandschaft hinab zum Weißtale mit Urbeis als größerem Orte nach Kaysersberg, der Perle des Weißtales. Von Urbeis verläuft die Straße D48^{II} über das ehemalige, in der Revolutionszeit säkularisierte Zisterzienserkloster Pairis zum Weißen See, an dessen Fuße sich nördlich der Immerlinskopf (1216 m) und der Buchenkopf (1208 m) erheben, über die im Ersten Weltkriege die ebenfalls heiß umkämpfte Frontlinie verlief, um beim Col du Bonhomme die alte Reichsgrenze zu überschreiten.

Die Operationen im Münstertale (Frühjahr 1915)

Ähnlich der Situation im Thurtale bei Thann und im südlicheren Dollertale waren französische Truppenteile im August 1914 auch in die nördlicheren Vogesentäler vorgestoßen und mußten sich erst nach den beiden Mülhausener Schlachten bequemen, den Rückzug gegen den Hauptvogesenkamm anzutreten. Auf einer allgemeinen Linie Diedolshauser Höhe – Le Bonhomme – Oberhütten – Hohrod – Fechttal standen die Einheiten der Brigade mixte Gratier den deutschen Landwehreinheiten des Generals Dame gegenüber, als die Entwicklung der Lage in Nordfrankreich den Schwerpunkt operativer Handlungen bestimmte und so das Elsaß vorübergehend in den Windschatten des Kriegsgeschehens geriet, bis die stabilisierte Lage an der Nordfront Frankreichs wieder die Möglichkeit von Nadelstichen gegenüber den deutschen Truppen im Elsaß bzw. gar die Wiederaufnahme offensiven Vorgehens eröffnete. Schon die schweren Kämpfe beim Vorgehen gegen die Höhe 425 und gegen Steinbach bei Sennheim an der Jahreswende 1915/16 hatten das Armeeoberkommando der Armeeabteilung Gaede überzeugt, daß ein frontaler Angriff weniger Hoffnung auf Erfolg versprach denn ein Vorgehen über die Linie Großer Belchen – Sudel – Molkenrain hinab ins Thurtal. Dieser Meinung schloß sich auch die OHL an, konnte den Plan jedoch wegen der noch nicht verwendungsbereiten 8. bayer. Reserve-Division nicht in die Realität umsetzen. So beschloß General Gaede, zuerst die noch teilbesetzten Täler in seinem Befehlsbereiche nördlich des Thurtales zu säubern, vornehmlich das Münstertal als Einfallsweg vom Schluchtpaß nach Colmar und in die Rheinebene. Hierzu bot sich auch die winterliche Jahreszeit an, die die Paßstraßen nur schwer passierbar machte; darüber hinaus band am Sudelkopfe das III./Landwehr-Infanterieregiment 123 seit 9. Januar 1915 starke französische Elitekräfte im Kampfe um die Gipfelposition. So setzten sich am 8. Februar Teile der Landwehr-Brigade 51 unter dem Kommando von General Frech im Lauchtale in Bewegung, um durch Besetzung des Hilsenfirstmassives dem geplanten Vorgehen im Fechttale den Rücken frei zu halten. Am 13. und 14. Februar war die Linie Sengern–Hilsenfirst im wesentlichen gesichert, so daß das Unternehmen im Münstertale anlaufen konnte.

Am 19. Februar begann unter Führung des Kommandeurs der 8. bayer. Reserve-Division, Generalleutnant Frhr. v. Stein, mit Unterstellung der 6. bayer. Landwehr-Division von General Sontag unter winterlichen Verhältnissen der Angriff westlich Münster, bei welchem vor allem die aus dem Lauchtale über den Hilsenfirst nach Metzeral vorgehenden bayerischen Einheiten mit erheblichen Widrigkeiten zu kämpfen hatten. Unter schweren Kämpfen erreichten die Bayern bis zum 23. Februar eine allgemeine Linie Barrenkopf–Reichackerkopf–Hilsenfirst, die nach Abzug der 8. Reserve-Division und Einfügung von Teilen der 6. Landwehr-Division am 6. März durch einen Angriff von Teilen der 47e Infanterie-Division gegen Reichackerkopf und Barrenkopf wieder in Frage gestellt wurde, da Reserven nicht vorhanden waren. Die vorerst wenig erfolgreichen Vorstöße dieser von Joffre dem Détachement d'armée des Vosges (Armeekorps Vosges) befohlenen Unternehmung zur Beseitigung der zwischen Reichackerkopf und Langenfeldkopf bis hin zum Vogesenkamme entstandenen Einbuchtung in seinem Frontbereiche wurden mit dem neu ernannten Divisionskommandeur, Général Pouydraguin, energisch wiederaufgenommen. So mußte die gerade abgelöste 8. Reserve-Division wieder kehrtmachen und erneut ins Kampfgeschehen eingreifen. Mittlerweile hatten die auf dem Reichackerkopfe und dem Rebberge oberhalb Stoßweier eingesetzten Landsturm-Bataillone Bruchsal und Karlsruhe »gekniffen« und ihre Stellungen geräumt, so daß die 8. Reserve-Division bis zum 20. März im Einsatze war, um den zugewiesenen Abschnitt nördlich Stoßweier–Hilsenfirst halten zu können. Die Kämpfe auf dem Reichackerkopf gingen dagegen noch bis in die letzten Märztage unvermindert weiter.

Die Frühjahrsangriffe im Oberelsaß hatten auf der gesamten Frontbreite der Armeeabteilung gezeigt, daß weiterhin mit einem starken, sprungbereiten Gegner zu rechnen war, der Operationen mit begrenztem Ziele wirkungsvoll begegnen konnte, denen wiederum die eigenen schwachen Kräfte, wie das Beispiel Reichackerkopf bewies, nicht gewachsen waren. Der deutsche Generalstabschef Falkenhayn ordnete daher am 17. März an, die Angriffsoperationen im Oberelsaß einzustellen und zur

Defensive überzugehen, da bis auf weiteres keine neuen Truppen zugewiesen werden könnten. Wie desolat die Lage war, zeigte die Tatsache, daß Gaede einen »Kuhhandel« mit dem Führer der rechts anschließenden Armeeabteilung v. Falkenhausen wegen einiger Bataillone arrangieren mußte, um überhaupt eine Armeereserve formieren zu können[53]. Der französische Generalstabschef dagegen, der die Gefahr erkannt hatte, daß ein starker deutscher Vorstoß im oberen Fechttale die Front aufzureißen in der Lage war, bestand unnachgiebig auf einem forcierten Vorgehen im Münstertale. Die wechselhaften Kämpfe im April 1915 um den Hartmannsweiler- und Reichackerkopf führten bei ihm zur Überlegung, das Fechttal mit der Stadt Münster von den Höhen herab zu nehmen, um danach den Weg zur Ebene zu gewinnnen. Sein Plan sah vor, mit der 47e D.I. links umfassend über Wettsteinpaß–Lingekopf–Schratzmännele–Barrenkopf ostwärts vorzubrechen und mit der 66e D.I. unter dem Kommando von Général Serret rechts über Hilsenfirstmassiv–Kahler Wasen Münster einzukesseln. Eine sofortige Inangriffnahme dieses Projektes verhinderten vorläufig jedoch der lange bis in den April andauernde Winter in den Vogesen und die Inanspruchnahme der 66e D.I. in den Kämpfen am Hartmannsweilerkopfe, wo sie eine Position gewonnen hatte, die ihr erlaubte, den Verkehr in der Ebene, vornehmlich den Bahntransport, unter beobachtetes Feuer zu nehmen.
Am 17. April 1915 setzte daher mit einem französischen Vorgehen gegen die 8. bayer. Reserve-Division im oberen Fechttale neuerlich ein Ver-

Lingekopf: Unterstände am Schratzmännele

such ein, den Erfolg am HK mit einem ebensolchen im Münstertale zu verbinden. Zwar gelang den rechts eingesetzten Teilen der 66^{e} D.I. die Erstürmung des Schnepfenriethkopfes (1 258 m) und die dadurch bedingte Rücknahme des linken bayerischen Flügels, doch führten die Angriffe der 47^{e} D.I. im Fechttale nicht zum gewünschten Erfolge: Ostwärts Mittlach kam der Angriff zum Stehen. Darüber hinaus mußte durch Abgabe von zwei Korps der Armeegruppe Ost für Verwendung an anderen Fronten eine Weiterführung der eingeleiteten taktischen Maßnahmen unterbleiben. Der von Joffre geforderte »methodische« Angriff sollte nun auch an diesem Teile der Front Anwendung finden. Schon Anfang Mai traten die beiden französischen Divisionen erneut in den Kampf, nun gegen die Höhen am Sillackerwasen (830 m), Anlaßwasen (908 m), beide westlich, und Braunkopf (713 m) nördlich von Metzeral, der bei den Bayern einen hohen Blutzoll forderte und die Zuführung einer Armee-Reserve in Gestalt der Infanterie-Brigade 187 erforderte; zuzüglich wurde ab Mitte des Monats als Ablösung für die stark geschwächten Bayern die 19. Reserve-Division eingeführt, der es jedoch an Gebirgserfahrung und dem Draufgängertume der Vorgänger fehlte, wie Gaede lebhaft beklagte[54]. In dieser Zeit versuchten die Franzosen wiederholt, aber vergeblich Anlaßwasen (66^{e} D.I.) und Braunkopf (47^{e} D.I.) als beherrschende Position über Metzeral dauerhaft in Besitz zu nehmen.
Die erste Junihälfte war gekennzeichnet durch ein langsames Vorarbeiten der Franzosen gegen die deutschen Stellungen vor Metzeral, so daß der Führer der Armeeabteilung Gaede mit Recht Angriffsabsichten im oberen Fechttale vermutete und den Nachrichten über Verstärkungen bei Belfort mißtraute. In der Tat hatte Général de Maud'huy in Abstimmung mit seinen Vorgesetzten Dubail und Joffre ein offensives Vorgehen in Richtung Münster vorbereitet, um durch eine Begradigung der Frontlinie eine bessere Flankensicherung zu gewährleisten und die Voraussetzungen für den von Joffre projektierten Angriff über die Höhen zu schaffen. Am 14./15. Juni begannen die Kampfhandlungen, die in der Folge gefährliche Ausmaße für die deutschen Verteidiger annahmen. Bereits am ersten Tage fiel der Hilsenfirst, und bedrohliche Nachrichten erreichten das Hauptquartier in Homburg. Um die kritische Lage meistern zu können, wurde am 17. Juni General Mengelbier von der 12. Landwehr-Division der Hilsenfirstabschnitt zugewiesen und alle verfügbaren Reserven herangezogen. Dessenungeachtet gelang es den beiden französischen Divisionen, am 21. Juni sich Metzerals zu bemächtigen und die Deutschen in der Nacht zum 22. Juni auf eine Linie ostwärts des rechten Fechtufers von Mühlbach über den Ilienkopf zum Hilsenfirst zurückzudrängen. Damit waren alle Voraussetzungen vor der Front der 7e Armée erfüllt, um den Angriff angesichts der ge-

schwächten gegnerischen Linien – die deutschen Verluste beliefen sich auf rund 3 700 Mann – frontal mit beidseitigen Flankenoperationen auf Reichacker- und Ilienkopf – gegen Mühlbach und Münster und den Talausgang vorzutreiben. Diese Absicht des Kommandeurs der 47^{e} D.I., von de Maud'huy und Dubail unterstützt, wurde jedoch durch den strikten Befehl Joffres, Münster über die Höhen des Linge- und Barrenkopfes zu nehmen, konterkariert. Die französische oberste Führung begab sich aus der Befürchtung eines deutschen Flankenangriffes von den Höhen oberhalb Münsters herab der Chance eines blutsparenden Vordringens und faßte den – angesichts der taktischen Entwicklung – unverständlichen Entschluß zum Abbruch der Fechtoffensive. Dubails halbherzige Befehlsvariante, angesichts der »nécessité de ne pas laisser l'ennemi se ressaisir« einen weiteren Vorstoß gegen Mühlbach zu gestatten, zugleich aber »renoncer à l'attaque de Mühlbach si elle doit amener la dispersion des efforts«[55], verschaffte der deutschen Seite vorerst einen Aufschub, den sie zur Umgruppierung ihrer arg lädierten Kräfte nutzen konnte. So beantragte die Armeeabteilung Gaede dringend die Zuteilung der aus Galizien zurückgekehrten 8. bayer. Reserve-Division (9 Btle) und der 187. Infanteriebrigade, da die 19. Reserve-Division keine Gewähr dafür biete, die Stellungen im Münstertale zu halten; die Ablösung erfolgte dann Mitte Juli und war am 19. Juli beendet. Am nächsten Tage begann die große Schlacht am Lingepaß.

Das Gefecht über die Höhen (Sommer 1915)

Am 20. Juli 1915 setzte nach mehrstündiger Artillerievorbereitung auf einer allgemeinen Linie Barrenkopf–Stoßweier–Reichackerkopf–Hilsenfirst der vielfach verschobene französische Angriff gegen die Kammlinie Lingekopf–Schratzmännele–Barrenkopf ein (vgl. Karte, S. 118). Damit begann in etwa 1000 m Höhenlage eine Menschen- und Materialschlacht, die im Verlaufe dreier Monate Tausende von Opfern forderte und erneut Fragen nach der Verantwortlichkeit militärischer Vorgesetzter und der Sinnhaftigkeit der Kriege aufwerfen sollte. Es kann nicht Aufgabe dieses Führers zu den Schlachtfeldern der Vogesen sein, die vielfältigen, sich wiederholenden und ähnelnden Aktionen der Kontrahenten in jenen knappen drei Monaten im einzelnen zu schildern; zum Verständnis der Geschehnisse jedoch können markante Situationen und Gefechtshandlungen nicht unerwähnt bleiben.
Bereits zu Beginn des Jahres 1915 hatte der Alpenjägerkommandeur, Oberstleutnant Brissaud-Desmaillet, vom Oberbefehlshaber des Détachement d'armée des Vosges, Général Putz, den Auftrag erhalten, taktische Möglichkeiten für einen Vorstoß durch das Fechttal zu erkunden; drei Varianten hatte er genannt: einmal über den Kahlen Wasen, dann

über die Côte Grimaud ins Weißtal und schließlich über die Sperre und Sichtbarriere Linge- und Barrenkopf. Hatte sich Général Putz anfänglich für die Lösung über das Weißtal stark gemacht, ließ die Offensive der deutschen Truppen am 19. Februar im Fechttale letztere als geboten erscheinen. Am 27. April befahl dann der OB der 7e Armée, Général de Maud'huy, in seinem Operationsplan diese auch vom französischen Generalstabschef bevorzugte Lösung. Die operative Entwicklung im Osten (Galizien), die dem deutschen Kriegstheater im Westen nötige Reserven vorenthielt, mag letzteren in seiner Beharrung auf einem Schlage im Oberelsaß bestärkt haben.
Um die abgenutzte 47e D.I. zu entlasten und dem Angriff den nötigen Schwung zu verleihen, wurde eine neue Division, die 129e des aus der Artillerie stammenden Général Nollet, eingeführt. Da zwischen dem Schluchtpaß und dem Col du Bonhomme nur ein Übergang über den Kamm vom Col du Louschbach aus zum Col du Calvaire beim Weißen See existierte, wurden in seiner Nähe in Hinterhanglage bei der Route des Crêtes große Mannschafts-, Verpflegungs- und Sanitätslager samt Stallungen für Zug- und Lasttiere (Maultiere) angelegt und Straßenverbesserungen bzw. -neuanlagen in Angriff genommen. Aber auch die Gegend um den Schwarzen See mit gedeckten Annäherungswegen an den Wettsteinpaß nahm umfangreiche Barackensiedlungen auf. Der Operationsplan vom 23. Juni 1915, zwei Tage später von Joffre genehmigt, sah vor, daß die 129e Division, verstärkt durch die 3e Jägerbrigade,

Lingekopf: Der Lingekopf, gesehen vom Eichenrain, mit Lingekopfsattel und Schratzmännele (l.)

die Hauptlast des Kampfes durch Angriff auf die Kammlinie Linge – Barrenkopf zu tragen habe. Unterstützt werde sie durch die 47e D.I., die einen nachgeordneten Ablenkungsangriff gegen Reichackerkopf und Eichwald (westl. Hohrodberg) in Richtung Stoßweier zu führen habe; die 66e D.I. solle sich in Besitz der Linie Hilsenfirst – Landersbach setzen. In einer ersten Phase des Gefechtes hatte sich die 129e D.I. des Linge- und Barrenkopfes zu bemächtigen und weiter bis Kuhberg ostwärts des Schratzmänneles vorzustoßen, um feindliches Feuer gegen die Truppen ostwärts des Barrenkopfes zu verhindern und die ungehinderte Nachführung der eigenen Artillerie zu ermöglichen. Dann sollte die Division zusammen mit der 47e zangenartig gegen den Eichwald wirken, um in einer letzten Phase gegen den Frauenackerkopf südlich des Kuhberges und das ostwärts Münster gelegene Gunsbach im Tale vorzugehen. Doch wurde diese Ordre de bataille von de Maud'huy am 5. Juli dahingehend geändert, daß die Aktion gegen den Reichackerkopf Vorrang habe und gleichzeitig mit dem Angriff auf den Lingekopf als Ablenkungsmanöver ausgelöst werden solle.
Deutscherseits waren, etwa zeitgleich zu den Vorstößen auf dem Hartmannsweilerkopfe, erstmals im Dezember 1914 auf dem von Drei Ähren parallel zum Fechttale verlaufenden Kamme Spähtruppunternehmungen durchgeführt worden, die eine Besetzung wichtiger Geländepunkte zur Folge hatten, jedoch zu keiner geschlossenen Verteidigungslinie führten. Erst die deutsche Offensive im Fechttale am 19. Februar 1915 nahm auch die Höhen genauer ins Visier und führte zu schwerpunktmäßigem Ausbau und Verdrahtung der Stellungen in den nächsten Monaten bis zur Waldgrenze westlich Linge und Schratz. Der parallel zum Lingekamme ostwärts verlaufende Eichenrain nahm die gebunkerten Stellungen für die schwere Artillerie auf. Die Franzosen trafen so am Tage des Angriffsbeginnes auf eine strukturierte Verteidigungsorganisation, eine Gefahr, auf die zuvor schon Pouydraguin aufmerksam gemacht hatte.
Der französische Angriff begann, nach einer vielstündigen Artillerievorbereitung vom Wettstein und Combekopfe (966 m) aus, in den frühen Nachmittagstunden des 20. Juli 1915, ausgeführt von der 3e Alpenjägerbrigade des Colonel Brissaud-Desmaillet, während die 5e (Général Trouchaud) als Reserve bereitstand und die 151e Brigade (Colonel Susbielle) den Vogesenkamm von Oberhütten bis Col du Bonhomme bewachte. Auf deutscher Seite stand diesen Eliteformationen der Franzosen die 6. (bayer.) Landwehr-Division gegenüber, in Ausrüstung und Ausbildung den Alpenjägern nur wenig entsprechend. Der widersprüchlichen Meldungen von der Front wegen ließ der Führer der Armeeabteilung die Gardejäger aus Potsdam und die 14er Jäger aus ihren Reservequartieren nach vorne ziehen und drei Bataillone der 187. In-

fanteriebrigade für Eventualfälle nach Colmar beordern. Während so in erster Linie ältere Landwehrmänner die vordersten deutschen Linien verteidigen, stürmen auf der Gegenseite junge Alpenjäger gegen die verdrahteten Stellungen und Laufgräben an. Am rechten Flügel stoßen das 22e BCA gegen den Barrenkopf, in der Mitte 30e und 70e BCA in einer zweiten Phase der Operation gegen die sog. Kurtine, der Region zwischen südlichem Schratzhange und Barrenkopf, sowie gegen den großen Steinbruch am Schratz, das 14e und 54e BCA gegen Linge und nördlichen Schratzkamm. Gleich zu Beginn wird das 22e BCA von flankierendem Maschinengewehrfeuer aus den Steinbrüchen und frontal aus dem Blockhaus am Barrenkopfe, das den Artilleriebeschuß überstanden hatte, unter schärfstes Feuer genommen und muß sich unter erheblichen Verlusten zurückziehen. Am linken Flügel erreicht das 14e BCA zwar die Waldgrenze des Lingekopfes, vermag aber, gehindert durch massiertes MG-Feuer, nicht zur Gipfelstellung durchzubrechen. Auch das 54e BCA, das zum Gipfel des Schratz vordringt, muß, durch wütendes MG-Feuer gehindert, retirieren. Die in der Mitte angesetzten Bataillone haben der kritischen Lage wegen Kompanien an den linken Flügel abzutreten und fallen so für den geplanten eigenen Angriff aus.

Auch bei der 47e D.I., die mit der 4e Brigade am Reichackerkopfe und mit der 2e Brigade beim Eichwalde vorgeht, häufen sich die Gefallenen vor den deutschen Stellungen. Daher befiehlt der Oberbefehlshaber der Ostarmee, Général Dubail, nach Rücksprache mit de Maud'huy, die Angriffshandlungen auf den Lingekopfbereich zu konzentrieren und der 129e D.I. Teile der 47e D.I. zuzuführen. Nach einer Umstrukturierung der Angriffseinheiten wird für den 22. Juli eine neuer Sturm angesetzt mit 5e Brigade de chasseurs (Général Trouchaud) in der Mitte und rechts, links der 3e Brigade de chasseurs mit Hauptrichtung Linge und den Steinbrüchen des Schratz als zweitrangigem Ziele. Doch wie am ersten Tage bleibt auch jetzt der Angriff im wütenden MG-Feuer der Deutschen hängen, bei denen das Wirkungsfeuer der Artillerie nicht den erhofften Erfolg zeitigte. Général Pouydraguin führte dieses Versagen auch auf die Jäger des Rekruten-Jahrganges 1915 zurück, denen es an der sorgfältigen Ausbildung ermangelte. So endet die koordiniert angelegte Operation in wenig wirkungsvollen Einzelaktionen, die den Führer zum Abbruch veranlassen. Ein neuerlicher Anlauf wird auf den 26. Juli angesetzt, um der Artillerie Zeit und Gelegenheit zu geben, sich zielgerecht einzuschießen, weil diese bisher, z.T. wegen ungünstiger Wetterverhältnisse (Nebel), nicht den Erwartungen entsprochen hatte.

Am 26. Juli endlich gelingt es den Franzosen, ein Teilziel zu erreichen: den Lingekopf und den Kamm des Schratz. Nachdem sich die Verteidiger zurückgezogen haben, setzt wirkungsvolles deutsches Artilleriefeuer auf die Angreifer ein und verhindert durch Sperrfeuer auf die

westlich des Lingekopfes gelegene Combesenke das Heranbringen von Nachschub und das Bergen der Toten bzw. Verwundeten. Andererseits scheitern mehrere deutsche Gegenstöße in der Morgenfrühe mit aktiven Jägereinheiten an den überhöht wirkenden Maschinengewehren der Franzosen auf der Gipfel- und Kammlinie des Linge. In dieser unübersichtlichen und verworrenen Lage geht aber auch die Verbindung zwischen den beiden französischen Brigaden verloren, die nun ohne Nachricht von einander und von der 129^{e} Division den Kampf führen müssen. Die in den frühen Nachmittagsstunden des 27. Juli nach vorbereitendem Artilleriefeuer gegen Schratz und Barrenkopf vorgehende 5^{e} Jägerbrigade sieht sich gezwungen, nach dem Zurückgehen des 115^{e} Jägerbataillons im Zuge eines heftigen deutschen Gegenangriffes das dadurch in der Luft hängende 15^{e} BCP aus seiner vorspringenden Position zwischen Schratz und Barrenkopf in den Abendstunden zurückzubeordern und somit die Frontlinie wieder zu begradigen. Auch die später angetretene linke Nachbarbrigade bleibt vor dem Kamme des Schratz hängen und muß zurück.
In dieser Phase des Gefechtes kam der Général en chef Joffre wegen der Meldungen und der Anforderung des Armeegruppenkommandanten Dubail nach einer weiteren Division zu der Erkenntnis, daß die Einschließung Münsters über das Gebirge nicht durchführbar sei und daher weitere Operationen nicht sinnvoll erschienen. Deswegen sollte

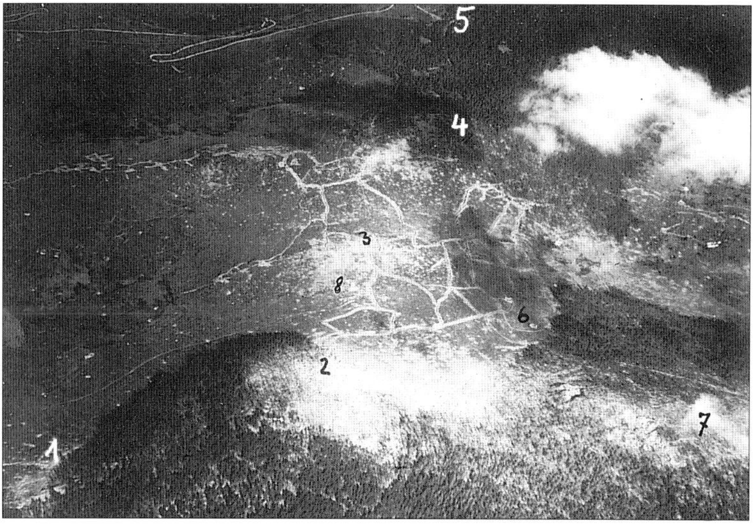

Feindliche Stellungen zwischen Barrenkopf, Schratzmännele und Gr. Hörnleskopf
1 Kleinkopf, 2 Barrenkopf, 3 Combekopf, 4 Gr. Hörnleskopf, 5 Jochhöhe, 6 Combe, 7 Schratzmännele, 8 Whs. Glasborn
Quelle: Bayer. Flieger-Abt. Nr. 9 v. 25.8.1915, Höhe 2800 m

die 129^{e} D.I. je nach den örtlichen Verhältnissen die günstigsten Voraussetzungen für den Übergang zur Verteidigung ab 20. August schaffen. Erst danach war eine Ablösung dieser ausgebluteten Truppe in Aussicht gestellt. Wie wenig später am Hartmannsweilerkopfe, so begünstigte auch hier ein System der Halbherzigkeiten und Aushilfen die ohnehin starke Position des Verteidigers und entwand dem Angreifer den Siegeslorbeer. Darüber hinaus forderte eine solche Taktik einen nicht mehr zu rechtfertigenden Blutzoll der eigenen Seite. Der Vorwurf leichtfertigen Handelns bleibt daher an Joffre und Dubail hängen, auch wenn letzterer versuchte, die größten Härten in diesem neuen Plane zu glätten. Der Oberbefehlshaber der 7^{e} Armee, de Maud'huy, zog aus dieser Schlappe zumindest die Lehre, als er bei nächster Gelegenheit am Hartmannsweilerkopfe die gleiche Planung des Generalstabschefs nicht mehr mitzutragen bereit war und sein Kommando abgab.
Die nächsten Tage und Wochen wurden nun endgültig zum »tombeau des chasseurs«, zum Grabe der Jäger, am Lingekopfe. In immer neuen Anläufen gegen Kamm und Gipfel mähten die Läufe der Maschinenwaffen die Jugend Frankreichs nieder. Aber auch die deutsche Landwehr und die Jäger zahlten einen hohen Preis für ihr Festklammern am Berge. Dabei zeigte sich auf beiden Seiten die front- und truppenferne Sicht der höheren Führung, der die Bedingungen des Stellungskrieges, vornehmlich des Gebirgskrieges, nicht genügend vertraut waren.
Die Monatswende bot das immer gleiche Bild: Stoß und Gegenstoß, doch der Frontverlauf änderte sich dabei keinen Fußbreit Boden. Bis zum 6. August gingen so die Kämpfe unter unsäglichen Verlusten Tag für Tag weiter; dann übergab der 17 Tage ununterbrochen im Kampfe gestandene Colonel Brissaud das Kommando an Colonel Coybet von der 81^{e} Brigade der 66^{e} Division und ließ seine zwei völlig abgenutzten Jägerbrigaden durch frische Truppen ablösen. Ein letzter, wiederum von Joffre initiierter Versuch hatte die Absicht, noch einmal dem Ziele des 20. Juli zur Durchsetzung zu verhelfen, bevor die 129^{e} D.I. endgültig die Stätte des Grauens verlassen sollte. Nach einer Artillerievorbereitung am 17. August gingen am folgenden Tage die Franzosen erneut frontal und somit erfolglos vor. Joffre, ob dieses ordinären Angriffes verärgert, befahl ein Vorgehen in Divisionsstärke auf der ganzen Linie, um endlich zum Erfolge zu kommen. Zwei neue Bataillone der 47e D.I. wurden der 129e Division zugeteilt. Wieder wurde der Gipfel des Schratzmännele und der des Barrenkopfes gestürmt; wieder wurde die gerade genommene Stellung (Barrenkopf) im Gegenzuge von den Deutschen zurückerobert. Der verständige OB der 7e Armée, de Maud'huy, glaubte, damit den Intentionen des Oberkommandos gerecht geworden zu sein und ging zur Verteidigung über. Dubail interpretierte dies gegenüber dem Generalstabschef dahingehend, daß, sobald es die Gegebenheiten

zuließen, das vorgesehene taktische Ziel, Münster über die Höhenzüge zu nehmen, in Angriff genommen werde. Beide Seiten hatten sich entlang des Kammes eingegraben, getrennt nur durch wenige Meter Niemandsland, die Anreiz zu immer neuen Handstreichen und Nadelstichen geben sollten. Alleine die Kämpfe vom 20. Juli bis zum 25. August 1915 vor Ablösung der 129e durch die 47e D.I. kosteten die Franzosen nahezu 10 000 Mann um des »Vorteiles« einer z. T. auf 10 m an den Feind heranreichenden Frontlinie willen.

Deutsche Reaktion

Der neue Kommandeur an der Lingefront, Général de Pouydraguin, mußte gleich bei seinem ersten Besuche in den vorderen Stellungen die Unmöglichkeit einer Verteidigung seiner schwachen Linien auf Dauer erkennen, zumal die der 129e D.I. beigegebene Artillerie gleichzeitig abgezogen worden war. Nur kurze Zeit blieb ihm für die nötige Reorganisation der Front, da die Umgruppierung der beiden französischen Divisionen natürlich der deutschen Seite nicht verborgen geblieben war. Diese Schwachstelle suchte Exzellenz v. Schmidt für einen deutschen Angriff am 31. August zu nutzen, bedrohten doch die auf dem Kamme des Schratz sitzenden Franzosen die deutschen Anmarsch- und Versorgungswege beim Bärenstalle. Zu dieser Zeit war die Taktik der Sturmtruppen, wie sie am Hartmannsweilerkopfe dann gegen Jahresende so exzellent praktiziert wurde, noch nicht bekannt; auch existierte keine so wirkungsvolle, mit der Artillerie zusammenarbeitende Minenwerfertruppe wie am HK. Die Geschütze selbst konnten nicht unmittelbar auf die feindliche vorderste Linie wirken, weil dann die eigene Truppe bedroht gewesen wäre, die ohnehin große Verluste durch ihre zu kurz schießende Artillerie erleiden mußte. So verlief der Sturm eher unbefriedigend, wenn auch ein Stück am Lingekopfe genommen werden konnte. Vorbedingung für einen Wiederholungsangriff war daher, die Sappen weit vor die feindliche Stellung zu treiben, um bessere Sturmausgangspositionen schaffen zu können. Neben den schon am 31. August eingesetzten schweren Flammenwerfern, die sich bewährt hatten, sollten auch leichte Flammenwerfer durch Pioniere mitgeführt werden.

Flammenwerfer

Das schon als »griechisches Feuer« in der Zeit des Peloponnesischen Krieges (431–404 v. Chr.) bekannte Prinzip des Verspritzens flüssigen Öls wurde im deutschen Heere erstmals in Festungskampfübungen 1907 erprobt und in zwei Systemen (Handdruckspritzen: Reddemann; Gasdruckspritzen: Fiedler) gefertigt. Im Herbst 1914 sollte die Flammenwerferabteilung Reddemann weitere Versuche mit dieser neuen Waffe durchführen. Bereits am 26. Februar 1915 fand der erste Einsatz im Walde von Malancourt nahe Verdun mit vollem Erfolge statt, so daß die Abteilung alsbald zum Bataillon, dann zum 1. Garde-Reserve-Pionierregiment unter Führung von Major Reddemann in unmittelbarer Unterstellung unter die OHL aufgestockt wurde[56]. Lediglich die Flammenwerfer-Züge bei den Sturmbataillonen blieben dauerhaft abkommandiert. Mittlerweile hatte sich das System der Gasdruckspritze durchgesetzt, das stationär als schwerer Flammenwerfer (»Grof« = großer Flammenwerfer), tragbar als leichter Flammenwerfer (»Kleif« = kleiner Flammenwerfer) Verwendung fand. Das Funktionsprinzip dieser sowohl offensiv wie defensiv anzuwendenden taktischen Waffe bestand darin, daß Flammöl mittels Stickstoff als Druckmittel über eine Rohrleitung, an deren Ausgang eine elektrische Zündvorrichtung oder Zündpatrone das Gemisch entzündete, auf den Gegner gespritzt wurde. Die Reichweite des Flammenstrahles betrug ca. 25–30 m und eignete sich vorzüglich zur Bekämpfung von Bunkern, MG-Nestern und im Kampf um Ortschaften. Die Wirkung der Flammen auf Atemwege und Haut brach in den meisten Fällen sofort den Widerstand und bahnte so den der Infanterie vorangehenden Sturmtruppen den Weg. In Anerkennung der Verdienste des Garde-Reserve-Pionierregiments wurde diesem im Juli 1916 der Totenkopf am linken Unterarm »als Zeichen besonderer Einsatzbereitschaft und hervorragenden Mutes« verliehen.

Die Leitung des Angriffes oblag Oberst v. Rath, dem Kommandeur des Reserve-Infanterieregiments 78, das rechts neben dem II./Landwehr-Infanterieregiment 73 eingesetzt war. Französische Gegenangriffe des 51^{e} und 14^{e} BCA noch in der Nacht konnten erst in den frühen Morgenstunden wirksam werden, da dichte Gaswolken in der Combesenke das Vorführen der Truppe stark behinderten. Zur endgültigen Sicherung des Grabenverlaufes am Kamme war der 9. September ausersehen worden, an welchem auch entlang der gesamten Front im Oberelsaß bis zum Hartmannsweilerkopfe deutsche Angriffsoperationen stattfinden sollten. Am späten Nachmittage des 9. September gingen die Sturmtruppen mit den Flammenwerfern vor, konnten aber die Gräben, nach hartnäckigem Widerstande, zunächst nur bei der sog. Kanzel am großen Steinbruche nehmen und sofort zum weiteren Kampfe umdrehen. Erst bei Einbruch der Dunkelheit waren der Kamm sowie der westliche Hang des Schratz wieder vollständig in deutscher Hand. Ihr Besitz konnte auch am nächsten Morgen durch einen feindlichen Gegenangriff des 15^{e} BCP nicht mehr in Frage gestellt werden. »Aber wie anders sah das Schratzmännle und der Lingekopf aus als vor drei Wochen! Von den hohen Tannen, die damals noch ihr grünes Nadelgewand über die Felsen breiteten, waren nur noch ein paar zersplitterte Stämme übrig. Grau und kahl ragten die Klippen des Schratzmännle in die Luft. Und rechts am Wege die Gräberstätten, wie weit hatten sie sich inzwischen ausgedehnt, wie manches Holzkreuz war hinzugekommen!«[57] Auch die Reservejäger 8 bestatteten ihre Toten, »wie es wackeren Jägern geziemt, zur ewigen Ruhe im grünen Walde, am 2. September, dem Sedanstage, in einem neu von uns angelegten schönen Friedhofe hart nördlich Bärenstall hinter der Reservestellung. Die Kompagnieführer mit Abordnungen, der Kommandeur mit Stab, der Brigadekommandeur und zwei Feldgeistliche gaben den Kameraden das letzte Geleit und legten den letzten grünen Bruch auf ihr Jägergrab. Wir haben noch manchen Jäger dort begraben.«[58] Auf französischer Seite hatte die 47e Division in diesem Zeitraume einen Verlust von 170 Offizieren und etwa 900 Mann zu beklagen.

Die unhaltbare Situation an dieser Front ließ Armeebefehlshaber de Maud'huy erneut in seinen Armeegruppenchef Dubail dringen, eine zusätzliche Brigade de chasseurs zur Stabilisierung der vordersten Linien, die sich gegenwärtig unterhalb des Kammes befanden, einzusetzen. Dieser jedoch schloß jegliche weiteren Offensivpläne in dieser Region kategorisch aus und beschied de Maud'huy dahingehend, daß örtliche Einbrüche durch vorhandene Mittel zu bereinigen seien. Zu dieser Zeit lief bereits die planerische Vorarbeit für die Operation über die Höhen des Hartmannsweilerkopfes, die Abgaben an andere Bereiche der oberelsässischen Front nicht mehr zuließ. So mußte sich Pouydraguin mit den geringen Mitteln bescheiden, die ihm, nach Abzug der Artillerie, in Gestalt seiner vier Jäger-Brigaden noch verblieben waren. Aber auch der Gegner hatte an diesem Bergrücken einen ungeheuren Blutzoll entrichtet, wenngleich er glückhafter geblieben war und seine Ausgangsstellungen hatte halten können. So dienten zwei nochmalige Angriffe in der ersten Oktoberhälfte nur noch dem Ausbau der auf dem Kamme verlaufenden vordersten Linie. Am 12. Oktober bekämpften Bayern des 2. und 12. Landwehr-Infanterieregiments mit Flammenwerfern und Gasgranateneinsatz durch die erstmals eingesetzte Sturmtruppenkomponente des in Aufstellung begriffenen Sturmbataillons Rohr die vor ihren Stellungen sich an den Berghang krallenden Alpenjäger der 3e Brigade, die sich vor dem Lingekopfe zu behaupten wußten, am Schratzkamme aber die vorderste Linie aufgeben mußten; ein weiterer Angriff am 16. Oktober blieb folgenlos. Danach trat an Lingekopf, Schratzmännele, Barren- und Kleinkopf jene eigenartige »Ruhe« ein, die gekennzeichnet war durch ein spannungsgeladenes »auf dem Quivive sein« vor artilleristischen und infanteristischen Überfällen, die die Zahl der Toten bis zum Ende des Krieges noch um ein Beträchtliches erhöhen sollten. Das Projekt eines gewaltsamen Überganges von den Höhen in die Täler war an den Gegebenheiten des Gebirgskrieges und dem fehlenden unbedingten Siegeswillen gescheitert. Daß dieses Experiment unter den gleichen Prämissen am Hartmannsweilerkopfe erneut versucht wurde und ebenso ruhmlos endete, zählt zu den Rätseln der Kriegsgeschichte und bürdet den Verantwortlichen ein weiteres gehöriges Maß an Schuld auf, über die zu richten dem Historiker nicht ansteht.

Wollen wir am Ende unserer Darstellung ein Résumé ziehen, so können wir festhalten, daß das Konzept des französischen Oberkommandos, nach dem Fehlschlagen des Durchbruches durch die Vogesentäler über die Höhenzüge hinab die Initiative zu erringen, vollständig gescheitert war. Gescheitert, weil die Führung nach dem ersten mißlungenen Vorstoß ins Elsaß diesen Plan nur halbherzig weiterverfocht, sich statt dessen dem Diktate der deutschen Offensive unterwarf und sich der Nordfront zuwandte, so daß die ursprüngliche Idee einer Offensive nach Süddeutschland hinein zweitrangig wurde. So entwickelte sich das Oberelsaß zu einer Nebenfront, die nur zu bestimmten Zeiten aktiviert wurde, wenn es galt, deutsche Truppen dort zu binden bzw. eine Offensive aus der Trouée de Belfort als drohende Alternative möglich erscheinen zu lassen. Die Entscheidung Falkenhayns Ende des Jahres 1915, den Schwerpunkt der deutschen Frühjahrsoffensive an die Maas bei Verdun zu legen, verwies die Front in den Vogesen endgültig auf den zweiten Rang, was zugleich auch eine Ausdünnung der Truppenstärke und der Bewaffnung auf beiden Seiten in diesem Bereiche bedeutete. Zweimalige Versuche, gleichsam nebenbei die Initiative auch hier zu gewinnen, scheiterten am energischen, nicht erwarteten Widerstande der inhomogenen deutschen Verteidiger, die frühzeitig günstige Sperriegel angelegt bzw. festungsartig ausgebaut hatten und auch einem überlegenen Gegner nur geringen taktischen Spielraum eröffneten. Der anfängliche Plan des deutschen Oberkommandos, die anhaltende Bedrohung aus dem Thurtale durch Flankenmarsch über das Gebirge auszuschalten, war schon frühzeitig mangels ausreichender Ressourcen und der feindlichen Sperren wegen als undurchführbar erkannt worden. Die französische Führung dagegen glaubte lange Zeit, erst nach Ausschalten der Höhenbedrohung durch die deutsche Besatzung auf dem HK über Sennheim in die Ebene vordringen zu können, und richtete deshalb ihre ganze Konzeption auf diesen markanten Punkt in den südlichen Vogesen, der mittlerweile durch eigene Säumigkeit zu einem Bollwerk der Deutschen ausgebaut worden war. Statt nun die Lehren zu ziehen aus einem katastrophalen Scheitern dieser Idee im Münstertale, wo eine verhältnismäßig dünne Verteidigungslinie auf dem Gebirgskamme des Linge- und Barrenkopfes den wieder und wieder anstürmenden französischen Elitetruppen über Wochen und Monate hinweg Paroli geboten hatte, versuchte Joffre am Hartmannsweilerkopfe dasselbe Rezept mit dem gleichen negativen Ergebnis. Ausschlaggebend in beiden Fällen war die mangelnde Bereitschaft, alles zu wagen, und sich statt dessen auf ein System von Aushilfen festzulegen, das schon bei der ersten Bewährungsprobe zum Scheitern verurteilt war. Die Zielvorgabe der halben Berghöhe am HK und der völlige Mangel an Reserven im Weihnachtskampfe des Jahres 1915 weisen überzeugend darauf hin. Die danach bis zum Kriegsende folgende Abnutzungsphase in einem mittlerweile symbolhaften Ringen um einen Berg sollte beiden Seiten noch vielfältige Verluste bescheren. Doch half das in den schweren Kämpfen im Gebirge gewachsene und bewährte Konzept einer Tiefengliederung den deutschen Verteidigern, Blut zu sparen. Darüber hinaus hatte sich die Taktik als günstig erwiesen, bei feindlichen Einbrüchen aus der geringen Verfügungsmasse an OHL-Reserven aktive, gebirgsgeschulte Eliteformationen zu kurzfristigem Einsatze als »Ausputzer« heranzuziehen. Diese wie die meist an gleicher Stelle eingesetzten Landwehr-Einheiten vermochten die örtlichen Kenntnisse ihres Verteidigungsstreifens taktisch geschickt einzusetzen und erhöhten so das Kampfpotential um ein Beträchtliches. Die schon mehrfach erwähnten Sturmtruppen, die mit ihrer Stoßtrupptaktik neue Wege in dem Bemühen, den Stellungskrieg zu überwinden, gegangen waren, legten hier den Keim für eine die Kriegskunst revolutionierende Neuerung, die ihre vollkommene Ausformung im Frankreichfeldzuge 1940 in der Anlage des Sichelschnittplanes des Generals Manstein und der Panzertaktik des Generals Guderian fand. Schließlich mag auch das Gefühl, Heimatboden zu verteidigen, den Kampfeswillen der zumeist älteren Landwehr- und Landsturmmänner angespornt haben. Die tiefen Narben, die dieser Krieg im Gelände und bei den Menschen hinterlassen hat, können heute als überwunden gelten. Als Überreste einer unmenschlichen Zeit aber mögen beide Berge, Hartmannsweilerkopf und Lingekopf, warnen vor Wiederholung, aber auch künden von tapferer Pflichterfüllung und Kameradschaft über Gräben und Gräber hinweg.

V. *Die Schlachtfelder*

Anders als die bisher erschienenen Militärgeschichtlichen Reiseführer bietet der vorliegende keinen expliziten Rundgang über die Schlachtfelder an. Handelt es sich doch in unserem Falle um zwei punktuell aus dem großen Schlachtengeschehen herausgehobene gleichhohe Berge, deren einer – der Lingekopf – in dem noch erhaltenen, in seiner äußersten Ausdehnung nur ungefähr 375 Meter langen Stellungssysteme auf seinem Gipfel durch nicht zu verfehlende und übersehende Führungslinien erschlossen ist und in längstens einer Dreiviertelstunde zu begehen ist, und deren anderer – der Hartmannsweilerkopf – als Ganzes von seinem Fuße bis zum Gipfel eine einzige, grabendurchzogene Festung darstellt, die je nach Interessenlage und Zeit von allen Seiten begangen werden kann und durch ihre mittlerweile dichte Beschilderung in Verbindung mit diesem Führer mühelos zu erkunden ist. An dieser Stelle sollen daher nur noch ergänzende Hinweise und Spezifika der jeweiligen Gefechtsfelder Erwähnung finden, die dem Besucher weiterführende Hilfe anbieten, um ihm die Ereignisse im Rahmen der Gesamtoperationen vermitteln zu können.

1. Lingekopf

Es empfiehlt sich, vor Besichtigung des Schlachtfeldes (vgl. Karte S. 119) dem angeschlossenen Museum einen Besuch abzustatten, um sich anhand eines Dioramas des Gefechtsfeldes und der ausgestellten Bewaffnung und Ausrüstung von Freund und Feind einen Überblick und Eindruck zu verschaffen. Die dort gezeigte Tonbildschau vermittelt dem Betrachter noch einmal die Situation des Jahres 1915 und zeigt die durch fast pausenlosen Beschuß völlig veränderte Natur. Das Schlachtfeld selbst bietet heute dem Betrachter ein konserviertes Bild eines Grabensystems, wie es in dieser Vollständigkeit und Erhaltung freilich während des Krieges nie existiert hat. Schon am 11. Oktober 1921 ist das ehemalige Gefechtsfeld am Lingekopf zur denkmalgeschützten kulturhistorischen Zone erklärt (»Site classé. Territoire historique de Champ de Bataille 1914–1918«) und demzufolge in seinem damaligen Bestande und Zustande über die Zeiten hinweg erhalten worden. Im Kampfe gegen die Natur wurde so ein »Freilichtmuseum« geschaffen, das in seinen vielfältigen Nachbesserungen nur noch bedingt die Situation von 1918 widerspiegelt, dennoch aber als eines der ganz wenigen Relikte des Schützengrabenkrieges im Westen angesehen werden muß. Das durch Führungslinien und eine große Lagetafel am Eingang zum Gefechtsfelde ohne Schwierigkeiten zu begehende, stacheldrahtbewehrte Grabensystem des Lingekopfes mit untereinander verbundener erster, zweiter und dritter Linie und einem noch erhaltenen stahlbetonierten Blockhaus an der Nordflanke und gemauerten Unterständen, Bunkern mit unterirdischen Verbindungsstollen sowie Felsenkasernen und Unterstand des Abschnittkommandeurs bietet einen Eindruck vom Leben des Soldaten im Stellungskriege. Es läßt die Schwierigkeiten erahnen, die ein Angreifer an den Steilhängen dieses Bergrückens zu überwinden hatte, bevor er im Nahkampf Graben um Graben aufrollen mußte, um kurz darauf durch einen Gegenstoß der beim Kuhberg oder Bärenstall postierten Alarmreserve wieder aus den heißerkämpften Gräben herausgeworfen zu werden. Die französischen vordersten, nicht durchgehend angelegten, gewöhnlich nur mit Alarmposten besetzten Stellungen klammerten sich in einer Distanz von z. T. weniger als 10 Metern von der ersten deutschen Linie an den westlich abfallenden Hang, während die dahinter liegende Linie den eigentlichen Frontverlauf mit Unterständen, Bunkern etc. markierte. Deutlich sichtbar in der Gegenüberstellung wird die festungsartige, fast lehrbuchhafte Ausmauerung der deutschen Schützenstände mit Schützenauftritten und gepanzerten Schutzschilden mit verschließbarer Gewehröffnung, Ablagenischen für Handgranaten und Munitionskästen, metallenen Haltegriffen, Steigleitern und dergleichen mehr. Die gewundene Grabenführung bot eine gewisse Sicherheit vor eingedrungenem Feinde, Handgranatenabweisgitter, wie sie teilweise noch zu sehen sind, sollten die vorderste Grabenbesatzung vor der nur wenige Meter gegenüberliegenden feindlichen Stellung schützen. Betonierte und metallarmierte Beobachtungsunterstände an taktisch wichtigen Punkten gewährten den Posten Schutz und Sichtfeld zugleich. Fast armselig dagegen wirken die noch vorhandenen Laufgräben der unter ständigem deutschen Feuer liegenden Angreifer, denen die Möglichkeit eines ungestörten Ausbaus und Materialnachschubs nicht gegeben war.

Die konservierte Anlage auf dem Lingekopfe zeigt so fokussiert einen Ausschnitt aus dem gesamten Kampfgebiete, das sonst kaum noch rudimentär im Gelände zu erkennen ist und sich dem Interessierten nur bei Kenntnis des Geschehens an diesem Teile der Westfront erschließen läßt. Auf dem Kammwege zum Schratzgipfel waren bis vor kurzem noch rechts und links des schmalen Pfades die Eingänge zu unterirdischen Unterständen zu sehen, die nun im Zuge einer Verbreiterung des Kammweges zugeschüttet wurden; auch eine fahrwegbreite Holzabfuhrschneise auf halber Höhe des Schratz schlägt neuerdings Wunden in die bisher weitgehend unberührte Landschaft und vernichtet weitere Relikte des Krieges. Im ehemaligen Kampfraume Barrenkopf und Kleinkopf, der durch einen 2,5 km langen Rundweg (circuit du Barrenkopf), ausgehend vom Parkplatze am nördlichen Ortsrande von Hohrodberg, mit Erläuterungstafeln (gekennzeichnet durch einen Poilu von 1914) an einzelnen markanten Punkten erschlossen ist, lassen sich nur noch sehr spärliche Hinweise auf das einstige Geschehen finden. Einige wenige Denkmäler in der Gegend des Lingekopfgebietes erinnern individuell oder in cumulo an die Opfer des Krieges: Direkt gegenüber dem Parkplatz am Lingekopfe steht das im August 1935 errichtete Monument für das 5^e^ BCP, den am 21. Juni 1915 am Hilsenfirst gefallenen Commandant Colardelle und den am 4. August 1915 gefallenen Commandant Barberot sowie die während des gesamten Kriegsverlaufes getöteten oder vermißten 48 Offiziere und 2160 Unteroffiziere und Mannschaften: ein im oberen Teile abgebrochener Obelisk als Symbol des Todes mit den Insignien der Jägerbataillone, dem lorbeergeschmückten Clairon. Eine seit 1950 angebrachte Plakette berichtet von der beabsichtigten Zerstörung durch den »Eindringling« und Wiedererrichtung dieses Denkmals zur Ehre der Jäger aller Zeiten (»honorer les chasseurs de tous les temps«). An der Straße zum Wettsteinpaß bei der Abfahrt zur Ferme-Auberge Glasborn gedenkt ein Obelisk im Angesicht des Schratz und des Lingekopfes der Toten des Weltkrieges, insonderheit der Jäger und Infanteristen der Divisionen 47, 66 und 129, die an der Linge-Front gekämpft haben und gestorben sind »pour la France« in den Jahren 1914 bis 1918. Zwischen Hohnack und Bärenstall, beim Weierer Kreuze, kündet ein 1922 errichteter, 1940 beseitigter und 1946 wieder aufgestellter Findling von einer überfallartigen Kampfhandlung des IIIe/152e R.I. am 19. August 1914 gegen das 1. bayer. Landwehr-Regiment an dieser Stelle. Ein naturalistisch gestaltetes, dem Steine aufgesetztes képi der Diables rouges und deren Regimentswappen, ein roter Teufel, als Plakette fallen aus dem Rahmen der üblichen Denkmalskultur. Die Namen der Gefallenen und ein ehrendes Andenken an alle Opfer dieses Truppenteiles stellen diesen Gedenkstein zugleich in den Totenkult des noch bestehenden Regiments in Colmar.

2. Hartmannsweilerkopf

Im Unterschiede zu vorgenannter Kampfstätte zeigt sich auch heute noch der Hartmannsweilerkopf im ganzen als Relikt des Großen Krieges, dessen beide in einer Linie von Nordwest nach Südost verlaufenden Fronthälften je nach Interessenlage begangen werden können (vgl. Karte S. 117). Das bereits 1921 für die Errichtung eines Nationaldenkmals unter Denkmalschutz gestellte Gelände war in den Nachkriegs-

jahren bis zum Bau des Nationalfriedhofes am Silberloche häufig von Andenkenjägern und Leichenfledderern heimgesucht worden. Später hat die Natur gnädig ihren Mantel über die ehemaligen Stellungen von Freund und Feind gedeckt; doch vernichtete ein großer Waldbrand im Juni des Jahres 1934 erneut die gerade nachgewachsene Flora des Berges. So zeigt sich heute die ehedem mit dichtem Nadelwald bestandene Kuppe weitgehend kahl oder mit niederen, schnell wachsenden und vergehenden Salweiden und mannigfaltigen Staudenpflanzen bestanden, während sich in den unteren Lagen ein buntes Gemisch der verschiedenartigsten Baumarten gebildet hat. Die während des Zweiten Weltkrieges am HK durchgeführten Gebirgskriegsübungen der Wehrmacht haben dagegen bis auf die Reste der Umfassungsmauern des Kommandeurhauses beim Malepartusstollen und eines Munitionslagers in der Kehre von Kurve 6 keine Spuren hinterlassen. Seit den frühen 70er Jahren wird dieser Berg von den Freunden des Hartmannsweilerkopfes denkmalpflegerisch betreut und die ruinösen oder verfallenden Stellungen und Bunkeranlagen von freiwilligen Helfern – Franzosen wie Deutschen – wieder für die zahlreichen Besucher zugänglich gemacht. Daß dabei des öfteren des Guten ein wenig zuviel getan wird, darf hierbei nicht verschwiegen werden. Immerhin ist mittlerweile jeder markante Punkt des HK mit Namensschild versehen und so leicht zu identifizieren. Vom Vogesenclub (Club Vosgien, CV) gut markierte Rund- und Verbindungswege gestatten eine mühelose Begehung nach eigenem Gutdünken und jeweiliger Interessenlage, die ihren Ausgangspunkt in der Mehrzahl vom Parkplatze am Silberloche aus nehmen wird. Für einen ersten Eindruck bietet sich der vom nordostwärtigen Friedhofsausgang zum Gipfelkreuz verlaufende ehemalige französische Versorgungsweg an. Auf der Kuppe selbst gewährt der entlang der früheren HKL bis zum Aussichtsfelsen verlaufende Pfad genügend Einblicke und Eindrücke in das Stollen- und Grabensystem beider Seiten und die Möglichkeiten von Freund und Feind in diesem verwirrenden Labyrinth.
Zu den einstigen Kriegsrelikten hat sich mittlerweile auch eine ganze Reihe von Denkmälern gesellt, die von den Taten der am Berge eingesetzten französischen Regimenter und Bataillone, aber auch von Einzelpersonen künden. Neben dem monumentalen Wandepitaph des Bildhauers Victor Antoine am Aussichtsfelsen für die »Diables rouges« aus dem Jahre 1922, das nach Beseitigung durch die Deutschen 1941 im Jahre 1954 wieder errichtet wurde, weist die Kammlinie auf der Kuppe des HK noch weitere Gedenksteine auf. Nahe dem Croix lumineux, dem mächtigen, 22 m hohen Gipfelkreuze mit Innenbeleuchtung, steht auf dem Rocher du Sommet die »Borne du front« (= Grenzstein), ein abgebrochener Sandstein-Obelisk, früher mit einem Helme ge-

schmückt, der gleichfalls an das Regiment 152 erinnert mit den Worten »Monument remis en état par le III/152e R.I.« An der Stelle der ehemaligen Ringburg markiert ein granitener Gedenkstein das Opfer des 28e BCA am 21. Januar 1915. Wenige Schritt weiter gen Osten, mitten auf dem Kammwege, bezeichnet ein neuer, pultartiger Stein mit bronzener Plakette, über dessen Notwendigkeit und Gestaltung sich trefflich streiten ließe, die Stelle, von der aus die 6. Kompanie der 152er am 23. März des Jahres 1915 einen verlustreichen Angriff gegen die deutschen Gipfelstellungen unternahm, für welchen sie im Armeebefehl genannt und ihre Fahne mit dem Croix de Guerre geziert wurde. Auch an Stellen außerhalb des HK wird des tapferen, seiner Kernmannschaft beraubten Regiments gedacht, so in Steinbach, dem Orte seines Einsatzes in den Kämpfen um die Jahreswende 1914/15, und in Thann vor der Mairie, nahe dem Münster St. Theobald. Beim ehemaligen Camp Scheurer am Silberloche, das wegen der Anlage des Friedhofes beseitigt wurde, kündet ein kleiner Gedenkstein von dem Leutnant und Fahnenträger im 152e Infanterieregiment. Und am Thomannplatze schließlich, dem Orte des Camps Turenne südlich des Molkenrains, gibt ein Obelisk Kunde vom Tode von 138 Offizieren und Mannschaften während des Ersten Weltkrieges an dieser Stelle.
Ein einsames Holzkreuz auf deutscher Seite in Neuenburg am Rhein erinnert bescheiden an die Opfer, die dieser Berg von deutschen Soldaten gefordert hat. Geweiht und genagelt wurde das Hartmannsweilerkopf-Kreuz vom Kommandanten des Brückenkopfes Neuenburg, Oberstleutnant z.D. Bachelin, im Beisein des Führers der Armeeabteilung Gaede am 23. April 1916 unter großer Anteilnahme von Soldaten und Bevölkerung. Es trug die Worte: »Wanderer blicke gen Westen hinauf zu den Bergen in Ehrfurcht! Helden dort fielen für dich; Wanderer bete für sie!« Im Zweiten Weltkriege zerstört, wurde es am alten Platze später wieder errichtet, mußte letztlich jedoch Straßenerweiterungsmaßnahmen weichen und mahnt heute an anderer Stelle, an der Gabelung der Basler- und Mühlenstraße, noch immer an das blutige Geschehen auf dem gegenüberliegenden Vogesenberge. Aber das größte Denkmal für die Opfer eines menschenmordenden Schlachtens wird immer der Berg selbst bleiben, dessen Namen sich bis heute in das Gedächtnis der Menschen geschrieben hat und der einem neuen Jahrtausend und Jahrhundert den Spiegel des alten vorhalten möge zu beständiger Erinnerung und Mahnung zugleich.

VI. Kriegsgliederungen

1. Das deutsche Reichsheer im Oberelsaß 1674/75

Oberbefehlshaber: Friedrich Wilhelm III., Kurfürst von Brandenburg

Kaiserliche Truppen,
Befehlshaber: Feldmarschall Alexander Herzog von Bournonville
- Fußvolk: Rgter Portia, Reuss, Sereni, Strein, Vehlen, 1/2 Kaiserstein
- Dragoner: Rgt Reiffenberg
- Reiterei: Kürassier-Rgter Bournonville, Caprara, Baireuth, 1/2Dünewald, Jung-Lothringen, Jung-Holstein
- Kroaten: Rgt Lodron
- Artillerie: 8 (?) Geschütze

Brandenburger,
Befehlshaber: Feldmarschall Frhr. v. Derfflinger
- Fußvolk: Leibgarde z. F. (v. Pöllnitz), Rgter Derfflinger, Dohna, Goltz, Götzen, Schöning, Dönhoff (4 Kp), Flemming (4 Kp), 1/2 Holstein, 1/2 Fargel
- Dragoner: Dragoner-Garde (v. Grumbkow), Rgter Derfflinger, Bomsdorff
- Reiterei: Trabanten-Garde u. Leib-Rgt z. F. (d'Espense), Rgter Prinz Friedrich, Anhalt, Derfflinger, Hessen-Homburg, Görtzke, Lüdeke, Mörner, Printzen
- Reiterei: Rgter Brockdorff, Croy
- Artillerie: 47 Geschütze

Braunschweig-Lüneburger,
Befehlshaber: Herzog Georg Wilhelm von Celle
- Fußvolk: (Celle) Garde- oder Leib-Rgt, Rgter Ende, Mollesson, Joquet, Melleville, Linstow, (Wolfenbüttel) Holstein, Reuss, vac. Noot, Schmiedeberg
- Dragoner: Rgter Franke (Celle), Schack (Wolfenbüttel)
- Reiterei: (Celle) Leib-Rgt v. Haxthausen, Rgter Chauvet, Mellinger, Beauregard, (Wolfenbüttel) Reuss, Lobech, Ziegler, Wilke
- Artillerie: 32 Geschütze

Münsteraner,
Befehlshaber: Generalmajor v. Post
- Fußvolk: Rgter Wedel, Limburg-Stirum, Mias, Erden
- Dragoner: Rgt Barleben
- Reiterei: Bischöfl. Garde Schade, Rgter Post, Uffeln, Bönninghausen, Westerholt, Macdonelli, Hautyn
- Artillerie: 6 Geschütze

Lothringer,
Befehlshaber: Herzog Karl IV. v. Lothringen
- Reiterei: Chevaulegers d'Allemont, Garde Chaussee, Rgter du Puy, du Houx, de Mercy, Thouvenin, Rheingraf, vac. Berrière, Ruchemferd (?), Welden
- Dragoner: Rgt Silbach

2. Der Erste Weltkrieg am Oberrhein

(Stand: August 1914)

a) Deutsches Reich

<u>7. Armee</u>

(108 Btle, 28 Esk, 81 Bttr mit 468 Geschützen, 11 PiKp)

Armeeoberkommando 7

OB: GenOb v. Heeringen
Chef d. GenSt: GenLt v. Hänisch
Armeetruppen: Feld-Flieger-Abt 26

<u>XIV. Armeekorps</u>

(30 Btle, 8 Esk, 28 Bttr mit 160 Geschützen, 3 Pi-Kp)

KG: GendInf Frhr. v. Hoiningen gen. Huene
Chef d. GenSt: ObstLt v. Brauchitsch

28. InfDiv, Kdr: GenLt v. Kehler, mit:

- 55. InfBrig (Kdr: Oberst v. Olszewski) aus GrenRgt 109 u. 110
- 56. InfBrig (Kdr: GenMj Freyer) aus FüsRgt 40, InfRgt 111
- JgRgt z. Pf. 5
- 28. FeldaBrig (Kdr: GenMj Fabarius) aus FeldaRgt 14 u. 50
- 2. u. 3./Pi 14

29. InfDiv, Kdr: GenLt Isbert, mit:

- 57. InfBrig (Kdr: GenMj v. Trotta gen Treyden) aus InfRgt 113 u. 114
- 58. InfBrig (Kdr: GenMj Stenger) aus InfRgt 112 u. 142
- 84. InfBrig (Kdr: GenMj v. Koschembahr, gef. 9.VIII.; Oberst v. Zaborowski) aus InfRgt 169 u. 170
- DragRgt 22
- 29. FeldaBrig (Kdr: Oberst Hamann) aus FeldaRg 30 u. 76
- 1./Pi 14
- Fußa: II./14
- Feld-Flieger-Abt 20

<u>XV. Armeekorps</u>

(26 Btle, 8 Esk, 28 Bttr mit 160 Geschützen, 3 PiKp)

KG: GendInf v. Deimling
Chef d. GenSt: ObstLt Wild

30. InfDiv, Kdr: GenLt v. Eben, mit

- 60. InfBrig (Kdr: GenMj v. Altrock) aus InfRgt 99 u. 143
- 85. InfBrig (Kdr: Oberst Nagel) aus InfRgt 105 u. 136
- JgRgt z. Pf. 3
- 30. FeldaBrig (Kdr: Oberst Goeden) aus FeldaRgt 51 u. 84
- 1./PiBtl 15

39. InfDiv, Kdr: GenLt Frhr. v. Watter, mit
- 61. InfBrig (Kdr: GenMj v. Frankenberg u. Ludwigsdorf) aus InfRgt 126 u. 132, JgBtl 8
- 82. InfBrig (Kdr: GenMj Sommerfeld) aus InfRgt 171 u. 172, JgBtl 14
- DragRgt 14
- 39. FeldaBrig (Kdr: GenMj Erythropel) aus FeldaRgt 66 u. 80
- Fußa: II./10
- FeldFlieger-Abt 3

<u>XIV. Reserve-Korps</u>
(26 Btle, 6 Esk, 15 Bttr mit 90 Geschützen, 3 PiKp)

KG: GendArt v. Schubert
Chef d GenSt: ObstLt Bronsart v. Schellendorff

26. ResDiv, Kdr: GendInf Frhr. v. Soden, mit
- 51. ResInfBrig (Kdr: GenLt v. Wundt) aus InfRgt 180 u. ResInfRgt 121
- 52. ResInfBrig (Kdr: GenLt v. Auwaerter) aus ResInfRgt 119 u. 120
- (Württ.) ResDragRgt
- ResFeldaRgt 26 (9 Bttr.)
- 4./PiBtl 13

28. ResDiv, Kdr: GenLt v. Pavel, mit
- 55. ResInfBrig (Kdr: GenLt v. Sieg) aus ResInfRgt 40 u. 109, ResJgBtl 8
- 6. ResInfBrig (Kdr: GenMj Frhr. v. Hammerstein-Equord) aus ResInfRgt 110 u. 111, ResJgBtl 14
- ResDragRgt 8
- ResFeldaRgt 29
- 1. u. 2. Res/PiBtl 13

<u>60. gem. Landwehr-Brigade</u>
(5 Btle., 1 Esk)

Kdr: GenMj Heidborn
LdwInfRgt 60 (2 Btle) u. I.–III./LdwInfRgt 99
1. LdwEsk des XIV. AK

<u>Deckungstruppen am Oberrhein</u>
(21 Btle, 5 Esk, 10 Bttr mit 58 Geschützen, 2 PiKp)

55. gem. Landwehr-Brigade (6 Btle, 2 Esk, 4 Bttr mit 24 Geschützen),
Kdr: GenLt v. Frech, aus
- LdwInfRgt 40 u. 109
- 1. u. 2. LdwEsk XIII. AK
- LdwFeldaAbt XIV. AK (2 Bttr)
- ErsFeldaAbt zur mob. Verwendung XXI. AK, 2 ErsBttr FeldaRgt 67

LdwInfRgt 110 (3 Btle, 1 Esk, 3 Bttr mit 18 Geschützen) aus

- I.–III./LdwInfRgt 110
- 2. LdwEsk XIV. AK
- LdwBttr XIII. AK
- ErsFeldaAbt zur mob. Verwendung XXI. AK, 2 ErsBttr FeldaRgt 31

1. bayer. gem. Landwehr-Brigade (6 Btle, 1 Esk, 1 Bttr mit 6 Geschützen, 1 PiKp), Kdr: GenMj Eichhorn, aus

- I.–III./bayer. LdwInfRgt 1, I.–III./bayer. LdwInfRgt 2
- 1. LdwEsk I. bayer. AK
- 1. LdstBttr I. bayer. AK
- 1. LdstPiKp I. bayer. AK

2. bayer. gem. Landwehr-Brigade (6 Btle, 1 Esk, 1 Bttr mit 6 Geschützen, 1 PiKp), Kdr: GenMj v. Lachemair, aus

- bayer. LdwInfRgt 3 u. 12
- 2. LdwEsk I. bayer. AK
- 2. LdstBttr I. bayer. AK
- 2. LdstPiKp I. bayer. AK

Fußartillerie:

- 1 Bttr I./16

b) Frankreich

1ère Armée

OB: Général Dubail
aus VIIIe, XIIIe, XIVe, XXIe Korps zu je zwei InfDiv, 2 KavDiv, 1er Groupement mit 3 ResDiv, zwei Festungs-ResDiv, Schwerer Artillerie sowie
VIIe Corps d'Armée, Kdr: Général Bonneau, aus

- 14e D.I. (Général Curé) mit 27^{è} u. 28^{è} Brigade
- 4e D.I. (Général Superbie); ab 10.8.1914 umgegliedert zur

Armée d'Alsace

OB: Général Pau
VIIe Corps d'Armée, KG: Général Vautier, mit

- 14e D.I. (Général Curé)
- 41e D.I. (Général Superbie)
- 44e D.R. (Général Soyer) mit 88e u. 89e Brigade (bis 22.8.1914)
- 57e D.R. (Général Bernard, Belfort) mit 113e (Général Farinaux) u. 114e Brigade (Colonel Quais)
- 1er Groupement (58e, 63e u. 66e D.R.)
- 8e D.C. (Général Aubier)
- zusätzlich 5 BCA (12e, 13e, 22e, 28e, 30e) zum Einsatz im Gebirgskriege (aufgelöst 25.8.1914)

c) Einsatz deutscher Verbände im Oberelsaß 1914–1918
(Divisionsebene)

aktive Truppenteile

• Garde-Infanterie-Division	9.8. – 2.10.1917
• 5. Infanterie-Division	18.2. – 17.4.1917
• 6. Infanterie-Division	8.2. – 14.4., 4.5. – 30.6.1917
• 7. Infanterie-Division	6.7. – 27.7.1917
• 10. (bayer.) Infanterie-Division	25.5. – 12.6.1917
• 11. (bayer.) Infanterie-Division	23.4. – 26.4.1917
• 12. Infanterie-Division	22.8. – 24.9.1917
• 12. (bayer.) Infanterie-Division	28.7. – 4.10.1916
• 16. Infanterie-Division	11.7.1914 – 11.4.1915
	4.1. – 23.1.1915
	17.3. – 26.4.1915
• 18. Infanterie-Division	30.11. – 16.12.1917
	1.1. – 9.2.1918
• 20. Infanterie-Division	16.2.–6.3.1917
• 27. Infanterie-Division	17.11.1917–1.2.1918
• 28. Infanterie-Division	5.8.–9.8.1914
	9.8.–10.8.1914
	18.9.–22.10.1917
• 29. Infanterie-Division	31.7.–8.8.1914
	9.8.–10.8.1914
• 30. Infanterie-Division	9.8.–10.8.1914
	3.1.–23.10.1917
• 37. Infanterie-Division	6.1.–3.5.1917
• 39. Infanterie-Division	9.8.–10.8.1914
• 91. Infanterie-Division	28.9.–11.11.1918
• 113. Infanterie-Division	15.2.–20.4.1917
• 187. Infanterie-Division	1.7.–15.8.1916
• 195. Infanterie-Division	9.12.–31.12.1917
• 204. (württ.) Infanterie-Division	7.7.–11.8.1917
• 240. Infanterie-Division	1.3.–26.8.1917
• 301. Infanterie-Division	29.1.–31.7.1917
	1.1.–16.1.1918
• Jäger-Division	5.7.–18.7.1918
• 4. Kavallerie-Division	19.5.–11.11.1918
• 6. Kavallerie-Division	1.5.–5.7.1918
• 7. Kavallerie-Division	27.12.1914–18.1.1915
	15.5.–31.12.1917
	1.1.–19.5.1918

• 7. Kavallerie-Schützen-Division	1.11.–11.11.1918
• Deutsches Alpenkorps	19.5.–29.7.1917

inaktive Truppenteile

• Garde-Ersatz-Division	9.9.–18.9.1918
• Bayerische Ersatz-Division	5.8.–19.8.1914
• 3. Reserve-Division	1.10.–18.11.1917
• 6. (bayer.) Reserve-Division	4.8.–10.10.1917
• 8. (bayer.) Reserve-Division	21.1.–17.5.1915
	(Münster) 19.2.–20.3.1915
	17.4.–17.5.1915
	20.7.–14.10.1915
	7.11.–12.11.1915
	7.12.1915
	1.3.–4.7.1916
• 9. Reserve-Division	21.10.–23.11.1916
• 10. Reserve-Division	14.4.–8.6.1916
• 14. Reserve-Division	2.8.–21.8.1918
	18.9.–3.10.1918
• 16. Reserve-Division	13.6.–5.7.1917
• 19. Reserve-Division	17.5.1915–29.2.1916
	14.6.–21.6.1915
	24.6.1915
	(Münster) 20.7.–14.10.1915
	21.12.1915–9.1.1916
	1.3.–14.3.1916
• 22. Reserve-Division	4.12.1917–6.4.1918
• 30. Reserve-Division	31.10.–3.11.1914
	14.1.–29.4.1917
	29.10.1917–11.11.1918
• 36. Reserve-Division	11.6.–3.7.1917
• 39. Reserve-Division	3.1.1917–16.1.1918
• 48. Reserve-Division	3.7.1917–14.2.1918
• 78. Reserve-Division	18.4.–10.5.1917
• 1. Landwehr-Division	18.9.–1.10.1918
• 6. (bayer.) Landwehr-Division	29.1.1915–29.2.1916
	(Münster) 19.2.–14.10.1915
	1.3.1916–31.12.1917
	1.1.1918–11.11.1918
• 7. Landwehr-Division	29.1.1915–29.2.1916
	22./23.2.1916
	1.3.1916–15.2.1917

•	8. Landwehr-Division	29.1.1915–29.2.1916
		13.3.–21.3.1916
•	12. Landwehr-Division	16.4.1915–29.2.1916
		1.3.1916–15.5.1917
•	21. Landwehr-Division	3.4.–1.5.1918
•	25. Landwehr-Division	23.4.–31.12.1917
		1.1.–11.11.1918
•	26. Landwehr-Division	12.1.–31.12.1917
		1.1.–11.11.1918
•	44. Landwehr-Division	16.10.1917–11.11.1918

d) Einsatz französischer Einheiten am Hartmannsweilerkopfe 1914–1918[59]

Régiments d'infanterie:
1er, 19e, 21e, 23e, 52e, 75e, 106e, 109e, 140e, 152e, 213e, 229e, 233e, 244e, 245e, 320e, 334e, 348e, 363e, 369th (US), 371e
Régiments territoriaux d'infanterie:
43e, *45e*, *47e*, 96e
Bataillons de chasseurs:
5e, 6e, 7e, 11e, 12e, 13e, 15e, 17e, 21e, 22e, 23e, 24e, 26e, 27e, 28e, 46e, 47e, *49e*, 51e, 52e, 53e, 60e, 61e, 62e, 63e, 64e, 65e, 66e, 67e, 68e, 69e, 115e
1ère/115e Compagnie de Skieurs
Bataillons territoriaux de chasseurs:
3e, 5e, 6e, 7e
Régiments d'artillerie:
2e, 5e, 6e, 10e, 15e, 26e, 31e, 35e, 37e, 38e, 40e, 42e, 44e, 56e, 62e, 101e, 111e, 115e, 133e, 225e, 227e, 240e, 247e, (267e, 9e d'artillerie à pied)
Régiments d'artillerie de montagne:
1er, 2e
Régiments d'artillerie de tranchées:
175e
Compagnies de génie:
11/2e, 11/52e, 11/71e, 14/1er, 14/51e, 16/13e, 16/13e BIS, 16/24e, 16/63e, 17/64e, 21/13e, 27/2e (2/13e, 2/63e, 17/14e, 17/23e)
Ambulance:
Nr. 1/70

e) Einsatz französischer Einheiten im Bereiche Lingekopf/Münstertal 1914–1918

Régiments d'infanterie:
35e, 37e, 43e, 59e, 79e, 152e, 155e, 159e, 213e, 215e, 227e, 229e, 235e, 240e, 244e, 256e, 260e, 297e, 305e, 334e, 357e, 359e, 371e, 372e

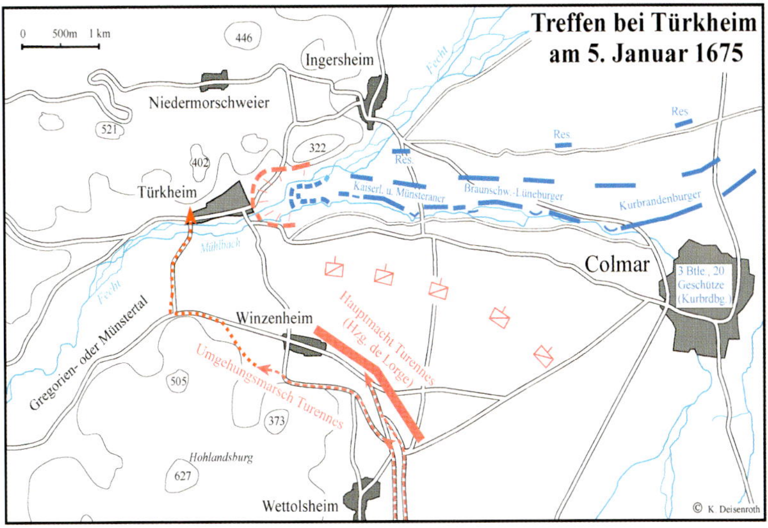
Treffen bei Türkheim
am 5. Januar 1675
0 500m 1 km
446
Ingersheim
Niedermorschweier
521
322
402
Türkheim
Fecht
Res.
Res.
Res.
Kaiserl. u. Münsteraner
Braunschw.-Lüneburger
Kurbrandenburger
Mühlbach
Colmar
3 Btle., 20 Geschütze (Kurbrdbg.)
Gregorien- oder Münstertal
Winzenheim
Hauptmacht Turennes (Hzg. de Lorge)
Umgehungsmarsch Turennes
505
373
Hohlandsburg
627
Wettolsheim
© K. Deisenroth

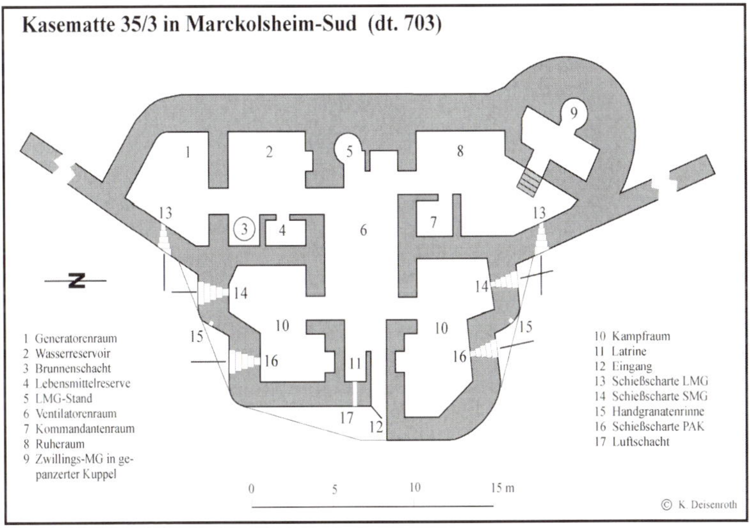
Kasematte 35/3 in Marckolsheim-Sud (dt. 703)
1 Generatorenraum
2 Wasserreservoir
3 Brunnenschacht
4 Lebensmittelreserve
5 LMG-Stand
6 Ventilatorenraum
7 Kommandantenraum
8 Ruheraum
9 Zwillings-MG in gepanzerter Kuppel
10 Kampfraum
11 Latrine
12 Eingang
13 Schießscharte LMG
14 Schießscharte SMG
15 Handgranatenrinne
16 Schießscharte PAK
17 Luftschacht
0 5 10 15 m
© K. Deisenroth

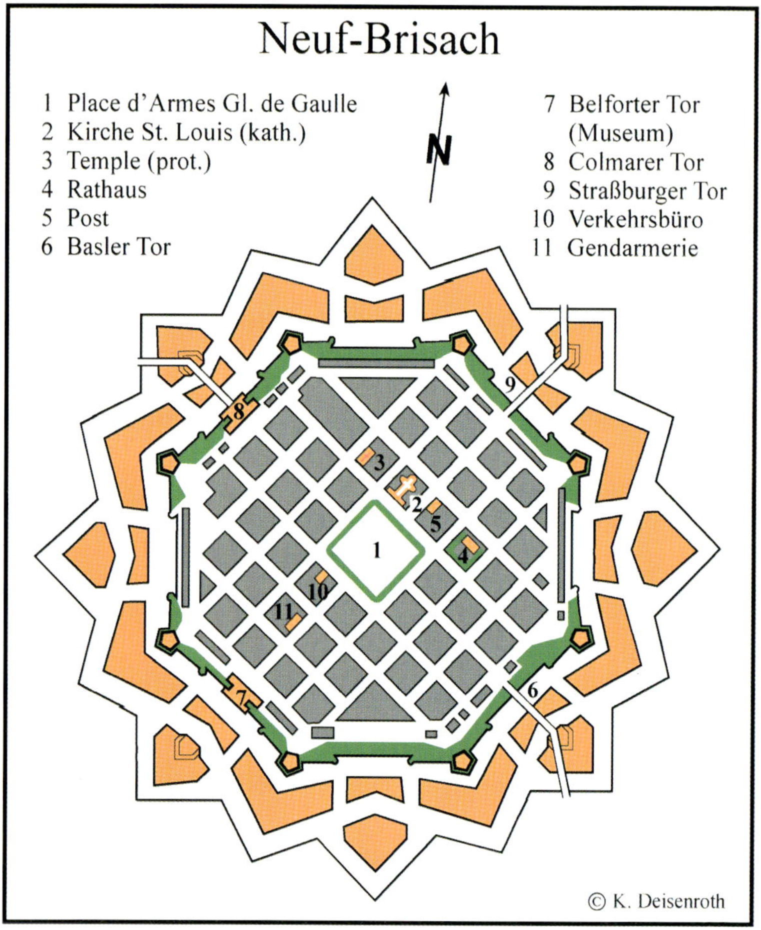
Neuf-Brisach
1 Place d'Armes Gl. de Gaulle
2 Kirche St. Louis (kath.)
3 Temple (prot.)
4 Rathaus
5 Post
6 Basler Tor
7 Belforter Tor (Museum)
8 Colmarer Tor
9 Straßburger Tor
10 Verkehrsbüro
11 Gendarmerie
N
1
2
3
4
5
6
7
8
9
10
11
© K. Deisenroth

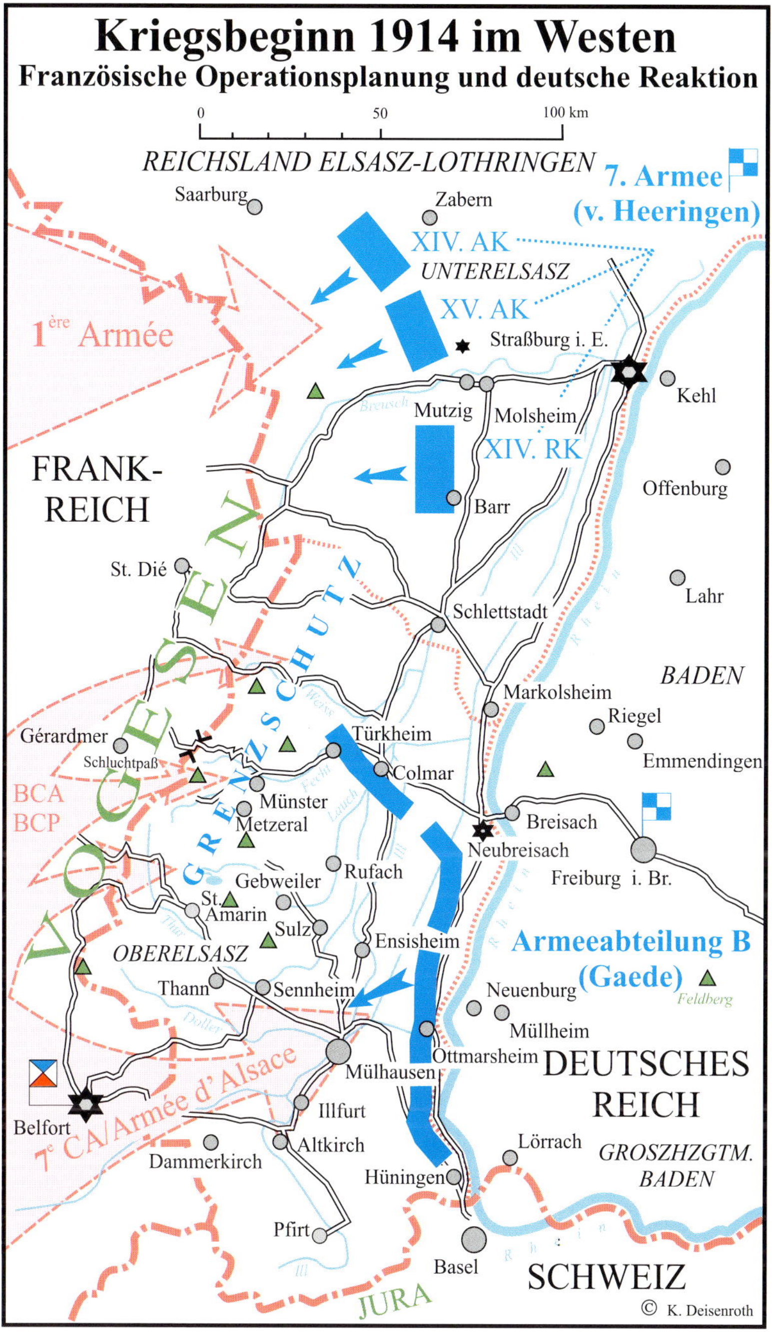
Kriegsbeginn 1914 im Westen
Französische Operationsplanung und deutsche Reaktion
0
50
100 km
REICHSLAND ELSASZ-LOTHRINGEN
7. Armee
(v. Heeringen)
Saarburg
Zabern
XIV. AK
UNTERELSASZ
XV. AK
1ère Armée
Straßburg i. E.
Kehl
Mutzig
Molsheim
Breusch
XIV. RK
FRANK-
REICH
Offenburg
Barr
St. Dié
Lahr
VOGESEN
GRENZSCHUTZ
Schlettstadt
BADEN
Markolsheim
Riegel
Emmendingen
Gérardmer
Schluchtpaß
Türkheim
Colmar
Weiss
Fecht
Lauch
BCA
BCP
Münster
Metzeral
Breisach
Neubreisach
Freiburg i. Br.
Gebweiler
Rufach
St.
Amarin
Sulz
Ensisheim
Armeeabteilung B
(Gaede)
OBERELSASZ
Thann
Sennheim
Neuenburg
Feldberg
Müllheim
Doller
Mülhausen
Ottmarsheim
DEUTSCHES
REICH
Belfort
7e CA/Armée d'Alsace
Illfurt
Dammerkirch
Altkirch
Lörrach
GROSZHZGTM.
BADEN
Hüningen
Pfirt
Basel
Rhein
SCHWEIZ
JURA
© K. Deisenroth

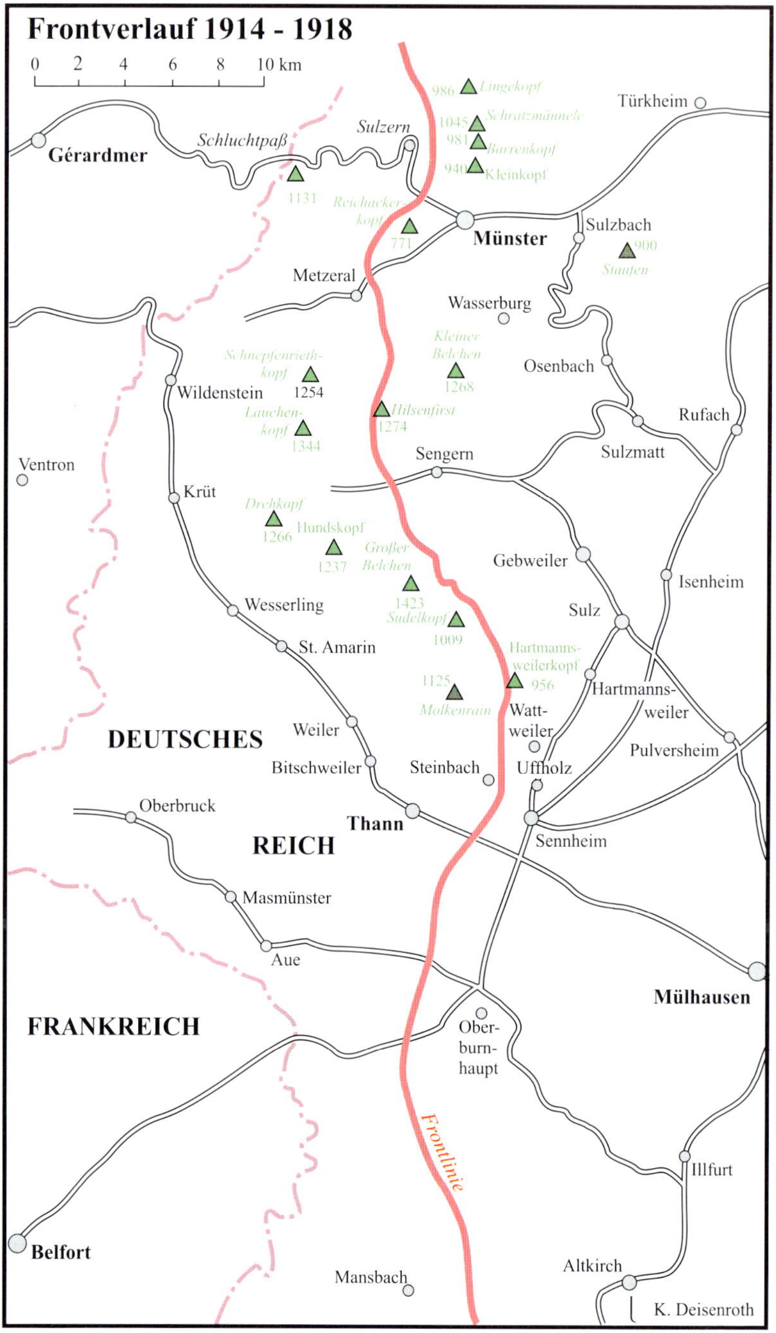
Frontverlauf 1914 - 1918
0 2 4 6 8 10 km
Gérardmer
Schluchtpaß
Sulzern
1131
Reichacker-
kopf
771
986 Lingekopf
1045 Schratzmännele
981 Barrenkopf
940 Kleinkopf
Türkheim
Münster
Sulzbach
900
Staufen
Metzeral
Wasserburg
Kleiner
Belchen
1268
Osenbach
Schnepfenrieth-
kopf
1254
Wildenstein
Lauchen-
kopf
1344
Hilsenfirst
1274
Rufach
Sulzmatt
Sengern
Ventron
Krüt
Drehkopf
1266
Hundskopf
1237
Großer
Belchen
1423
Gebweiler
Isenheim
Wesserling
Sulz
Sudelkopf
1009
St. Amarin
Hartmanns-
weilerkopf
956
1125
Molkenrain
Hartmanns-
weiler
Watt-
weiler
Weiler
DEUTSCHES
REICH
Pulversheim
Bitschweiler
Steinbach
Uffholz
Oberbruck
Thann
Sennheim
Masmünster
Aue
Mülhausen
FRANKREICH
Ober-
burn-
haupt
Frontlinie
Illfurt
Belfort
Altkirch
Mansbach
K. Deisenroth

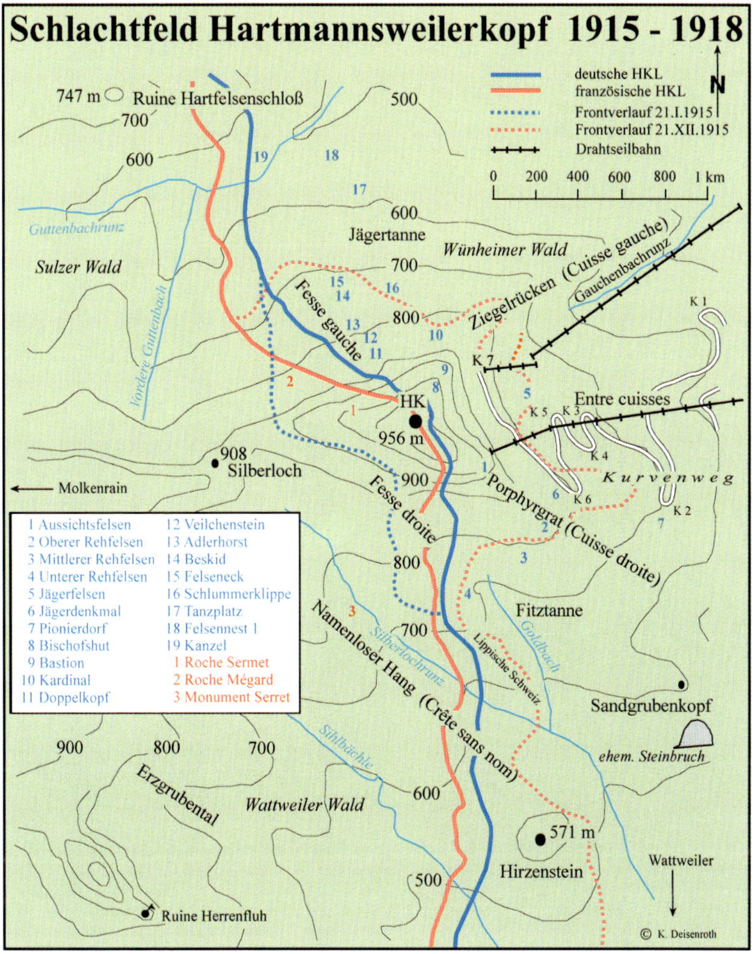
Schlachtfeld Hartmannsweilerkopf 1915 - 1918
deutsche HKL
französische HKL
Frontverlauf 21.I.1915
Frontverlauf 21.XII.1915
Drahtseilbahn
0 200 400 600 800 1 km
N
747 m
Ruine Hartfelsenschloß
Guttenbachrunz
Sulzer Wald
Vordere Guttenbach
Jägertanne
Wünheimer Wald
Ziegelrücken (Cuisse gauche)
Gauchenbachrunz
Fesse gauche
HK
956 m
908
Silberloch
Molkenrain
Entre cuisses
Kurvenweg
Porphyrgrat (Cuisse droite)
Fesse droite
Fitztanne
Goldbach
Lippische Schweiz
Silberlochrunz
Namenloser Hang (Crête sans nom)
Sandgrubenkopf
ehem. Steinbruch
Sihlbächle
Erzgrubental
Wattweiler Wald
571 m
Hirzenstein
Wattweiler
Ruine Herrenfluh
1 Aussichtsfelsen
2 Oberer Rehfelsen
3 Mittlerer Rehfelsen
4 Unterer Rehfelsen
5 Jägerfelsen
6 Jägerdenkmal
7 Pionierdorf
8 Bischofshut
9 Bastion
10 Kardinal
11 Doppelkopf
12 Veilchenstein
13 Adlerhorst
14 Beskid
15 Felseneck
16 Schlummerklippe
17 Tanzplatz
18 Felsennest 1
19 Kanzel
1 Roche Sermet
2 Roche Mégard
3 Monument Serret
© K. Deisenroth

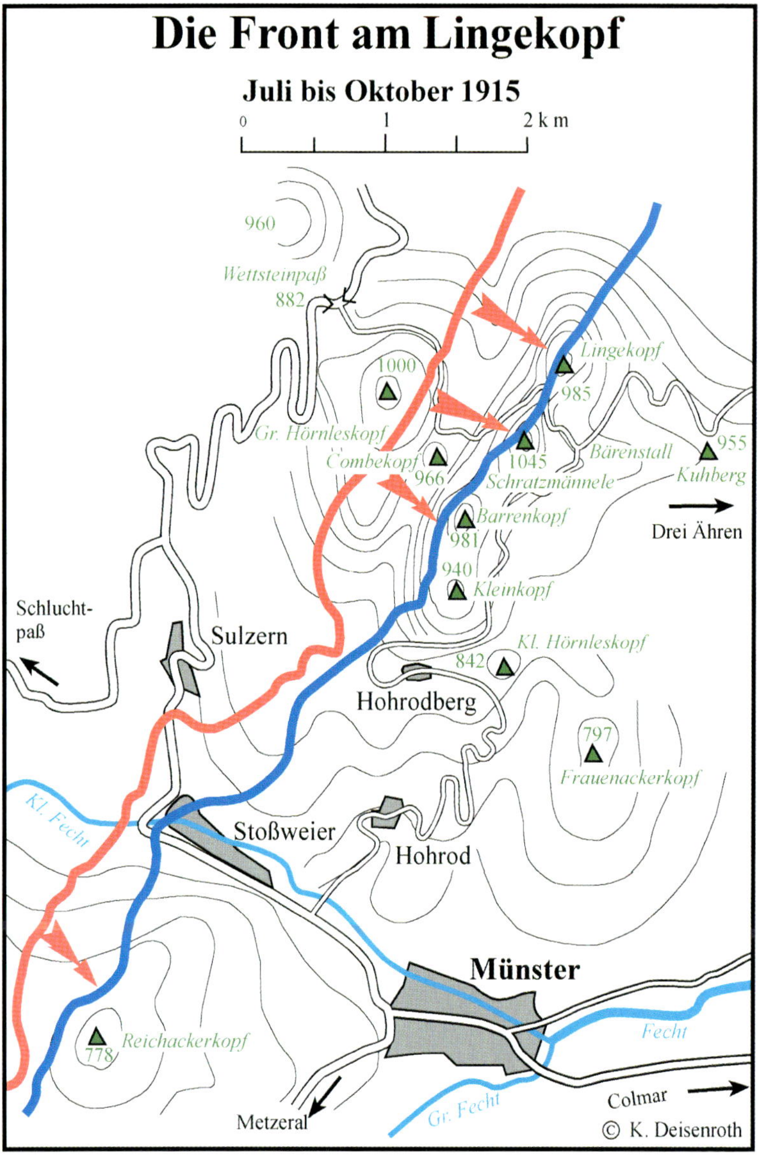
Die Front am Lingekopf
Juli bis Oktober 1915
0
1
2 km
960
Wettsteinpaß
882
1000
Lingekopf
985
Gr. Hörnleskopf
Combekopf
966
1045
Schratzmännele
Bärenstall
955
Kuhberg
Drei Ähren
Barrenkopf
981
940
Kleinkopf
Schlucht-
paß
Sulzern
Kl. Hörnleskopf
842
Hohrodberg
797
Frauenackerkopf
Kl. Fecht
Stoßweier
Hohrod
Münster
Reichackerkopf
778
Fecht
Gr. Fecht
Colmar
Metzeral
© K. Deisenroth

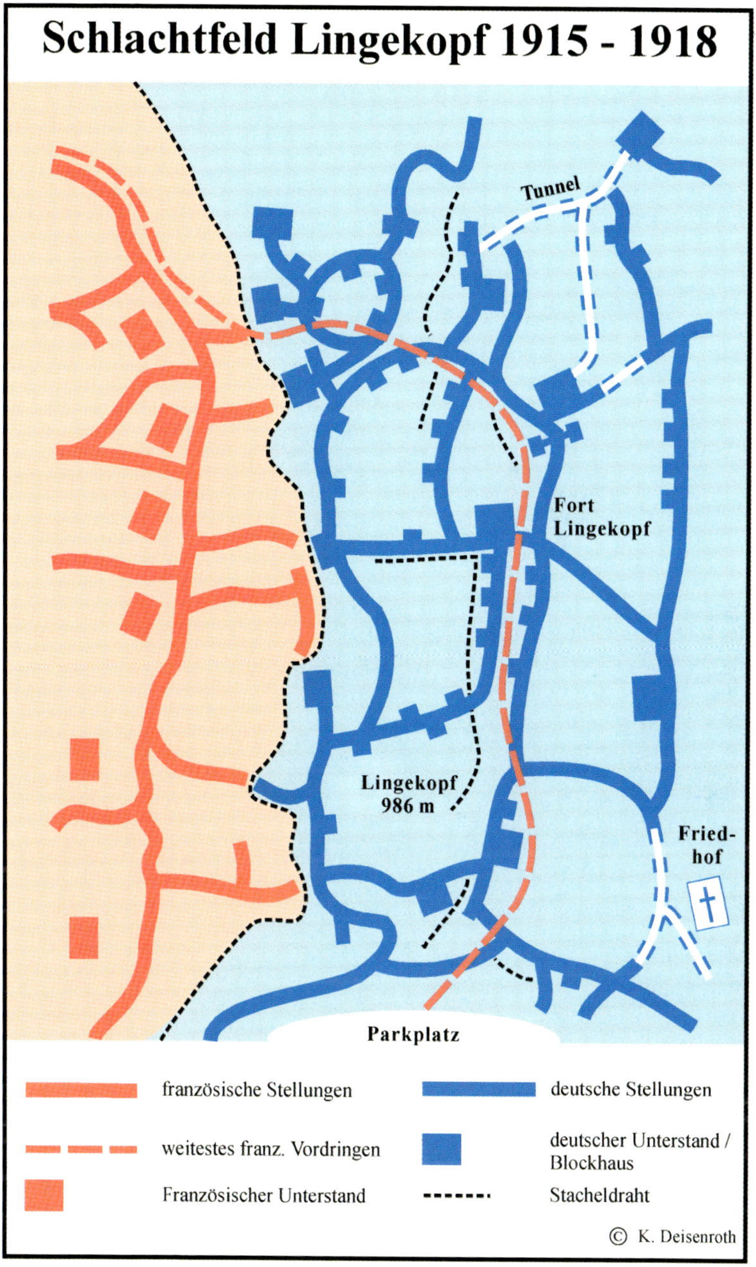
Schlachtfeld Lingekopf 1915 - 1918
Tunnel
Fort Lingekopf
Lingekopf 986 m
Fried-hof
Parkplatz
französische Stellungen
deutsche Stellungen
weitestes franz. Vordringen
deutscher Unterstand / Blockhaus
Französischer Unterstand
Stacheldraht
© K. Deisenroth

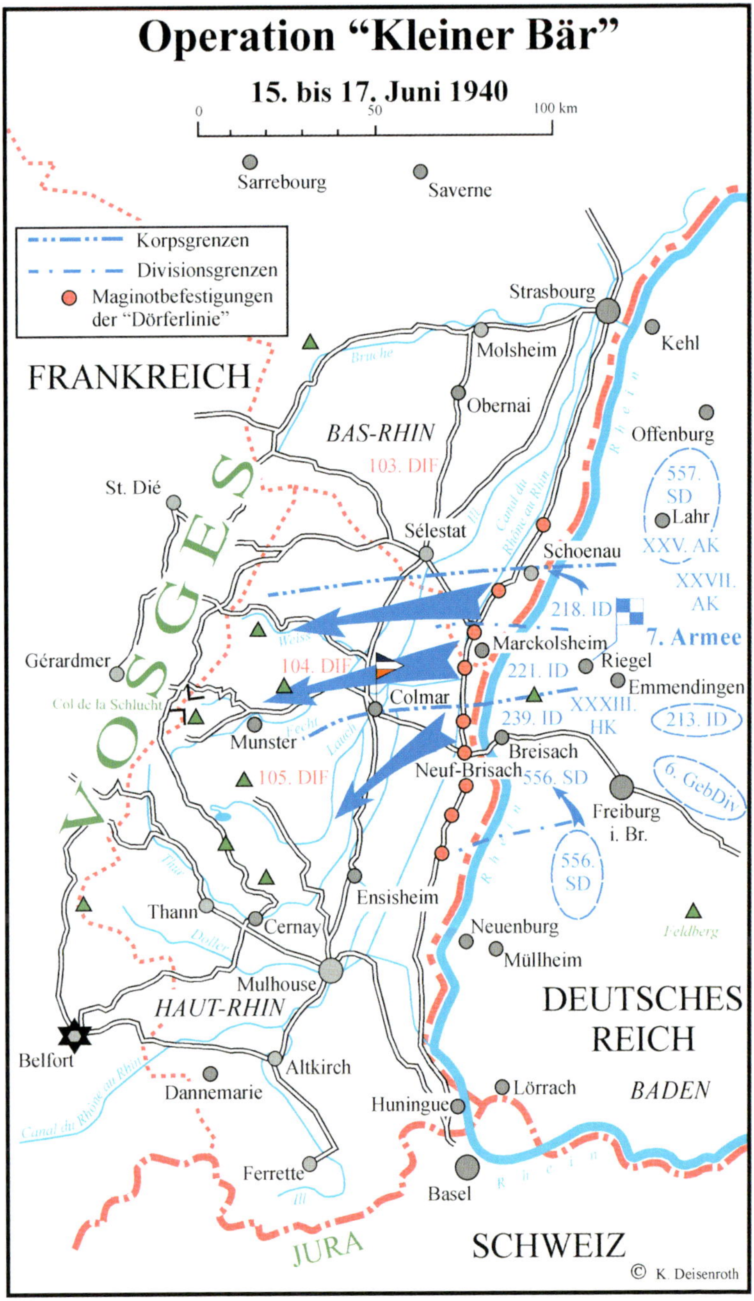

Operation "Kleiner Bär"
15. bis 17. Juni 1940
0
50
100 km
Korpsgrenzen
Divisionsgrenzen
Maginotbefestigungen der "Dörferlinie"
Sarrebourg
Saverne
Strasbourg
Kehl
Molsheim
Bruche
FRANKREICH
Obernai
BAS-RHIN
Offenburg
103. DIF
557. SD
Lahr
St. Dié
VOSGES
Sélestatat
Ill
Canal du Rhône au Rhin
Schoenau
XXV. AK
XXVII. AK
218. ID
7. Armee
Weiss
Marckolsheim
Gérardmer
104. DIF
221. ID
Riegel
Emmendingen
Col de la Schlucht
Colmar
XXXIII. HK
213. ID
Munster
Fecht
Lauch
239. ID
Breisach
Neuf-Brisach
556. SD
6. GebDiv
105. DIF
Freiburg i. Br.
Rhein
556. SD
Thur
Ensisheim
Thann
Cernay
Doller
Neuenburg
Müllheim
Feldberg
Mulhouse
DEUTSCHES REICH
HAUT-RHIN
Belfort
Altkirch
Dannemarie
Canal du Rhône au Rhin
Huningue
Lörrach
BADEN
Ferrette
Basel
Ill
JURA
SCHWEIZ
© K. Deisenroth

Bataillons de chasseurs:
3e BCP, 5e BCP, 6e BCA, 7e BCA, 11e BCA, 12e BCA, 13e BCA, 14e BCA, 15e BCP, 22e BCA, 23e BCA, 24e BCA, 25e BCP, 26e BCP, 27e BCA, 28e BCA, 29e BCP, 30e BCA, 42e BCP, 45e BCP, 46e BCA, 47e BCA, 51e BCA, 52e BCA, 54e BCA, 62e BCA, 63e BCA, 64e BCA, 65e BCP, 67e BCA, 68e BCA, 70e BCA, 106e BCP, 107e BCP, 114e BCA, 115e BCA, 120e BCP, 121e BCP, 122e BCP, 1er Skieurs/28e BCA, 4e BCT, Bon de marche
Régiments de cavalerie:
Dragons 10e, 11e, 15e, 16e, 18e, 19e, 20e, 25e, 26e
Hussards 10e, 16e
Chasseurs à cheval 11e, 22e
Régiments d'artillerie:
1er, 2e, 5e, 6e, 8e, 9e, 15e, 21e, 31e, 37e, 41e, 42e, 44e, 47e, 49e, 56e, 103e C.R.A.P.
Régiments de génie: 1er, 2e, 7e, 11e, 28e
Brancardiers (Krankenträger): 51e G.R., 7e E.T.E.M., 15e E.T.E.M.

VII. Kurzbiographien

Louis Marie Gaston d'ARMAU de Pouydraguin, Général de division
* 1.2.1862 Sélestat
† 17.1.1949 Paris

1882-1883 Ausbildung in St. Cyr, 1.10.1884 Sous-Lieutenant im 27e BCP, 1893 Capitaine im 17e R.I., 1907 außeretatsmäßiger StOffz im GenStab, 1910 Lieutenant-Colonel, 1914 Colonel im 69e R.I., 1914 Général de brigade und Kdr 47e D.I. (Diables bleus), 1917 Général de division und Kdt 18e C.A. Mulhouse, 1920 3e C. militaire, 1921-1922 mil. Gouverneur von Strasbourg, 1923-1924 Kdt 20e C.A. Nancy, Groß-Offizier der Ehren-Legion 1934, Croix de Guerre, Ehrenbürger von Sélestat.[60]

Berthold Karl Adolf v. (1905) **DEIMLING**, General der Infanterie
* 21.3.1853 Karlsruhe
† 3.2.1944 Baden-Baden

Eine der schillerndsten Soldatenpersönlichkeiten unseres Jahrhunderts begegnet uns in Gestalt des Sohnes eines badischen Kreisgerichtsrates und der Tochter eines Oberpostdirektionsrates in Freiburg i. Br. Nach einer glänzenden militärischen Karriere im Kaiserreiche, die ihn zur höchsten in Friedenszeiten zu erwerbenden Charge des Kommandierenden Generals eines Armeekorps führte, brach der als besonders schneidig geltende Offizier – ihm war 1916 der »Pour-le-mérite« verliehen worden – mit den Vorstellungen seiner Standesgenossen und begab sich politisch in linkes Fahrwasser, aus dem er schließlich als in der Wolle gefärbter Pazifist wieder auftauchte. Seine militärische Laufbahn hatte er im Freiburger Hausregiment 113 noch im Deutsch-Französischen Kriege begonnen. Seiner Ernennung zum Leutnant im Jahre 1873 und dem Besuche der Kriegsakademie 1889–1892 folgten wechselnde Front- und Generalstabskommandos, darunter eine dreijährige Verwendung beim Generalstabe des XVI. AK in Metz von 1895–1898 und als Abteilungschef im Großen Generalstabe in Berlin als Mitarbeiter Schlieffens in den Jahren 1900–1903. Eine besondere Beziehung hatte er zeitlebens zum Elsaß und zur Stadt Mülhausen, wo er erstmals 1898–1900 als Bataillonskommandeur im Infanterie-Regiment 112 die besondere Situation im Reichsland kennenlernen konnte. Dasselbe Regiment führte er von 1903–1904 als Kommandeur; von 1907–1910 kommandierte er die 58. Infanterie-Brigade in Mülhausen. Schließlich krönte er seine Friedenslaufbahn in Straßburg als Kommandierender General des XV. AK im Jahre 1913, als der er in die politischen Spannungen im Gefolge der Zabern-Affäre mit hineingezogen wurde. Seiner Garnison Mülhausen errichtete er aus Dankbarkeit den »Deimlingfonds« zum Bau eines Soldatenheimes und zur

Unterstützung kriegsversehrter Regimentsangehöriger. Politische Erfahrungen hatte er schon früher sammeln können: als Kommandeur des 2. Feldregiments 1905–1906 und der hieraus herrührenden Funktion eines Kommissars des Bundesrates im Reichstage, dann als Oberbefehlshaber der Schutztruppe in Deutsch-Südwest 1906–1907, wo er einen Waffenstillstand mit den Hottentotten erzielen konnte. Wann der Umschwung in seinem Denken erfolgte, kann bei dem im Ersten Weltkriege an den Brennpunkten der Westfront eingesetzten Deimling nur vermutet werden; die OHL entband ihn jedenfalls 1917 von seinem Kommando und versetzte ihn in den Ruhestand. Von nun an stellte er sich auf die Seite der Friedenspartei und auf den Boden der Weimarer Verfassung, die er als Mitglied der demokratischen Wehrorganisation »Reichsbanner Schwarz-Rot-Gold« seit 1924 und der »Deutschen Demokratischen Partei« (DDP) aktiv zu verteidigen bereit war. Daneben standen der Einsatz für eine Aussöhnung mit Frankreich, die Option für den Völkerbund und ein vernünftiger Pazifismus gegen Kriegsverherrlichung und Völkerhaß auf seinem Programm. Damit hatte er sich endgültig der Achtung seiner Standesgenossen begeben. Nach 1933 erhielt der »Reichsbannergeneral« überdies Rede- und Auftrittsverbot; selbst der ihm zustehende Ehrensold als Pour-le-mérite-Träger wurde ihm noch 1940 aberkannt. Das sehnsüchtig herbeigesehnte Kriegsende hat dieser widersprüchliche Charakter nicht mehr erlebt. Sein Nachlaß, darunter ein maschinenschriftlicher Entwurf seiner Lebenserinnerungen, befindet sich im BA-MA Freiburg i. Br.

Christoph JAHR, Berthold von Deimling: Vom General zum Pazifisten. Eine biographische Skizze, in: Zeitschrift für die Geschichte des Oberrheins, 142. Bd., Stuttgart 1994, S. 359-387; derselbe, »Die reaktionäre Presse heult auf wider den Mann« – General Berthold von Deimling (1853-1944) und der Pazifismus, in: Wolfram WETTE (Hrsg.), Pazifistische Offiziere in Deutschland 1871-1933, Bremen 1999 (= Schriftenreihe Geschichte und Frieden, Bd. 10), S. 131-146

Edmond-Augustin Yvon DUBAIL, Général de division

* 16.4.1851 Belfort
† 7.1.1934 Paris

Der Sohn eines Weinhändlers trat 1868 in die Kriegsschule St. Cyr ein, nahm im Anschluß daran 1870 mit dem 10e BCP am Deutsch-Französischen Kriege teil, geriet in deutsche Gefangenschaft und beteiligte sich nach seiner Entlassung am Kampfe gegen die Pariser Kommune. Im März 1873 zum Lieutenant, 1878 zum Capitaine ernannt, wurde er 1883 Ordonnanzoffizier des Kriegsministers Général Thibaudin, drei Jahre später in derselben Funktion bei Général Boulanger und erreichte, nach Verwendungen in Front (Kdr. des 1. Zuaven-Regiments 1901), Generalstab (Stabschef des Gouvernements Epinal) und Lehre in St. Cyr (Lehrer der Kriegskunst, 1906 Kdr der Schule), dank seiner Entscheidungsfreudigkeit und Initiativen Schlüsselstellungen in der Armee der Jahrhundertwende, so u. a. zweimal als Chef des Militärkabinetts unter Berteaux (1905 u. 1911). Seine militärische Laufbahn – Lieutenant-Colonel 1898, Colonel 1901, Général de brigade (Generalmajor) 1904, Général de division (Generalleutnant) 1908 – wurde im ersten Jahrzehnt des 20. Jahrhunderts gekrönt durch die Stellung eines Chefs des Generalstabes der französischen Armee (Chef d'état-major général de l'armée); nach der Übernahme dieses Amtes infolge der Reorganisation des französischen Oberkommandos durch Joffre wurde er 1912 Kommandierender General des 9e Corps d'armée in Tours. Im Kriege führte er die 1ère Armée im Oberelsaß und den Vogesen; 1915 wurde er Chef der Groupe d'armées de l'Est. In der Zeit von April 1916, bei Erreichung der Altersgrenze, bis 1918 nahm er die Geschäfte eines Gouverneurs von Paris war. In dieser Stellung wurde er zum Großkanzler der Ehrenlegion (1918) ernannt, in die er schon 1914 mit dem Großkreuz des Ordens berufen worden war. Nach dem Kriege kümmerte er sich besonders um die Belange dieses Ordens, dem er im Jahre 1925 ein eigenes Museum einrichten konnte. Seine Erinnerungen über seine Tätigkeit im Weltkriege hat er in einem dreibändigen Werke hinterlassen.

[Edmond Augustin Yvon] DUBAIL, Quatre Années de Commandement 1914-1918. Journal de Campagne, 3 Bde., Paris 1921

Hans Emil Alexander GAEDE, Dr. phil. h.c. (15.12.1915 Univ. Freiburg), General der Infanterie

* 19.2.1852 Kolberg

† 16.9.1916 Freiburg i. Br.

Der Sohn des Generalmajors z. D. Alexander G. war nach humanistischem Abitur und einem Einblick in das Studium 1870 als Dreijährig-Freiwilliger zu den Waffen geeilt und hatte im Grenadier-Regiment Nr. 2 den Einigungskrieg mitgemacht, in dem er bei Dôle schwer verwundet worden war. Auf den Besuch der Kriegsakademie 1875–78 folgte ein Wechsel zur Trigonometrischen Abteilung im Generalstabe. Nach wechselnden Front- und Generalstabskommandos, darunter als Bataillonskommandeur im Freiburger Infanterie-Regiment Nr. 113 (1892), wurde er Abteilungschef im Kriegsministerium (1894) als »Referent für den Etat«. »Er beherrschte diese schwierige Materie in dem Grade, daß in der Budgetkommission selbst die Abgeordneten Eugen Richter und Windthorst ihm ihre Anerkennung nicht versagten.«[61] In seinen letzten beiden Verwendungen als Generalmajor und Kommandeur der 84. Infanterie-Brigade in Lahr (1900) und als Generalleutnant und Kommandeur der 33. Division in Metz (1904) fand er engeren Kontakt zur oberrheinischen Landschaft und Kultur, der er sich auch nach seiner zur Dispositionsstellung 1907 durch Wohnsitznahme in Freiburg und zahlreiche Aktivitäten in der bürgerlichen Gesellschaft dieser Stadt widmete (u. A. im Vorstand der Akademischen Gesellschaft, Gründer des Breisgau-Vereins für Luftfahrt, Gründer und Ehrenvorsitzender des Chorvereins). Auch eine kriegsgeschichtliche Darstellung des Feldzuges um Freiburg 1644 war Ausfluß dieser Mußezeit. Der Erste Weltkrieg beendete diesen Ausflug zu den Musen und rief Gaede als Stellvertretenden Kommandierenden General des XIV. Armeekorps nach Karlsruhe. Die sich überstürzende Lageentwicklung im Oberelsaß führte zur Mobilmachung dieses Generalkommandos und zum Einsatz an der Oberrheinfront. Schließlich wurden, nach Abtransport der 7. Armee zur Unterstützung der 6. (bayer.) Armee in Lothringen, die im Oberelsaß zur Sicherung verbleibenden Landwehr-Verbände (3 Landwehr-Brigaden) zu einer Armee-Gruppe, seit November 1914 zu einer Armee-Abteilung, unter Führung von Gaede zusammengefaßt, dem damit der Schutz der »südwestdeutschen Marken«, insbesondere aber die Front im Gebirge, überantwortet wurde. Dabei erwies sich Gaede durchaus als auch im politischen Sinne zuverlässig, wenn er mit besonderer Strenge gegen liberale Tendenzen in den zivilen Verwaltungsbehörden des Reichslandes vorging und sich der ihm als unsichere Kantonisten erscheinenden Elsässer durch Abschub an die Ostfront entledigte. Eine sich rasch verschlimmernde Krankheit führte im September 1916 zu seiner Ablösung im Kommando und zu raschem Tode nach einer Operation in Freiburg. Für seine militärischen Verdienste, besonders in der Schlacht um Münster, hatte er am 25. August 1915 den Orden »Pour-le-mérite« erhalten. Sein Nachlaß befindet sich im BA-MA Freiburg i. Br. und im Badischen GLA Karlsruhe.

General der Infanterie Hans Gaede (1852-1916)
Quelle: GLA Karlsruhe

Erich v. (1901) **GÜNDELL, Dr. phil.** (Göttingen 1922), General der Infanterie,

* 13.4.1854 Goslar
† 21.12.1924 Göttingen

Schulpforta 1873 Abitur, 1.4.1873 Eintritt bei IR 94 (Weimar), 15.10.1874 ScLt, 8.11.1876 BtlAdj, 1.10.1881-7.1884 kdiert zur KrAk, 17.10.1883 PrLt, 1.4.1887 zum GrGenSt kdiert, 22.3.1888 Hptm im GenSt der Armee, 22.3.1890 zum GenSt 6. Div (Brandenburg) vers, 4.5.1891 KpChef im FüsRgt 40 (Köln), 15.8.1893 Mj, 1894-97 im Nebenamt Lehrer an der KrAk, 15.12.1897 BtlKdr im IR 113 (Freiburg), 1.10.1899 AbtChef im GrGenSt, 18.4.1900 ObstLt, 16.7.1900

18.10.1907 Oberst u. Kdr des Landwehr-Bezirks Stuttgart, 18.10.1912 char. GenMj und seiner Stellung enthoben, 5.9.1914 Kdr des LdwIR 121, 23.4.1915 GenMj, 10.12.1915 Kdr der 82. LdwBrig, 11.8.1919 char. GenLt unter Aufhebung der Mob-Verwendung. Sproesser, das Beispiel eines echten Troupiers und eines um seine Soldaten fürsorglich bedachten Generals, genoß das Wohlwollen seiner Vorgesetzten und die Achtung seiner Untergebenen. »Es verging fast kein Tag, an dem wir ihn nicht in der Stellung sahen, oft war er am ganz frühen Morgen in unseren Gräben […] von Posten zu Posten kriechend und rutschend anzutreffen, trotz der ständigen Gefährdung durch feindliche Handgranaten.«[63]

Henri de Latour d'Auvergne, Vicomte de TURENNE,

Maréchal de France
* 11.9.1611 Sedan
† 27.7.1675 Sasbach (Baden)

Der zweite Sohn des Herzogs Heinrich von Bouillon, in den Niederlanden calvinistisch und durch den Prinzen Moritz von Oranien militärisch erzogen, nahm 1630 als Colonel französische Dienste an und kämpfte im Dreißigjährigen Kriege im Piemont und unter Bernhard von Weimar am Oberrhein. 1644 zum Marschall ernannt und mit dem Oberbefehl über die französischen Truppen im Elsaß und südwestdeutschen Raume betraut, schaffte er, trotz wechselnden Kriegsglücks, die militärischen Voraussetzungen für die Friedensverhandlungen in Münster, die Frankreich den Gewinn weiter Teile des Elsaß brachten. Während der Fronde des großen Condé wechselte er die Front und verhalf Louis XIV. zur Rückkehr nach Paris 1652. In den folgenden Kriegen Louis XIV. war Turenne durch seine Schlachterfolge maßgeblicher Vorbereiter der für Frankreich günstigen Friedensschlüsse (Flandernkrieg mit Pyrenäenfrieden 1659, Devolutionskrieg 1667/68, Holländischer Krieg mit Frieden von Vossem 1673), so daß ihn der König bereits 1660 zum Generalmarschall ernannte. Der Krieg in den Jahren 1674/75 im südwestdeutschen und elsässischen Raume lieferte noch einmal Proben seiner exzellenten militärischen Befähigung im Kampfe gegen die Kaiserlichen und seinen berühmten Gegenpart, Graf Montecuccoli. Nach der Verwüstung der Pfalz zog er sich in das Oberelsaß zurück und lieferte mitten im Winter den Kaiserlichen die Schlachten von Mülhausen (29.12.1674) und Türkheim (15.I.1675), die sie zum Rückzuge über den Rhein zwangen. Mitten in der Verfolgung der Flüchtigen traf ihn bei Sasbach die tödliche Kugel. Ein Obelisk von 1829 erinnert noch heute an den Ort seines Todes. Von Louis XIV. nach der königlichen Grablege in St. Denis überführt, ließ ihn Napoleon I. 1800 im Invalidendom beisetzen. Neben Montecuccoli und Condé war Turenne wohl der herausragendste Feldherr seiner Zeit, der in seinen Briefen und Memoiren auch methodisch-theoretische Gedanken seiner Kriegführung hinterlassen hat.

P.[aul] MARICHAL, (Hrsg)., Turenne - »Mémoires«, 2 Bde., 1909-1914 (= Publication de la société de l'histoire de France, Nr. 364)

VIII. Zeitgenössische Zeugnisse und Dokumente

Wohl kein anderer hat das Grauen und Inferno der Materialschlachten und Stellungskämpfe des Ersten Weltkrieges signifikanter zum Ausdruck zu bringen vermocht als der deutsche Schriftsteller und Pour-le-mérite-Träger Ernst JÜNGER (1895–1998), der in seinem Erstlingswerk »In Stahlgewittern« seinen Einsätzen an der Westfront sprachgewaltiges Erinnern gesichert hat. Über den Stoßtruppeinsatz berichtet er Mitte 1918 während einer Ruhe- und Ausbildungsphase in Cambrai[64]:

»Vor allem widmete ich mich der Ausbildung einer kleinen Stoßtruppe, da mir im Verlauf der letzten Kämpfe immer deutlicher geworden war, daß sich eine zunehmende Umschichtung unserer Kampfkraft vollzog. Für den eigentlichen Stoß konnte man nur noch auf wenige Leute rechnen, die sich indessen zu einem Schlag von besonderer Härte entwickelt hatten, während die Masse der Mitläufer höchstens als Feuerkraft in Frage kam. Unter diesen Verhältnissen war man oft lieber Führer einer entschlossenen Gruppe als einer zaghaften Kompagnie.«

In einem weiteren Frühwerk zeichnet JÜNGER die innere Verfassung des Kriegers in den Schützengräben und Unterständen »im Schoße der Erde vom Grauen mit tausend Armen umschleimt.«[65]:

»Der Graben. Arbeit, Grauen und Blut haben das Wort genietet zu stählernem Turm, auf bangen Hirnen lastend. Nicht Wall und Bollwerk zwischen kämpfenden Welten allein, auch Wall und finstere Höhle den Herzen, die er in stetem Wechsel einsog und ausstieß. Glühender Moloch, der langsam die Jugend der Völker zu Schlacke brannte, versponnenes Geäder über Ruinen und geschändeten Feldern, aus dem das Blut der Menschheit in die Erde pulste.[…] Auch in den Stollen, den Unterständen, die man sich zu Schutz und Ruhe gewühlt, erblühten selten Stunden, in denen sich die Bahn des Lebens über träges Vegetieren hinausschwang. Wie konnte man auch freier atmen in diesen Höhlen, deren holzverkleidete Wände gelblicher Schimmel zerfraß, auf deren Nebeln die kleinen, zitternden Lichter der Kerzen schwammen und feuchtes, grobrindiges Gebälk mit glitzernden Mänteln behingen. Das waren enge Geniste eingehüllter, schmutziger Menschen voll Qualm, Dünsten und Tabaksrauch. Zuweilen stand einer auf, wortlos, nahm das Gewehr in die Faust und verschwand. Dann polterte ein anderer herunter, stumpf, verwacht und nahm den leeren Platz, ein kaum bemerkter Wechsel. Wortfetzen, abgerissen wie die kurzen Hiebe draußen zerschellender Geschosse, fügten sich zu eintöniger Unterhaltung. Man war so ineinander versponnen, so auf dasselbe Rad des Schicksals geflochten, daß man sich verstand, fast ohne zu sprechen. Jeder wanderte durch dieselbe nächtliche Landschaft des Gefühls, ein Seufzer, ein Fluch, ein Witzwort waren die Flammen, die für Augenblicke das Dunkel über dem Abgrund zerrissen.[…] Wieder zogen die Tage und Nächte über den Graben dahin,

Schiffe, die immer gleiche Fracht in die Ewigkeit schleppten. Verwesung brütete über der Landschaft. Langsam zerfielen die Toten, vereinten sich ganz mit der Erde, ganz mit dem Graben, um den sie gekämpft. Irgendwo in Wind und Dämmern schwankten am Grabenrande zwei Weidenruten, die ein Kamerad zum Kreuze gebunden.«

Eindrucksvoll schildert der Literaturhistoriker und Theaterwissenschaftler Artur KUTSCHER (1878–1960) in seinem Kriegstagebuch den Schauplatz des dem Lingekopfe benachbarten Reichackerkopfes im Vogesenkriege; in ähnlicher Weise haben wir uns auch den Linge- und Hartmannsweilerkopf, mithin alle umkämpften Gipfel im Mittelgebirgskriege, vorzustellen[66]:

»Der früher dicht bewaldete Gipfel ist jetzt kahl geworden. Nur wenige starke Föhren stehen noch, von Tausenden von Geschossen zerfetzt, und treiben ein paar kümmerliche Ansätze. An der Ostseite steht dichtgedrängt eine Gruppe gänzlich zerschossener kronenloser junger Tannen – ein tragischer Anblick. Sonst bietet die Kuppe ein Bild wüster Zerstörung. Mannstarke Stämme zersplittert, geknickt. Eine Waldbreite von zehn Metern als Verhau niedergelegt und mit Draht durchzogen. Ein Netz von Laufgräben und Schützengräben, teilweise verschüttet von Granat- und Minentrichtern, von umgebrochenen Baumstämmen und Astgestrüpp bedeckt, eingestürzte Unterstände, Hunderte von Schutzschilden, Sprengstücke von Granaten, nichtexplodierte Minen verschiedenen Kalibers, eine Menge Gewehre und Gewehrteile, Lederzeug, Tornister, Haufen von Munition, Mäntel, Uniformfetzen, Filzschuhe, Spaten und Picken, Konservendosen, Parfümflaschen, Briefe, Ansichtskarten, Photographien, Gräber von Bayern und französischen Alpenjägern, teils mit Kreuz und Steinfassung versehen, teils auch nur erkennbar an der Form des Erdhaufens und an dem Geruch. Hier und da liegen noch Glieder bloß, findet man noch Stiefel mit Beinen. Zwölf Meter hoch in einen Tannenast geschleudert hängt mit Schuh und Hose der Schenkel eines Alpenjägers bis zum Hüftknochen. Fünfzig bis sechzig Leichen sind nun in helleren Nächten oder an nebligen Tagen schon von uns mit Chlorkalk bestreut und eingescharrt worden, aber immer noch ist die faulige Luft unerträglich, die von der Höhe herunterkommt. In den Gebüschen am Nordwesthang fand ich persönlich noch zwölf Alpenjäger, die dort seit Ende Februar [1915] lagen; jetzt ist keiner mehr über der Erde.«

Der Leutnant im Rheinischen Infanterie-Regiment »von Lützow« Nr. 25, Friedrich Wilhelm KRÜGER, traf mit dem Regiment am 12. Dezember 1914 von der Westfront kommend in Mülhausen i. E. ein und wurde umgehend in den Kampf um Steinbach und die Höhe 425 geworfen. Am 1. Januar 1915 notierte er in sein Tagebuch[67]:

»Das Dorf Steinbach, östlich des Amselkopfes gelegen, wurde durch die schweren Kämpfe der letzten Wochen ziemlich dem Erdboden gleichgemacht. Doch wogte der Kampf hin und her. Gestern gehörte der Ort den Franzosen, heute uns. Wie oft mag das noch wechseln. Nur wer die beherrschende [Höhe] 425 und die von Uffholtz besitzt, ist auch Herr dieses kleinen, vollkommen zerschossenen Ortes. Mit größter Zähigkeit versuchten die Franzosen ihre vergeblichen Angriffe gegen diese Stellungen der 161er und 25er. Wir werden auch Sieger bleiben.«

Eine zeitgenössische Begehung des Hartmannsweilerkopfes über den Kurvenweg im Kriegsjahre 1916 schildert der damalige Oberarzt d. R. Dr. GROTE, Stab Lauenburgisches Jäger-Feld-Bataillon Nr. 9[68]:

»Wollte man zum gewaltigen Bergmassiv des H. K. hinaufsteigen, so ging das einmal vom Dorf Sulz aus oder von dem fast vollständig zerschossenen Panjenest Hartmannsweiler. Bei weitem mehr benutzt wurde der Weg über Sulz, er war vom Feinde weniger einzusehen und an gefährdeten Stellen gut durch Strauchblenden maskiert. Durch Weinberge, kleine Waldparzellen, Schluchten und Hohlwege führte der Weg heran zur eigentlichen Bergstraße auf den H. K., der sogenannten Kurvenstraße. In 8 Kurven, 0–7[69], kletterte diese vorzüglich gehaltene Kieschaussee durch wundervollen Edeltannenbestand in mächtigen Windungen den Berg herauf. Wer Kurve 0 passierte – von hier führten strahlenförmig Waldwege zum Sandgrubenkopf, zum Hirzstein, zum Abschnitt Jägertanne und Unteren Rehfelsen –, der wunderte sich über die fabelhaften Granattrichter, die zerschmetterten Stämme riesiger Tannen und schaute sinnend auf zu den Resten eines Autoverdecks, das hoch oben in einer Baumkrone hing[70]. […]

Im weiteren Verlauf des Weges von Kurve 0–1 wurde das Bild friedlicher. Es ging vorbei an den Küchen und sonstigen Wirtschaftseinrichtungen der vorne eingesetzten Kompanien und Bataillone. Hier standen auch die Esel und Tragtiere, die in Speiseträgern täglich das Essen nach vorne schafften. Kurz vor Kurve 2 passierte man die Abhörstation, genannt Lokalanzeiger des Abschnitts, und das General Sproesser-Denkmal, das zu Ehren der 82. Landw.-Inf.-Brig. von fleißigen Soldatenhänden als Wahrzeichen der schweren Kämpfe der Brigade um den Besitz des H. K. errichtet war. Dicht oberhalb der Kehre von Kurve 2 lag das schmucke Häuschen Hubertushütte des Abschnitts-Kommandeurs vom H. K., mit imposantem Fernblick weit ins Land. Die Hälfte des Aufstieges war jetzt geschafft. Kürzer wurden die Wegstrecken zwischen Kurve 2 und 5, wo bereits Reservelager der vorne eingesetzten Truppe die Nähe der Front erkennen ließen. Die zum Kopf führende Drahtseilbahn querte hier zum ersten Mal die Straße. Hoch über einem liefen herauf und herunter die vollen und leeren Körbe. Vorwiegend diente dieses kleine technische Kunstwerk dem Materialtransport und der Munitionsversorgung der hier oben eingebauten M. W. aller Kaliber. Ab und an vertraute sich auch ein Soldat ihrem luftigen Weg an, dem der weite Aufstieg zu Fuß zu beschwerlich erschien. Solche Abkürzungsfahrt konnte aber auch sehr unangenehme Seiten haben, wenn es dem Franzmann gefiel, überraschend – und er tat das oft und gerne – mit seiner Gebirgsbatterie vom Gr. Belchen her die Bahn in fabelhaft schneller Feuerfolge zu beschießen. Glückte es ihm ein Seil zu

durchschießen, so stand die Karre still und manch ein wandermüder Jäger hat stundenlang hilflos auf schwindelnder Höhe in seinem Förderkorb wartend und frierend gesessen.
Nach etwa einer Stunde Weges war Kurve 6 erreicht. Man befand sich hier bereits im Stellungsgelände. Der einst so prachtvolle Wald war fast gänzlich verschwunden. Die letzten Kämpfe vom Frühjahr und Winter des Jahres zuvor hatten ihm den letzten Rest gegeben. Kahle, teils verdorrte Stümpfe, genannt Zahnstocher, ragten als letzte Säulen verklungener Pracht aus Geröll, Schutt und Stacheldraht hervor. Ein wahrhaft trostloser Anblick, ein ausgesprochenes Trümmerfeld.
Bei Kurve 6 verließ man im allgemeinen die große Straße und ging über das Jägerdenkmal, am Ehrenfriedhof vorbei, den Martha-Pfad zum Aussichtsfelsen, dem höchsten Punkt auf dem H. K. [!]. Am Jägerdenkmal zu verweilen war Ehrensache und ein wirklicher Genuß. Aus Findlingen verschiedener Größe war hier ein Obelisk aufgemauert, an dessen flachen Seiten rings herum Tafeln eingelassen waren, die in treffendem Sinnspruch das Andenken an die Formationen und Truppenteile festhielten, die dereinst um den Besitz des H. K. gekämpft hatten. Eine ganz besondere Weihe erhielt der Platz durch die unmittelbare Nähe des sogenannten Ehrenfriedhofes, auf dem wohl 100 Holzkreuze den Vorübergehenden an stilles Heldentum deutscher Männer und bester Soldaten erinnerten. Nach Osten, der fernen Heimat zu, winkte jenseits der weiten, tief zu Füßen liegenden Rheinebene der Schwarzwald. Wie ein Riesenspielzeug muteten die im Sonnenschein liegenden Orte Sennheim, Thann und Altkirch den sinnenden Beschauer an. War die Luft besonders klar, so konnte man zur Zeit des Sonnenunterganges im Süden den fernen Gürtel der Alpen, das schöne Berner Land mit seinen Schneegipfeln, der Jungfrau, dem Mönch und Finsterahorn gut erkennen.«

Über die bei Kurve 2 des HK gelegene »Cantine« vermittelt uns René SCHICKELE in seiner Trilogie »Das Erbe am Rhein« einen eindringlichen Eindruck eines Besuches in der Nachkriegszeit[71]:

»Wo der Wald aufhörte und die bloße Schädelstätte begann, das Steingeröll, vom Blust der Weidenrosen überhaucht, lud eine tief in den Berg gesprengte und betonierte, sodann mit Balken und gestampfter Erde gedeckte Kantine den Ausflügler ein, zu verweilen und des historischen Ortes bei einem Labetrunk zu genießen. Seine Vorgänger hatten hier Champagner getrunken und Shimmy getanzt. Den Tanz verbot jetzt ein Plakat. Es war ein ehemaliger Verbandplatz.
Der Wirt bot Karten feil, die auf zwölf zusammenhängenden Blättern ein Sortiment der besterhaltenen Friedhöfe zeigte, auch Pläne der Schützengräben gab es zu kaufen, und auf ihnen erkannte man alle Ausflüchte des Urmenschen wieder. Höhlen, für einen allein, der vorgeschoben war, um aufzupassen, und für ein Dutzend Männer dahinter, die auf seinen Raubvogelschrei herbeieilen sollten, um das Wild zu schlagen, und Erdgänge zwischen kunstvollen Verstellungen, die man der Natur abguckte, Tobel, in dessen Wänden man lag wie in engen Gräben, Felsnester mit zwei, drei Stockwerken und sogar ganze Dörfer, die sich mit friedlichen

Namen, Namen, die es in der Heimat gab, gegen den allgemeinen Angsttraum versichert hatten. Dazwischen starrten Tausende von kahlen, entseelten Bäumen in die Bläue des Sommertages – der gemordete Wald.
Von den Ausflüglern, die an diesem Tag den Totenberg bevölkerten, hatten die meisten in der betonierten Kantine haltgemacht, hauptsächlich die Männer, denn der Aufstieg zum Gipfel war steil, und die Sonne schürte den Durst. Einige Damen aber saßen auf Kamelhaardecken im Geröll unter dem Gipfel, tauschten Ausrufe der Bewunderung über die schöne Aussicht auf Rheinebene und Schwarzwald und schrieben Ansichtskarten. An ihnen vorbei erklommen wir die höchste Stelle des Berges. Und hier stand ein Kreuz, daneben eine Stange mit der Trikolore…«

Seit der Jahreswende 1915/16 lag die 2. Kp des neu aufgestellten Württ. Gebirgsbataillons mit ihrem Chef, Oberleutnant Erwin ROMMEL, in der Stellung Hilsenfirst-Süd[72]:

»Der neue Kompanieabschnitt ist 1800 m breit und hat zwischen dem rechten und linken Flügel einen Höhenunterschied von 150 m. Vor der Front befinden sich starke Hindernisse, darunter eines, das bei Nacht elektrisch geladen wird. Eine durchlaufende Besetzung der Stellung ist bei dieser Breite unmöglich. Einige besonders beherrschende Stellungsteile werden als Stützpunkte ausgebaut. Jeder einzelne bildet eine kleine Festung für sich mit Verteidigungsmöglichkeiten nach allen Seiten, mit Munitions-, Verpflegungs- und Wasservorrat. Im Stollenbau werden die reichlichen Erfahrungen aus den Argonnen verwertet: mindestens zwei Ausgänge, sehr starke Eindeckung!«

Das Kriegstagebuch des AOK 7 kündet abschließend sichtlich voll Stolz von dem angesichts der inhomogenen Truppenteile beachtlichen Erfolg in der Schlacht um Frankreich 1940[73]:

»Rückblickend und zusammenfassend ist zu dem Unternehmen »Kleiner Bär« der 7. Armee zu sagen, daß die Größe des erzielten Erfolges zutreffend nur dann gewürdigt werden kann, wenn man sich die außergewöhnlichen Schwierigkeiten vor Augen hält, die die Armee zu bewältigen hatte. Zweifellos hätte der Angriff von aktiven, in allen Kampfarten geschulten Divisionen, zudem bei stärkerer Zuteilung von Pionieren und Brückengerät und besserer Ausstattung der Armee mit Artillerie noch schneller geführt werden können. Ein vorbildlicherer Kampfgeist im Rahmen der eigenen Fähigkeiten und Möglichkeiten wäre aber auch bei solchen Verbänden nicht zu finden gewesen.
Ganz besonderer Erwähnung bedürfen die Bautruppen, die während der Kampftage Hervorragendes geleistet haben. Sie wurden hinter den ersten Wellen der Infanterie über den Rhein gesetzt und haben sofort, zum Teil im feindlichen Feuer, beim Bau von Behelfsbrücken anstelle der von den Franzosen zerstörten Übergänge über die Altwasser und Kanäle westlich des Rheins, an der Instandsetzung der Straßen für den Vormarsch und der Beseitigung von Hindernissen zu arbeiten

begonnen. Ohne ihren vorbildlichen Einsatz hätte der Angriff nicht so rasch vorgetrieben werden können.
Eine außergewöhnliche Leistung war auch der in wenigen Tagen durchgeführte Bau einer 30 t-Behelfsbrücke über den Rhein bei Breisach durch ein für eine solche Aufgabe nicht ausgebildetes Straßenbau-Bataillon. Diese Brücke diente in erster Linie für den Nachschub der Armee, erwies sich aber insbesondere auch für den Abschub der Gefangenen und für den späteren Rückmarsch der Angriffsdivisionen als unentbehrlich.
Höchsten Anforderungen wurden bei der Vorbereitung des Angriffs und während der Operationen die Nachrichten-Einheiten gerecht, denen es trotz größter technischer Schwierigkeiten gelang, der Führungsabteilung der Armee jederzeit ein nahezu lückenloses Fernsprechnetz zur Verfügung zu halten und darüber hinaus auch der Luftwaffe alle für den Einsatz erforderlichen Leitungen sicherzustellen.
Der verhältnismäßig geringe Munitionsverbrauch der Armee und die sich in erträglichen Grenzen haltenden eigenen Verluste liessen eine Überbeanspruchung der an sich auch sehr knapp bemessenen rückwärtigen Dienste der Armee in den Angriffstagen vermeiden. Gleichwohl war die Sicherung des Nachschubs nur durch eine straffe Zusammenfassung der vorhandenen Kräfte möglich und stellte an jede Versorgungseinheit hohe Anforderungen. Außergewöhnliche Leistungen mußten von den rückwärtigen Diensten verlangt werden, als der Armee die Versorgung von rund 200 000 Gefangenen zufiel.
Auf die Schwierigkeiten, die die Luftwaffe vor und während der Operationen zu bewältigen hatte, wurde bereits hingewiesen. Abschließend muß festgestellt werden, daß die Zusammenarbeit des A. O. K. mit allen Verbänden der Luftwaffe ausgezeichnet war. Durch die Kommandierung eines Verbindungsoffiziers des V. Fliegerkorps zum A. O. K. war die schleunige Übermittlung aller von der Armee an die Fliegerkampfkräfte zu stellenden Wünsche sichergestellt. Trotz der weiten Entfernung der Flugplätze des V. Fliegerkorps gelang stets ein völlig zeitgerechter Einsatz seiner Verbände. Die Luftaufklärung brachte ungeachtet der teilweise äußerst ungünstigen Wetterlage rasch die wichtigsten Meldungen, wobei sich auch die erst eben neu aufgestellte 1./(H) 32 durchaus bewährte. Die Flak-Brigade Veith des Luftgaukommandos VII hatte den Luftschutz der Bereitstellungsräume und des Artillerie-Aufmarsches, sowie den Schutz der Übergangsstellen und der Brückenschläge übernommen. In besonderem Maße bewährten sich ihre Einheiten bei der Bunkerbekämpfung und zwar sowohl bei der Feuervorbereitung für das Übersetzen, wie auch in den folgenden Tagen im feindlichen Festungskampffeld.
Der Erfolg der Operationen der 7. Armee konnte erreicht werden, weil dank der Einsatzbereitschaft jedes Einzelnen die Truppe sich mit der Schwere der gestellten Anforderungen auch Aufgaben gewachsen zeigte, für die ihr an sich die nötige Ausbildung fehlte.«

Unter den Rückzugskämpfen der deutschen Wehrmacht aus dem Colmarer Brückenkopf zu Jahresbeginn 1945 hatte auch die Zivilbevölkerung in unsäglichem Ausmaße zu leiden. Ein Teilnehmer als junger Offizier berichtet über den Angriff auf das schon während des Frankreichfeldzuges 1940 in Mitleidenschaft gezogene Dorf Jebsheim ndl. Neubreisach, der zu den blutigsten und verlustreichsten dieses Endkampfes zählte[74]:

»In der Nacht zum 27. Januar, um 2.45 Uhr, eröffneten 4 Feld-Artillerieabteilungen ihr mörderisches Feuer auf das unglückliche Dorf. Eine Feuerwalze schlimmsten Ausmaßes zerfetzte Häuser und ganze Straßenzüge; bereits nach wenigen Minuten begann sich der Himmel blutrot zu färben. Das Vieh, soweit es sich nicht in den Ställen losmachen konnte und nun wie irrsinnig vor Angst durch die Straßen und Gassen rannte, ging zu einem großen Teil unter den niederbrechenden Balken und brennenden Dächern elend zugrunde.

In den Kellern und ungeschützten Stallungen, in denen sich die Zivilbevölkerung oft bis zu 40 Personen zusammendrängte, hielt der Tod schon in den ersten Stunden des Kampfes reichlich Ernte. Viele dieser Menschen waren Flüchtlinge aus dem ehemaligen Frontgebiet. Sie waren – wie z. B. aus Illhäusern, schon am 20. Dezember 44 evakuiert worden und mußten nun hier die Schrecknisse eines unbarmherzigen Krieges zum zweiten Male über sich ergehen lassen.«

Und Général de LATTRE resümiert in seiner »Geschichte der 1. Frz. Armee«[75]:

»Nichts kann eine Vorstellung darüber geben, wie schrecklich es in diesem unglücklichen Dorfe aussieht. 500 deutsche Gefallene verwandeln die Straßen in ein wahres Schlachtfeld. Wir selbst haben 300 Mann Verluste und die Amerikaner mindestens ebenso viele. 750 Deutsche haben wir gefangen und das 254. US-Regiment über 300.«

Aus dem letzten WEHRMACHTBERICHT über die Schlacht von Colmar vom 10. Februar 1945[76]:

»Nach schweren Kämpfen gegen die bei Tag und Nacht angreifenden de Gaulle-Truppen wurden unsere noch auf dem Westufer des Oberrheins stehenden Kräfte mit allen Waffen und Versorgungsgütern auf das Ostufer überführt und vor dem nachdrängenden Feind die Brücken bei Neuenburg gesprengt. Die 21tägige Schlacht um den Brückenkopf im oberen Elsaß, in der unsere Truppen tapfer kämpfend eine oft zehnfache feindliche Übermacht abwehrten, ist damit abgeschlossen. Im Verlaufe dieser Kämpfe vernichteten unsere Truppen 200 Panzer sowie zahlreiche Panzerspähwagen und Kraftfahrzeuge des Feindes.«

IX. *Orts- und Flurnamenkonkordanz*

ALTMÜNSTEROL	Montreux-Vieux
ALT-THANN	Vieux-Thann
AMMERSCHWEIER	Ammerschwihr
BERRWEILER	Berrwiller
BERTSCHWEILER	Bertschwiller
BIRSCHBERG	Le Brézouard
BOLLWEILER	Bollwiller
BREUSCH	Bruche
BUCHENKOPF	Téte des Faux
BÜHL	Buhl
BURZWEILER	Bourzwiller
DAMMERKIRCH	Dannemarie
DIEDENHOFEN	Thionville
DIEDOLSHAUSEN	Le Bonhomme
DIEDOLSHAUSER HÖHE	Col des Bagenelles
DREI-ÄHREN	Les Trois-Épis
EGISHEIM	Eguisheim
EICHENRAIN	Rain des Chênes
EICHWALD	Chalampé
ELSÄSSER BELCHEN	Ballon d'Alsace
EXBRÜCKE	Aspach-le-Pont (Pont d'Aspach)
ESCHELMER	Hachimette
FITZTANNE	Fesse droite (rechte Gesäßbacke)
FLACHSLANDEN	Flaxlanden
FRÖNINGEN	Frœningen
GALFINGEN	Galfingue
GEBWEILER	Guebwiller
GROSSER BELCHEN	Grand Ballon
GROSS-WINTERUNG	Grand Ventron
GUTTENBACH	Bonnegoutte
HAGENAU	Haguenau
HARTFELSEN	Roche dure
HARTMANNSWEILER	Hartmannswiller
HARTMANNSWEILERKOPF	Hartmannswillerkopf/Vieil Armand
HARTWALD	Forêt de la Hardt
HEIDWEILER	Heidwiller
HELFRANTSKIRCH	Helfrantzkirch
HIMMELSLEITER	Echelle de ciel
HIRZENSTEIN	Hirtzenstein
HÖRNLESKOPF (hint.)	Le Hurlin
HOMBURG	Hombourg
HORBURG	Horbourg
HÜNINGEN	Huningue
HUNAWEIER	Hunawihr
ILLFURT	Illfurth
JUNGHOLZ	Jungholtz
KAHLER WASEN (Kleiner Belchen)	Petit Ballon/Kahlerwasen
KOHLSCHLAGSATTEL	Col Amic
KRÜT	Kruth

Hartmannsweilerkopf:
Gipfelkreuz

Hartmannsweilerkopf:
Ehrenfriedhof

Lingekopf: Fort Lingekopf; Plakette im Grabensystem 2. Linie

Hartmannsweilerkopf:
Denkmal des Generals Serret an der Stelle seiner tödlichen Verwundung

Hartmannsweilerkopf:
Eingang zum Ziegelrückenstollen

Lingekopf: Unterstände 3. Linie

Neubreisach: Belforter Tor

Wappenschmuck in der Enceinte der Festung Neubreisach

Neubreisach: Colmarer Tor

Kasematte der
3. Linie (»Dörferlinie«)
am Ostrande von
Markolsheim (35-3)

Zwillings-MG in
gepanzerter Kuppel auf
Kasematte 35-3
in Markolsheim

Unten: Kampfstand der
Maginot-Linie
südostwärts Neubreisach
gegenüber der
Kaserne Abbatucci

Unten:
Demi-Lune und Reduit vor dem
Colmarer Tor in Neubreisach

Denkmal für
General Abbatucci
in Hüningen

Rechts:
Gedenkstein an der
Jebsheimer Mühle

Hartmannsweilerkopf:
Halali am Denkmal für
die gefallenen Jäger

Hartmannsweilerkopf:
Denkmal 152ᵉ R.I.
am Aussichtsfelsen

Hartmannsweilerkopf:
Felsenkasernen unterhalb
des Aussichtsfelsens

Lingekopf:
Schützengraben 2. Linie

Deutscher Soldatenfriedhof in Bergheim

Denkmal für die »Diables rouges« am Weierer Kreuze

Hartmannsweilerkopf: Eingang zur Krypta am Silberloche

Französischer Soldatenfriedhof in Sigolsheim

KÜNHEIM	Kunheim
LINGEKOPF	Le Linge
MARKOLSHEIM	Marckolsheim
MASMÜNSTER	Masevaux
MÜHLBACH	Muhlbach
MÜLHAUSEN	Mulhouse
MÜNCHHAUSEN	Munchhouse
MÜNSTER	Munster
NAPOLEONSINSEL	Ile Napoleon
NEUBREISACH	Neuf-Brisach
NIEDERASPACH	Aspach-le-Bas
NIEDERMORSCHWEIER	Niedermorschwihr
OBERASPACH	Aspach-le-Haut
OBERBURNHAUPT	Burnhaupt-le-Haut
OBEREHNHEIM	Obernai
OBERHÜTTEN	Hautes-Huttes
OLLWEILER	Ollwiller
PFIRT	Ferrette
PORPHYRGRAT	Cuisse droite
RAPPOLTSWEILER	Ribeauvillé
REICHENWEIER	Riquewihr
REININGEN	Reiningue
RUFACH	Rouffach
SAARBURG	Sarrebourg
SCHLETTSTADT	Sélestat
SCHLUCHT-PASZ	Col de la Schlucht
SCHNEPFENRIETHKOPF	Schnepfenriedkopf
SCHNIERLACH	La Poutroie
SCHWARZER SEE	Lac Noir
SCHWEIGHAUSEN	Schweighouse
SENNHEIM	Cernay
SIERENZ	Sierentz
SILBERBACH	Faux-Sihl
SPROESSERSACK	Entre Cuisses
STOSZWEIER	Stosswihr
STRASZBURG I. E.	Strasbourg
SULZ	Soultz
SULZER BELCHEN	Grand Ballon
SULZERN	Soultzeren
SULZMATT	Soultzmatt
TÜRKHEIM	Turckheim
UFFHOLZ	Uffholtz
UNTERHÜTTEN	Basses-Huttes
URBEIS	Orbey
VOGESEN	Vosges
WEIERER KREUZ (WÜST)	Croix de Wihr
WEILER	Willer-sur-Thur
WEISZER SEE	Lac Blanc
WELSCHER BELCHEN	Ballon d'Alsace
WETTSTEIN-PASZ	Col du Wettstein
WINZENHEIM	Wintzenheim
ZABERN	Saverne
ZELL	Labaroche
ZIEGELRÜCKEN	Cuisse gauche

dem deutschen Soldatenfriedhof in CERNAY, auf dem insgesamt 7485 Soldaten beigesetzt wurden, davon 6063 in Einzelgräbern. Zu dieser Zahl sind aber auch noch 1479 Gefallene der letzten Tage des Zweiten Weltkrieges hinzuzurechnen. Der 1920 vom französischen Gräberdienst angelegte, 1929 vergrößerte und 1980 mit Metallkreuzen umgestaltete Friedhof, ausgeschildert wie alle Soldatenfriedhöfe mit dem Signet des Volksbundes – fünf schwarzen Kreuzen auf weißem Grunde –, liegt am südlichen Stadtrand von Cernay nahe der D34. Ein französischer Soldatenfriedhof an der Straße nach Uffholtz [D5, kurz vor dem Ortseingang von Uffholtz] birgt die Überreste französischer Soldaten des Zweiten Weltkrieges; auffallend sind hier die vielen muslimischen Grabsteine als Hinweis auf den Einsatz der französischen Kolonialtruppen. Auch im gesamten Thur-Tal [N66] reiht sich wie eine Perlenkette von THANN über BITSCHWILLER–WILLER-SUR-THUR–MOOSCH (letzte Ruhestätte des Général Serret und weiterer 578 Soldaten)–ST. AMARIN–RANSPACH und KRUTH ein französischer Soldatenfriedhof an den andern.
Hineingebettet in die Senke des Silberlochsattels (908 m) zwischen den Gipfeln des Molkenrain und des Hartmannsweilerkopfes liegt der wohl größte und gestalterisch gelungenste Friedhof des Ersten Weltkrieges im Oberelsaß für die gefallenen Söhne Frankreichs (MONUMENT NATIONAL DE L'HARTMANNSWILLERKOPF). Bald nach Ende des Großen Krieges wurde von regionalen Komitees der Gedanke an ein auf dem Hartmannsweilerkopfe zu errichtendes »Monument Commémoratif National« gefaßt, für welches seit 1921, als das Schlachtfeld unter Denkmalschutz gestellt worden war, Spenden gesammelt wurden. Die Planung hierfür lag in den Händen des Architekten Robert Danis, Direktor der Beaux Arts in Elsaß und Lothringen. Daraus erwuchs eine hangwärts zu einem mit den Namen der Spenderstädte geschmückten bronzenen Altar des Vaterlandes (L'Autel de la Patrie) ansteigende Nekropole mit 1264 Einzel- und sechs Massengräbern. Die unter diesem Altare gewölbte Krypta birgt in einem Beinhause die unbekannten Soldaten beider Nationen, deren Zahl auf 12000 geschätzt wird. Verschlossen ist dieses Ossuarium mit einer Art bronzenem Schutzschild, den als Umschrift die Anfangszeile eines berühmt gewordenen Gedichtes von Victor Hugo (1802–1885) schmückt: »Ceux qui pieusement sont morts pour la Patrie, ont droit qu'à leur cercueil la foule vienne et prie«, als »Hymne à la France éternelle« von Henri Rabaud vertont. Eine katholische Kapelle mit einer Marienstatue des bekannten französischen Bildhauers Antoine Bourdelle (1861–1929) und zwei diese flankierende Zeichen protestantischen und mosaischen Glaubens gestatten die Abhaltung von Gottesdiensten, wie sie vornehmlich am vorletzten Sonntag des Monats Juni im Kreise militärischer und lokaler Honoratioren,

organisiert vom Comité du Monument National de l'Hartmannswillerkopf/Vieil Armand, stattfinden. Den Eingang der durch einen grabenartigen Zugangsweg zu erreichenden Krypta flankieren zwei durch ein Schwert charakterisierte Siegesengel, wiederum gestaltet von Bourdelle. Eingeweiht wurde das Monument am 9. Oktober 1932 durch den Präsidenten der Republik, Albert Lebrun, im Beisein des Général und Vorsitzenden des Komitees, d'Armau de Pouydraguin. Während des Zweiten Weltkrieges, im Frühjahre 1941, bestanden bei der deutschen Zivilverwaltung und der NSDAP-Gauleitung Bestrebungen, das »Schandmal« auf dem HK samt der Krypta zu entfernen und einzuebnen, um Platz für ein deutsches Ehrenmal zu schaffen. Kurz vor der geplanten Sprengung wurde Einhalt geboten, möglicherweise von Wehrmachtseite, um die Zusammenarbeit mit der Vichy-Regierung nicht zu belasten. Alljährlich am letzten Sonntage im September findet auf dem bereits am 1. Oktober 1922 eingeweihten Friedhof am Silberloch inmitten der gleichförmigen Grabkreuze mit der Aufschrift »Mort pour la France« der Regimentstag des 15–2° Régiment d'Infanterie aus Colmar, der berühmten »Diables rouges«, statt, bei dem auch in einem geschickten symbolischen Arrangement in Erinnerung an den ersten deutschen Angriff im Januar 1915 und der dramatischen Verteidigung der Alpenjäger in der Ringburg die hilfeheischenden Claironrufe von der Höhe des Gipfels ertönen.
Einen gemeinsamen deutsch-französischen Soldatenfriedhof finden wir im Waldfriedhofe in GUEBWILLER am südwestlichen Ortsrande. Er wurde als deutscher Soldatenfriedhof im Juli 1915 durch General Gaede eingeweiht. Dort ruhen aus den Kämpfen des Ersten Weltkrieges 910 Deutsche und 281 Franzosen in Einzelgräbern sowie 153 Deutsche und 162 Franzosen in Massengräbern; aus dem letzten Weltkriege haben 175 deutsche Soldaten Aufnahme gefunden. Hier wurde auch Oberst Moß, Kommandeur LdwInfRgt 87, der am 28. April 1915 in vorderster Stellung an der Stelle der nach ihm benannten Moß-Sappe gefallen ist, zur letzten Ruhe gebettet. Ein gesondert aufgestellter Gedenkstein am Eingange des Friedhofes mit einer in den Stein eingelassenen Figur erinnert an David Bloch aus Gebweiler, einen jüdischen Elsässer in französischen Diensten, der im Flugzeug mit Brieftauben aus Frankreich ins Elsaß gebracht worden war, nach einer mißglückten Notlandung bei Merxheim unter falscher Identität gefaßt werden konnte und am 1. August 1916 als Spion erschossen wurde. Südwestlich von Mülhausen liegen in ILLFURTH an der D432 jenseits der den Ortskern berührenden Eisenbahnlinie 964 Gefallene, von denen 539 in einer gemeinsamen Grabanlage bestattet sind.
Um den einstigen Kriegsschauplatz der Schlacht um Münster und den Lingekopf herum gruppieren sich eine Reihe mehr oder weniger großer

Kriegerfriedhöfe mit den bedeutendsten am Brennpunkt des Geschehens selbst. Im Unterschied zum Hartmannsweilerkopfe fanden hier die Opfer einer mörderischen Schlacht zwar keine gemeinsame, aber eine im Umfeld ihres seinerzeitigen Einsatzgebietes liegende Ruhestatt. Am Kreuzungspunkte der von Trois-Épis kommenden D11^{VI} und der von Munster über Hohrodberg führenden Serpentinenstraße D5^{BI} liegt, leicht ansteigend, der deutsche Soldatenfriedhof HOHROD/BÄRENSTALL (976 m). Bereits während des Krieges befand sich an der Stelle der Kreuzung unterhalb des Schratzmännele ein provisorischer Friedhof, von welchem noch heute zwei Steindenkmäler, eines davon in Pyramidenform, Zeugnis ablegen. Den Platz des heutigen, 1928 und 1973 erweiterten Friedhofes nahmen während der Großkampftage am Lingekopfe Stab und Eingreifkompanien des Gardejägerbataillons ein. Der in den letzten Jahren vom Volksbund würdig hergerichtete Ort, straßenseitig eingerahmt von einer Feldsteinmauer und bewacht von einem ehemaligen Straßenbeobachtungsbunker des Ersten Weltkrieges, ist belegt mit 1497[81] Einzelgräbern, alle seit 1973 in einheitlichem Stile in Gestalt schwarzer Metallkreuze, und einer den Südrand einnehmenden gemeinsamen Grabanlage mit 942 Gefallenen, deren Namen auf großen, rechteckigen Metallplatten festgehalten sind. Flankiert wird dieser Bereich von zwei mit Metallkreuzen gezierten, gedrungenen, quadratischen »Wachtürmen«, deren rechter die Sinngebung des Sinnlosen in der Art des berühmten Epigramms des Griechen Simonides von Keos (um 556–um 467 v. Chr.) nachvollzieht: »Wanderer, verweile in Andacht/Und künde zu Hause,/Wie wir als Männer gefallen/In Treue zur Heimat.« Besonders auffällig in dem Walde von Metallkreuzen erscheinen die den alttestamentarischen Gesetzestafeln nachgebildeten hellen Sandsteingrabmale für die im deutschen Heere als Musketiere, Wehrmänner und Landsturmmänner in Erfüllung ihrer Pflicht gefallenen Deutschen jüdischer Abkunft.

Auf der anderen Seite des Bergmassivs hat der französische Staat für seine Kriegstoten am Col du Wettstein (882 m) hinter dem Wege-T der vom Lingekopf herabführenden D11^{VI} und der den Paß kreuzenden D48 von Orbey nach Soultzeren den CIMETIÈRE DES CHASSEURS in den Jahren 1921/24 angelegt. Die Ankündigung der deutschen Verteidiger des Lingemassivs, dieser werde das Grab der französischen Jäger werden, scheint sich hier erfüllt zu haben. Um ein den Friedhof dominierendes Steinkreuz mit der mahnenden und erinnernden Aufschrift »PAX/Aux morts du Linge« herum gruppieren sich zwei Massengräber mit 720 (Ossuaire Nr. 1) und 615 (Ossuaire Nr. 2) unbekannten Kämpfern, umrahmt von 2184 Steinkreuzen (zusätzlich 49 mohammedanische Grabstelen) der Art, wie wir sie bereits auf dem Hartmannsweilerkopfe kennengelernt haben und wie sie einheitlich und verbindlich vom »Souvenir Français« festgelegt worden sind. Während die deutschen Soldatenfriedhöfe auf plastischen bildhauerischen Schmuck weitgehend verzichten, finden wir auf der anderen Seite häufig realistische Darstellungen des Kampfgeschehens; hier ruht ein toter Krieger aufgebahrt gleichsam auf dem Altar des Vaterlandes vor dem Steinkreuz, die Waffe ist ihm entglitten, die Finger im Todeskampfe verkrampft. Eine unterhalb angebrachte Plakette zweier Soldaten der Diables rouges und Diables bleus erinnern an deren heldenmütige Angriffsleistungen am Lingekopfe. Den Sockel des Kreuzes bedecken Bronzeplaketten mit allen hier vertretenen Einheiten und Verbänden von Infanterie, Kavallerie, Artillerie und Genie-Truppe sowie der aktiven Jägerbataillone, insgesamt etwa 3 600 Tote. Auf beiden Friedhöfen, Bärenstall und Wettstein, finden am zweiten Augustsonntag gemeinsame Gedenkfeiern zu Ehren der Gefallenen statt. [Komitee Bärenstall in der Union des Friedens in soldatischer Kameradschaft e.V., ObstLt a. D. Dr. Horst Rohde, Rebsteige 4, 79241 Ihringen-Wasenweiler, Tel.: 07668/94246]

Außer diesen beiden zentralen Anlagen im unmittelbaren Kampfbereiche finden wir im weiteren Umfeld der Schlacht kleinere Grablegen von Soldaten beider Seiten. In MUNSTER grenzt ein relativ kleiner militärischer Friedhofsteil an den zivilen Teil; neben 382 Toten des Ersten Weltkrieges liegen 32 des folgenden Krieges. Dagegen weist die Terrassenanlage des deutschen Soldatenfriedhofes auf dem Krähenberge südwestlich von BREITENBACH unterhalb des Ilienkopfes, ca. 4 km südwestlich von Munster, eine den Friedhof am Bärenstall übertreffende Zahl von 2 271 Toten in Einzelgräbern und 1 085 in einem Kameradengrabe auf, die vornehmlich auf die heftigen Abwehrkämpfe um den Sperriegel bei Metzeral zurückzuführen sind und zu einem beträchtlichen Teile dem Reserve-Infanterieregiment 74 angehörten. Auch 172 Gefallene des Zweiten Weltkrieges haben hier Aufnahme gefunden. Der Friedhof war im Jahre 1920 von Frankreich angelegt und 1928 erweitert worden; schließlich wurden 1978 die Holzkreuze durch das dauerhaftere Metall ersetzt.

Dem ursprünglichen Frontverlauf entsprechend, befinden sich im oberen Fechttal hinter Metzeral zwei französische Friedhöfe vor MITTLACH an der D10^{VI} (Cimetière National du Chêne Millet mit 1 760 Einzelgräbern und 855 in einem Ossuaire Beigesetzten) und südlich von SONDERNACH talaufwärts an der D10 (Cimetière National du Bois de Maettle mit 381 Einzelgräbern). Auch in unmittelbarer Nähe eines anderen Kriegsschauplatzes, zwischen dem heiß umkämpften Buchenkopfe und dem Immerlinskopfe (1 218 m), haben französische Soldaten in einem dunklen Waldstück ihre letzte Ruhe gefunden. Der »Cimetière Duchesne« (1 121 m) unterhalb des TÊTE DU FAUX (nur zu Fuße über den markierten Wanderweg G. R. 532 erreichbar) erinnert in einem Obelisk an den Namensgeber des Friedhofes, Commandant Henri Duchesne, Bataillonskommandeur im 215e R. I., der beim »Assaut de Grimaud« am 2. Dezember 1914 gefallen ist. Eine zweite Seite dieses Steines gedenkt der für Frankreich gefallenen Waffenbrüder im 14^{e} BCP mit der zeitlichen Angabe »Juni 1915«. Ein Massengrab birgt die sterblichen Reste von 116 Kämpfern, weitere 294 einzelne Grabkreuze künden von individuellen Schicksalen in jenem Völkerringen. Ein ehemaliger, auf der gegenüberliegenden Nordseite des Buchenkopfes gelegener deutscher Soldatenfriedhof ist heute nicht mehr existent.

Hinter dem früheren deutschen Frontverlauf, sozusagen bereits in der Etappe, befinden wir uns in Les TROIS-ÉPIS (673m). Nordostwärts des alten Wallfahrts- und Luftkurortes an der D11 nach Ammerschwihr bietet sich dem Besucher eine besonders ansprechend gestaltete, 1973 erweiterte kleine Gräbergruppe mit 259 Toten des Krieges 1914–1918 und 14 Gefallenen des letzten großen Völkerringens. Im nahegelegenen COLMAR, vor dem Kriege eine starke preußische Garnison, überwiegen die Toten französischer Nation. Der neben dem französischen Zivilfriedhof an der Ladhofgasse im Norden Colmars mit 868 Deutschen belegte Friedhof, der 1972 mit Steinkreuzen ausgestattet wurde, weist darüber hinaus 488 französische Soldaten des Ersten und 1723 des Zweiten Weltkrieges aus, die in der Schlacht um die »Poche de Colmar« im Frühjahr 1945 den Soldatentod fanden. An dieses letzte kriegerische Ereignis erinnern auch zwei Friedhöfe in der näheren Umgebung Colmars: Einmal der 1975 eingeweihte deutsche Soldatenfriedhof hart nordwestlich des im letzten Kriege heiß umkämpften BERGHEIM nahe Ribeauvillé unterhalb der Hohkönigsburg, der mit 5 307 Toten des Zweiten Weltkrieges als Sammelfriedhof für das Oberelsaß gelten kann, sind hier doch Gefallene von 225 Orten auf dem Grasberge zusammengeführt worden. Zwei Täler weiter südlich, auf den nördlichen Höhen des in den letzten Kriegstagen stark zerstörten, nördlich von Colmar gelegenen SIGOLSHEIM mit seiner romanischen Peter- und Paul-Kirche aus dem 12. Jahrhundert erstreckt sich mit weitem Blick in die elsäßische Landschaft und die Rheinebene eine terrassenförmig angelegte »Necropole nationale« für 1589 französische, im Oberelsaß in der Endphase des Krieges im Verbande der 1ère Armée française Rhin et Danube Gefallene, die, zuvor weit verstreut auf kommunalen, kirchlichen oder Soldatenfriedhöfen gelegen, auf diesen »Blutberg« umgebettet wurden. Unter den gewohnten Grabkreuzen der am 2. Mai 1965 eingeweihten Totenstätte fallen 792 Grabplatten für die Soldaten muselmanischer Religion auf. Eingebunden in das Konzept dieser Toteninsel öffnet sich absteigend zur Ebene an der nach Osten geneigten Bergnase

eine gemauerte Rotunde mit der Erinnerung an den Anteil der amerikanischen Streitkräfte bei der Befreiung des Elsaß. Eine Pyramide, auf deren Spitze das Sternenbanner weht, nennt die Namen der beteiligten Einheiten und Verbände, die an den Kämpfen um die »Poche de Colmar« in den Januar- und Februartagen des Jahres 1945 beteiligt waren: neben dem 21. US-Army Corps mit 3., 28., 75. Infanterie-Division und 12. Panzer-Division die 36., 45., 63. und 103. Infanterie-Division. Weniger einen Friedhof denn eine Gedenkstätte stellt die Erinnerungsstätte am Orte der ehemaligen Jebsheimer Mühle wenige hundert Meter am nordwestlichen Ortsausgange von JEBSHEIM dar. Hier fanden vom 25. bis 29. Januar 1945 erbitterte Rückzugskämpfe der Wehrmacht, besonders des II. und III. GebJgRgt 136, mit alliierten Truppen – Amerikanern (254th US-I.R.) und Franzosen (Fremdenlegionäre, Fallschirmjäger) – statt, in deren Gefolge die Mühle und der gesamte Ort zerstört wurden und 900 Soldaten neben 2 000 Verwundeten den Tod fanden. Ursache für diesen verbissenen und teilweise gegen die Kriegsgesetze verstoßenden Kampf seitens der Alliierten war eine etwa 2,5 km große Lücke in der HKL zwischen Grussenheim, Jebsheim und dem Kanal, die zur Sicherung des laut Führerbefehls unbedingt zu haltenden Colmarer Brückenkopfes schnellstens zu schließen war, um einer alliierten ostwärtigen Umfassung zuvorzukommen. Eine Privatinitiative dreier ehemaliger Mitkämpfer führte zur Errichtung eines von drei Pfeilern gestützten Kreuzes, symbolisch die drei kriegführenden Nationen verkörpernd. Die dreisprachige Inschrift lautet: »Sie sind im Tode vereint. Laßt uns auch im Frieden einig sein.« Am 12. Juni 1988 eingeweiht, findet alljährlich am 2. Sonntage im Juni ein internationales Treffen an diesem Orte statt [Association de La Croix du Moulin, F-68320 Jebsheim]
Nahe beim Hartmannsweilerkopfe, am nordwestlichen Ortsende von WUENHEIM (353 m), mahnt ein von der A.D.E.I.F. (L'Association des Evadés et Incorporés de Force) errichtetes Friedenskreuz in einer kleinen Anlage am Roten Rain für die 130 000 Einberufenen zum Wehrdienste, 40 000 Toten oder Vermißten, 30 000 Verwundeten und 10 000 Flüchtlingen in den Jahren 1942 bis 1945. Eine Besonderheit in der langen Reihe der Soldatenfriedhöfe im Oberelsaß nimmt der sog. Rumänenfriedhof im Schäfertale an der D40 zwischen SOULTZMATT und SCHWEIGHOUSE ein. Nach dem Feldzuge Falkenhayns gegen Rumänien waren dort gemachte Kriegsgefangene auch der Armeeabteilung B zum Arbeitsdienst im Straßenbau zugeteilt worden. Beim Lager Schäfertal wurde im Frühjahr 1917 für die verstorbenen Lagerinsassen ein kleiner Friedhof angelegt, auf welchem dann nach dem Kriege die auf insgesamt 35 kleineren Friedhöfen im Oberelsaß beigesetzten 687 von insgesamt 2 344 während des Krieges verschiedenen Rumänen ihre letzte Ruhestätte fanden.

Wie schon gezeigt, handelt es sich bei all diesen Friedhöfen um Anlagen der Zeit nach den Kriegen, die weniger den Geist militärischer Frontkameradschaft denn die geistig-politische Gemengelage einer siegreichen laizistischen Republik, die aus diesem Kriege gestärkt hervorgegangen war, widerspiegeln. Da sich diese Haltung jedoch eher in den ikonographischen Auswahlkriterien der Denkmalkultur manifestierte und die Struktur eines Militärfriedhofes ohnehin international ähnlichen Kriterien huldigte, dürfte von Interesse sein, wie soldatische Mentalität selbst den allgegenwärtigen Tod verarbeitete und ihn darstellte. Bis auf wenige Ausnahmen sind die im Kriege angelegten Begräbnisstätten verschwunden, da die dort Beigesetzten entweder auf zentrale, allgemein zugängliche Plätze umgebettet oder aber, auf Antrag der Hinterbliebenen, in die Heimat überführt wurden. So sind wir bei der Begehung des Gefechtsfeldes auf zeitgenössische Hinweise oder auf die Beschaffenheit des Geländes wie e. g. auffallende Immergrün-Bepflanzung oder terrassierte Flächen angewiesen, wollen wir die früheren Begräbnisstätten rekonstruieren.
Nur noch rudimentär ist am LINGEKOPF die Stelle des einstigen Friedhofes zu erkennen. Unmittelbar hinter der dritten deutschen Linie in der Nähe des heutigen Museums läßt sich anhand eines Sockelaufbaues und alter Bilddokumente dessen Lage erahnen. So nahe am Kampfraum handelte es sich allerdings nicht um eine der üblichen Einzelgräberanlagen, sondern um ein Massengrab für die während der Großkampftage des Sommers 1915 Gefallenen. Auf dem Schlachtfelde des Lingekopfes selbst erinnern vereinzelte weiße (F) und schwarze (DR) Kreuze an Soldaten beider Nationen, die erst bei Grabungen in den 60er und 70er Jahren aufgefunden wurden und namentlich – sofern identifiziert – genannt sind. Schon nach Redaktionsschluß dieses Führers erfuhr der Verfasser von neuerlichen Knochenfunden dreier unbekannter Soldaten bei der Verbreiterung eines Holzabfuhrweges am Schratzmännele.
Der HARTMANNSWEILERKOPF dagegen weist auch heute noch in der Natur gut zu erkennende frühere Friedhöfe aus der Zeit des Ersten Weltkrieges auf. So befindet sich im Bereiche der Cuisse droite zwischen Ulanenfriedhof und Kantine beim ehemaligen Pionierdorfe ein aufgelassener Totenacker. Hier hatte das lange Zeit am HK liegende Landwehr-Infanterie-Regiment Nr. 124 aus Württemberg gegen Kriegsende einen gewaltigen, terrassenförmigen Sammelfriedhof durch Lt. Herkomer anlegen lassen, an dessen höchster Stelle der Mittelachse ein Sandsteinbrunnen der Toten des Unglücks vom 28. Januar 1917 im Ziegelrückenstollen gedenkt. Dem mit Immergrün bedeckten Friedhof, auf dem jedes Gefallenen mit einem einheitlichen Stein gedacht wurde, reihte sich wenige Meter weiter der der Badischen Pioniere 14 an, heute

nur noch am ebenfalls immergrünen Bewuchse wahrzunehmen. Auch bei Kurve 6 und beim deutschen Jägerdenkmal, also bereits im eigentlichen Kampfgebiet, war der Tod in den Gefechtspausen präsent. Allein drei Friedhöfe gruppierten sich um Kurve 6, davon einer für die beim Sturme während der Weihnachtstage 1915 gefallenen Franzosen in dem von der Kurve umschlossenen Raume hinter den Fundamenten des einstigen Materiallagers aus den Tagen des Zweiten Weltkrieges, als hier die Wehrmacht den Gebirgskrieg übte. Am Hang vor dem Jägerdenkmal (840 m) mit weitem Blick in die Rheinebene hatte sich das Reserve-Jägerbataillon Nr. 8 seinen Begräbnisplatz angelegt. Oberhalb des Tanzplatzes, am Hangwege, in unmittelbarer Nähe der Frontlinie, befand sich der Jägerfriedhof, über dessen Eingang der Text eines hölzernen Schildes die 'Sinngebung des Sinnlosen' zu artikulieren suchte: »Überstanden ist die Hölle der Granaten und Schrapnelle; Durst, Hunger, Frost und Fieber, Sturm und Regen sind vorüber; Mutterschoß ist warm und weich. Die Ihr Blut, Leib und Leben für's Vaterland dahingegeben, tote Brüder, ruht nun aus. Keine Schmerzen oder Schrecken können hier vom Schlaf Euch wecken; ruhet aus, Ihr seid zu Haus.« Schon in der »Etappe«, zwischen Jägertanne und Ziegelrücken auf Höhe 530 m, weist ein erhaltenes Portal auf den am Allerseelentage des Jahres 1916 eingeweihten »Ehrenfriedhof« des Landwehr-Infanterie-Regiments Nr. 99 hin, von dem, außer einem erhaltenen Gedenkstein für die Gefallenen des IV. Bataillons (13.–16. Kp) in den Tagen des 21.–24. Dezembers 1915, wieder nur noch das unverwüstliche Immergrün den Charakter eines Soldatenfriedhofes andeutet. Im Laubachlager unterhalb der Kurve 7, wo neben Angehörigen des Lauenburgischen Jäger-Feld-Bataillons Nr. 9 auch Gefallene der Quinze-deux (152^{e} R.I.) beigesetzt waren, finden wir heute noch zwei deutsche Einzelgrabstellen und eine Doppelgrabstelle mit gut erhaltenen Steinen, deren eingesetzte granitene Inschriftentafeln den Tod der Kameraden Gefreiter Emil Stieger (1892–1916), Jäger Franz Wiedenhorn (1895–1916), Jäger Fritz Splettstösser (1894–1916) und Gefreiter Otto Schultz (1891–1916) beklagen. Noch zahlreicher weiterer Begräbnisstätten auf dem Hartmannsweilerkopfe soll gedacht werden, so beispielsweise des französischen Jägerfriedhofes (Cimetière des Chasseurs, dit de Bonnegoutte), von dem der einzige noch erhaltene Gedenkstein im Walde beim Guttenbachrunz die bekannten Worte Victor Hugos wiederholt, oder des französischen Soldatenfriedhofes am Namenlosen Hang/Crête sans Nom, dessen einstige Stelle ein Erinnerungsstein an den dort ehedem beigesetzten Leutnant Viollet[82] kennzeichnet, oder der verschwundenen französischen Friedhöfe »Bains-Douches« an der letzten Kurve der Route des Crêtes vor dem Silberloch, wo sich seinerzeit nahe dem Sihlbächle auch die Waschgelegenheiten befanden, und des am Chemin des Dames am

Fuße des Namenlosen Hanges gelegenen Friedhofs »Camp des Dames«. Schließlich muß ein Totenacker besondere Erwähnung finden, der zwar auch seiner einstigen Bestimmung entkleidet ist, da seine Toten längst schon auf dem Sennheimer Soldatenfriedhof ihre endgültige Ruhestätte gefunden haben, der aber dank des Engagements der Mitglieder des Vereins »Les Amis du Hartmannswillerkopf« in einer dem seinerzeitigen Zustande angenäherten Gestaltung erhalten geblieben ist. Der wegen der zu Anfang des Krieges in seinem Abschnitt am Osthang im Camp des Uhlans liegenden Kavallerietruppe genannte »Ulanenfriedhof« verbirgt sich in einer kleinen, das Sonnenlicht absorbierenden Fichtenenklave inmitten des Laub- bzw. Mischwaldes in 600 m Höhe unterhalb des Dickbuchenweges. Angelegt wurde er 1915 bei den schweren Kämpfen am Sandgrubenkopf und Rehfelsen von den dort eingesetzten Einheiten der Potsdamer Gardejäger und des Landwehr-Infanterie-Regiments Nr. 56 aus dem Ruhrgebiet. In einem rechteckigen, leicht ansteigenden Areal, das an der Eingangsseite mit einer niederen Mauer aus Steinquadern begrenzt wird, finden wir, fünffach gereiht, auf 35 Grabstellen die Namen von 51 Soldaten. In den Kampfpausen und Ruhephasen schufen die Soldaten hier ihren gefallenen Kameraden liebevoll gestaltete Zeugnisse ihrer Verbundenheit auch im Tode. Die Steintafeln sind vielfach geziert mit dem Eisernen Kreuze und grünem Eichenbruch, dem traditionellen Zeichen der Jägertruppe. Ein Denkmal am Eingang zum Friedhof, errichtet vom Landwehr-Infanterie-Regiment 56, zitiert einen häufig in solchem Rahmen verwendeten Grabspruch und ist somit auch repräsentativ für soldatischen Totenkult im Felde:

»Deutscher, entblöße Dein Haupt,
Du stehst an heiligem Orte.
Gräber, vom Sturme entlaubt,
Verkünden gewaltige Worte.
Helden, gefallen im Ringen
Deutschlands um Ehre und Sein,
Nie soll ihr Name verklingen,
Geheiliget soll er uns sein.«

Auskünfte zu den deutschen Soldatenfriedhöfen erteilt der Volksbund Deutsche Kriegsgräberfürsorge e.V., Postfach 103840, Werner-Hilpert-Str. 2, 34112 Kassel, der auch mit seinen Druckwerken »Am Rande der Straßen« Atlanten mit Hinweisen zu sämtlichen deutschen Soldatenfriedhöfen zur Verfügung stellt. Über die Internet-Adresse http://www.volksbund.de können neuerdings neben Informationen zu 150 Soldatenfriedhöfen in ganz Europa auch die Namen von Gefallenen des Zweiten Weltkrieges recherchiert werden.

XI. Kriegsgeschichtliche Museen

Das Elsaß, Kulturland im Grenzbereiche zwischen gallischem und germanischem Einfluß, ist überreich an kulturgeschichtlichen und kunsthistorischen Zeugnissen, die sich nicht nur in den Stadtbildern und in der Landschaft manifestieren, sondern auch in bedeutenden Museen ihren Platz gefunden haben. Repräsentativstes Beispiel im Oberelsaß dürfte sicher die alte Reichsstadt Colmar sein, deren äußeres Erscheinungsbild mit den seine Museen beherbergenden Kunstwerken eine symbiotische Paarung eingegangen ist. Erinnert sei nur an das wohl berühmteste und bedeutendste Dokument im Ausgang des Mittelalters zur frühen Neuzeit, den Isenheimer Altar von Mathis Gothart Nithart gen. Grünewald, im Unterlinden-Museum [*Musée d'Unterlinden, Place d'Unterlinden, F-68000 Colmar, Tel.: 0033-389201550. Geöffnet vom 1.4.–31.10. 9.00–18.00 Uhr, 1.11.–31.3. tgl. außer Dienstag 10.00 – 17.00 Uhr. Geschlossen 1.1., 1.5., 1.11. u. 25.12; Eintritt: 35 Frs, Gruppen ab 15 Pers. 30 Frs*], das darüberhinaus mit weiteren wertvollen Kunstwerken dieser Zeit eines gewaltigen Umbruches, so von Martin Schongauer und Caspar Isenmann, um nur die bekanntesten Vertreter zu nennen, aufwarten kann. Hierauf einzugehen, kann ebensowenig Aufgabe dieses Führers sein wie auf die zahlreichen Orte mit anderen Sammlungsschwerpunkten hinzuweisen, wie beispielsweise die Humanistische Bibliothek der 1542 gegründeten Lateinschule [*Bibliothèque humaniste, rue de bibliothèque, F-67600 Sélestat, Tel.: 0033-88920324. Geöffnet 9.00–12.00 u. 14.00–18.00 Uhr, geschlossen Sonnabendnachmittag und Sonntag außer im Juli u. August und an Feiertagen; Eintritt: 20 Frs*] im schon im Dép. Bas-Rhin, jedoch nicht weit von Colmar entfernt, liegenden Schlettstadt, oder das Elsässische Freilichtmuseum [*Écomusée d'Alsace, F-68190 Ungersheim, Tel.: 0033-389744474. Geöffnet tgl. April, Mai 9.30-18.00 Uhr, Oktober 10.00–17.00 Uhr, Juni u. September 9.00–18.00 Uhr, Juli–August 9.00–19.00 Uhr, November-Februar 10.30–16.30 Uhr, März 10.00-17.00 Uhr; Eintritt: 78 Frs, Gruppen ab 20 Pers. 58 Frs, Nov.-März 54 (45) Frs*] nördlich von Mulhouse zwischen Pulversheim und Ungersheim (Ausfahrt Pulversheim der D430, D2 nach Pulversheim, links ab D429), das Automobilmuseum der Brüder Schlumpf [*Musée national de l'Automobile, 192, avenue de Colmar, F-68100 Mulhouse, Tel.: 0033-389332323, Fernkopierer: 0033-389320809. Geöffnet tgl. außer Dienstag von 10.00–18.00 Uhr, 1.5.–30.9. tgl.; Eintritt: 60 Frs, Gruppen 46 Frs*] oder das Französische Eisenbahnmuseum [*Musée français du Chemin de fer, 2, rue Alfred-de-Glehn, F-68200 Mulhouse, Tel.: 0033-389422567, Fernkopierer: 0033-389424182. Geöffnet tgl. April-September von*

9.00–18.00 Uhr, Oktober-März von 9.00–17.00 Uhr] in der »Stadt der zwölf Museen« Mülhausen. So sei für den kulturgeschichtlichen Sektor auf die im Literaturverzeichnis genannten Reiseführer sowie auf die in den jeweiligen Fremdenverkehrseinrichtungen (Office de Tourisme, Syndicat d'Initiative) aufliegenden Verzeichnisse und Hinweise verwiesen.

In die Zeit des 17. und 18. Jahrhunderts versetzt uns das historische Museum der Stadt HUNINGUE, das die Entwicklung des Ortes zur Festungsstadt dokumentiert. Gerade das Fehlen der ehemaligen Fortifikation im heutigen Weichbilde Hüningens läßt den Museumsbesuch besonders empfehlenswert erscheinen, um die historische Bedeutung dieser Grenzfeste beurteilen zu können.

MUSÉE HISTORIQUE ET MILITAIRE de Huningue, F-68332 Huningue, 4-6, rue des boulangers, Tel.: 0033-389691780, Fernkopierer: 0033-389692005. Geöffnet jeden 1. und 3. Sonntag im Monat von 14.30–17.30 Uhr. Im August geschlossen

Auf dem Schlachtfelde am LINGEKOPFE, das selbst schon musealen Charakter trägt, existiert ein in jüngster Zeit erweitertes Museum, das den historischen Bezug zur lokalen Situation mittels Dioramen, Ausrüstungsgegenständen, Bewaffnung und Tonbildschauen (Dauer: 14 Minuten) herzustellen sucht. In seiner Feldsteinmauerung und der dem Niveau des Gefechtsfeldes angenäherten blockhausartigen Bunker-Bauweise paßt es sich geschickt dem Gelände an. Das unmittelbar am Eingange zum Gefechtsfeld liegende Museum am Lingepaß kann aus ostwärtiger Richtung auf der $D11^{VI}$ von Colmar – Trois-Épis über den Kamm kommend, aus südlicher vom Fechttal über die $D5^{BI}$ von Hohrodberg, aus westlicher vom Col du Wettstein über die $D1^{VI}$ und aus nördlicher über Kaysersberg–Orbey–Pairis auf der D48 erreicht werden. Unterhalten wird das Museum von der Association du Mémorial du Linge, Führungen werden angeboten durch den Vizepräsidenten Marcel Maire, 8 rue de la graine-champ, F-68370 Orbey Cedex, Tel.: 0033-389712354, und den Verfasser selbst (D-79102 Freiburg i. Brg., Brombergstraße 24, Tel.: 0761/700879).

MUSÉE MÉMORIAL DU LINGE 1914–1918, Le Linge, Association du Mémorial du Linge, B.P. 173, F-68003 Colmar Cedex, Tel.: 0033-389772997 (während der Öffnungszeiten), oder 389410327. Geöffnet: 15. April–1.November von 9.00–12.30 Uhr u. 14.00–18.00 Uhr. Eintritt: 12 Frs, Gruppen ab 10 Pers.: 10 Frs, Soldaten und Jugendliche bis 16 Jahre frei

Ein ähnliches, jedoch wesentlich kleineres und anspruchsloseres Kabinett aus Fundstücken des fast vierjährigen Ringens am Hartmannsweilerkopfe und zeitgenössischen Photographien zeigt das Museum in der Krypta des HARTMANNSWEILERKOPFES, das zusammen mit dieser besichtigt werden kann. Soldaten haben auch hier selbstverständlich freien Eintritt. Anfragen und Führungswünsche zum Champ de Bataille de l'Hartmannswillerkopf können gerichtet werden an »Les Amis du Hartmannswillerkopf«, 10, rue de Rimbach, F-68500 Jungholtz, Tel.: 0033-389761273, oder an das Comité du Monument national du Vieil-Armand Hartmannswillerkopf, F-68500 Guebwiller, Tel.: 0033-389810413, und an den Verfasser.

MONUMENT NATIONAL DE L'HARTMANNSWILLERKOPF, Route des Crêtes (D431), F-68700 Wattwiller, über Office de Tourisme de Cernay, 1, rue Latouche, F-6870 Cernay, Tel.: 0033-389755035, Fernkopierer: 0033-389754924, oder M. Raymond Zimmermann, Président du Monument National du Vieil Armand, Tel.: 0033-389231203. Geöffnet: 1.4.–31.10. u. 11.11. von 8.30–12.00 Uhr u. 14.00–18.30 Uhr. Eintritt: 5 Frs, Kinder und Gruppen ab 10: 4 Frs

Das dem Hartmannsweilerkopfe benachbarte Thurtal aufwärts lädt in ST. AMARIN ein dem ehemaligen Kommandeur des 66e Régiment d'Infanterie, Général Marcel Serret, gewidmetes Museum speziell zum Geschehen am »heiligen Berge« dieser Gegend zum Besuche ein. Exponate vom Kriegsschauplatze und zeitgenössische Bilder lassen die Situation der Kriegsjahre am Berge und im Tale, in dem der Nachschub für die kämpfende Truppe herangeführt wurde, erst eigentlich deutlich werden.

MUSÉE SERRET, 3, rue Clemenceau, F-68550 St. Amarin, Tel.: 0033-389382424 oder 389382466. Geöffnet tgl. außer Dienstag von 1.5.-30.9. 14.00–18.00 Uhr; Eintritt: 20 Frs, Gruppen ab 15 Pers. 15 Frs

Dem gesamten Komplex der Kriege zwischen den beiden heute befreundeten »Erbfeinden« sucht sich das in einem erhaltenen Turme der ehemaligen Stadtbefestigung (Porte de Thann am westlichen Ausgange des Ortes) in CERNAY untergebrachte Museum zu nähern. Das am linken Ufer der Thur gelegene Sennheim, das im Ersten Weltkriege besonders zu leiden hatte, wurde wieder neu aufgebaut; Teile der mittelalterlichen Mauer konnten gerettet werden.

MUSEUM ZU DEN DEUTSCH-FRANZÖSISCHEN KRIEGEN, Porte de Thann, F-68700 Cernay, Tel.: 0033-389755372. Geöffnet: Juni–September 10.00–11.30 Uhr und 15.00–17.30 Uhr, dienstags und an Sonn- und Feiertagen geschlossen. Eintritt: 25 Frs, für Gruppen 10 Frs

In Vaubans Zeiten zurück führt uns das kleine Festungsmuseum in NEUF-BRISACH. Das am 16. Februar 1957 eröffnete »Musée Vauban«, das neben einem Modell der Festung zeitgenössische Dokumente wie Pläne, Manuskripte und Ausstellungsstücke wie Portraits unter besonderer Berücksichtigung Vaubans, Kupferstiche und Waffen bietet, befindet sich im südwestlichen Teile der Festungsstadt im Belforter Tore, das nach seiner Errichtung 1701 dem ersten Gouverneur des Platzes, Général de division de Laubanie, als Logis diente. Danach beherbergte es wechselnde militärische Dienststellen sowohl der französischen wie auch, in der Zeit der Zugehörigkeit zum Deutschen Reiche, preußisch-deutschen Armee. Vom Museum aus bietet sich ein Rundgang um die gesamte Festung im Festungsgraben an (2 km, ca. 1 $^1/_2$ Stunden), bei dem sich Eigenart und System dieses befestigten Platzes erst ganz erschließen.

MUSÉE VAUBAN, Porte de Belfort, F-68600 Neuf-Brisach, Tel.: 0033-389725168 (Mairie) oder 0033-389725666, Fernkopierer: 0033-389729173 (Office de Tourisme). Geöffnet: 1.4.–31.10. (außer Dienstag) von 10.00–12.00 Uhr u. 14.00–17.00 Uhr (sonntags 18.00 Uhr). Eintritt: 15 Frs, Kinder bis 18 J. und Gruppen ab 15 Pers. 10 Frs.

Vergleichend hierzu kann auch das reich ausgestattete Festungsmuseum in BELFORT besucht werden, das zwar verwaltungsmäßig nicht mehr zum Oberelsaß gehört, sondern seit 1871 als bei Frankreich verbliebener Rest des Départements Haut-Rhin das eigenständige Département de Territoire de Belfort bildet, das aber in der Kriegsgeschichte des Oberelsaß als Sperre und Ausfallstor aus der Trouée de Belfort eine entscheidende Rolle in den Kriegen seit 1870 spielte. Das Museum befindet sich in der mit dem »Löwen von Belfort« des elsässischen Bildhauers Frédéric-Auguste Bartholdi (1834–1904) aus Colmar geschmückten Zitadelle, dem ehemaligen, von Vauban in seinen pentagonischen Festungsgürtel 1687 integrierten Schloß der Grafen von Pfirt im Sundgau.

MUSÉE D'ART ET D'HISTOIRE (Museum für Kunst und Geschichte), Château de Belfort, F-90000 Belfort. Geöffnet: täglich 10.00–12.00 Uhr, 14.00–17.00 Uhr; dienstags geschlossen. Eintritt: 20 Frs. Tel.: 0033-384542551

Zur Geschichte des Zweiten Weltkrieges im Elsaß unterrichten zwei kleinere Museen in Turckheim und Marckolsheim. Das »Musée Mémorial des Combats de la Poche de Colmar. Hiver 44/45« in TURCKHEIM erinnert an die verlustreichen Kämpfe beim Vormarsch der Alliierten im Oberelsaß. Diesem Thema widmet sich das kleine, in der Ratsgasse gelegene Museum, das nur im Sommerhalbjahre geöffnet ist. Ein Besuch des Museums sollte unbedingt mit einem Rundgang durch die mittelalterliche, mauer- und torbewehrte, durch Nachtwächter geschützte ehemalige Reichsstadt Türkheim verbunden werden, die ihren urbanen Charakter bis heute bewahren konnte.

Hartmannsweilerkopf:
Altar des Vaterlandes über der Krypta des Soldatenfriedhofes am Silberloche

Amerikanischer Soldatenfriedhof in Sigolsheim

Neubreisach: Waffenplatz mit katholischer Kirche St. Louis

»Hartmannsweiler Kreuz«
bei Neuenburg

Hartmannsweilerkopf: Kommandeurstein bei Kurve 2

Hartmannsweilerkopf: Ulanenfriedhof

Lingekopf: Denkmal für die französischen Gefallenen an der Combe-Senke

Hartmannsweilerkopf: Denkmal des 28^{e} BCA an der Stelle der ehem. Ringburg

Reste des Fort Mortier bei Neubreisach

Hartmannsweilerkopf:
Sproesserstein bei Kurve 2

Hartmannsweilerkopf:
Roche Sermet

Blick vom Freundstein
zum Großen Belchen

Lingekopf:
Cimetière des chasseurs
mit Friedenskreuz

Lingekopf:
Deutscher Soldatenfriedhof am Bärenstall; im Vordergrund Grabstein eines jüdischen Gefallenen

Schloß Homburg,
Sitz des AOK der Armeeabteilung Gaede (B)

Lingekopf: Blockhaus

Hartmannsweilerkopf:
Beobachtungsposten
in einem
Schützengraben.
Aquarell von
Kriegsmaler Frost,
November 1915
Quelle: WGM Rastatt

Hartmannsweilerkopf:
Soldatenfriedhof.
Aquarell von Kriegsmaler
Frost, 1915
Quelle: WGM Rastatt

La Poche de Colmar - Ende einer Illusion

Nur viereinhalb Jahre nach dem blitzkriegartigen Vorgehen der Wehrmacht im Frankreichfeldzuge hatte sich das Blatt entschieden gewendet: Die deutschen Truppen standen in heftigem Abwehrkampfe gegen die unaufhaltsam vorrückenden alliierten Verbände. Im Raume um Colmar hatte deutscherseits noch ein letztes Aufgebot den aus Norden über Straßburg vorrückenden Amerikanern und aus der Burgundischen Pforte über Mülhausen Mitte Oktober 1944 vorstoßenden französischen Truppenteilen standhalten können. Gleich einem überdehnten Sperriegel ragte der deutsche Brückenkopf vom Westrande der Vogesen über Colmar bis Neubreisach am Rheine in die elsässische Landschaft. Die vorsichtig operierende Grundhaltung des OB der Alliierten, Eisenhower, ließ allerdings bei eventuellen stärkeren deutschen Angriffen sogar die Möglichkeit eines taktischen Rückzuges bis an die Ostabhänge der Vogesen unter Preisgabe Straßburgs zu, was aus französischen Prestigegründen von de Gaulle verhindert werden konnte. »Als die Deutschen im Januar [1945] im Anschluß an ihr katastrophales Ardennenunternehmen den Rückzug angetreten hatten, wandte sich mein Augenmerk wieder Colmar zu. Mich hatte diese deutsche Stellung, die ja an einem empfindlichen Teil unserer Front lag, schon immer beunruhigt, und so beschloß ich jetzt, unverzüglich damit aufzuräumen. Am 20. Januar begann die Frz. 1. Armee dort anzugreifen...«[83].

In drei Phasen verlief dieser endgültige Rückzug der Deutschen über den Rhein: Nach dem Verluste von Mülhausen (22.XI.) und Straßburg (27.XI.) flauten die Kämpfe erst einmal ab, so daß die 19. Armee mit LXIV. und LXIII. Armeekorps (insgesamt 8 Infanterie-/Volksgrenadier-Divisionen und 1 Panzerbrigade), seit 2. Dezember dem Oberbefehlshaber Oberrhein – Reichsführer-SS Himmler – unterstellt, Gelegenheit erhielt, durch Zuführung von Verstärkung den stark eingedrückten nordwestlichen Bereich des Brückenkopfes zu arrondieren. Das kurzfristig angesetzte Unternehmen »Habicht« vom 12. bis 14. Dezember 1944 war angesichts der katastrophalen Ausstattung der z.T. nicht kampferprobten, zusammengewürfelten Einheiten aus Lehrgangsteilnehmern, Teilen des Ersatzheeres und der Waffen-SS von vornherein zum Scheitern verurteilt. So brachte der durch die Stoßgruppe Süd (189. Infanteriedivision mit Unterstellungen) auf die nördlich von Sigolsheim gelegene Höhe 393 (»Blutberg«) vorgetragene Angriff gegen Teile der 36th Infantry Division erst nach mehrfachen Sturmversuchen den Einbruch; das taktische Ziel, die Vernichtung der vermuteten Artilleriestellungen des Feindes bei Bergheim und Rappoltsweiler in Zusammenwirken mit der Panzerbrigade »Feldherrnhalle« wurde nicht erreicht. Auch der Stoßgruppe Nord (198. Infanteriedivision), angesetzt am rechten Flügel gegen Schlettstadt, gelang es nicht, der Panzerbrigade einen Korridor zu öffnen zum Durchbruch Richtung Hohkönigsburg. Dieser Angriff mußte bereits am Abend des 12. Dezember u. a.

auch wegen jahreszeitbedingter Unpassierbarkeit des Geländes abgebrochen werden. Immerhin konnten die geringen Geländegewinne gehalten und ausgebaut werden. Der beabsichtigte Nebeneffekt dieser Aktion und des Unternehmens »Nordwind« im nördlichen Elsaß, eine Bindung alliierter Truppen vor der am 16. Dezember beginnenden Ardennenoffensive, rechtfertigte jedoch keineswegs die großen Verluste.
In einer zweiten Phase zu Jahresbeginn 1945 sollte die 19. Armee mit dem Unternehmen »Sonnenwende« (7.-12. Januar) in Verbindung mit dem die ins Stocken geratene Ardennenoffensive unterstützenden Unternehmen »Nordwind« der im nördlichen Elsaß mit operativem Ziele der Zaberner Senke vorgehenden 1. Armee eine Brückenkopfbildung nördlich Straßburg forcieren. Nicht bereitgestellte bzw. vom OB Oberrhein freigegebene Verbände, Meinungsverschiedenheiten zwischen 19. Armee und Heeresgruppe G, schließlich fehlende Waffen und Gerät verhinderten einen Erfolg der 198. ID in diesem fünftägigen Ringen. In den Tagen bis zum 20. Januar mußten überdies alle Panzer und Sturmgeschütze zum Einsatze bei der 1. Armee abgegeben werden.
Die letzte Phase dieses Ringens jenseits des Rheines beginnt am 20. Januar 1945. An diesem Tage setzt ein Großangriff der 1ère Armée française und unterstellten US-Verbänden mit überlegenen Kräften gegen die 19. Armee im Brückenkopf Colmar ein, beim LXIII. AK nordwestlich Mülhausen mit anfangs nur geringem Erfolge des Ier CA. Zwei Tage später tritt auch im nur schwach besetzten Abschnitt am Nordflügel der Armee bei Guémar der Gegner (IIe CA) zum Angriff an und drängt das LXIV. AK hinter den Colmar-Kanal zurück. In den nächsten Tagen vermag auch die bruchstückhafte Zuführung der 2. Gebirgsdivision das feindliche Vordringen von beiden Seiten nicht aufzuhalten. Um ein Abschneiden der noch in den Vogesen stehenden Verbände zu vermeiden und gleichzeitig die Nord- und Südflanke des um jeden Preis zu haltenden Brückenkopfes abzustützen, werden diese sukzessive herangeführt. Nach dem Übergang der 3rd Infantry-Division über den Colmar-Kanal am 30. Januar und der Zuführung der 75th Infantry-Division westlich davon droht den ausgeweiteten Linien des Brückenkopfes die Gefahr der Einkreisung und des Abschneidens von den Rheinübergängen bei Neubreisach und Eichwald, eine Möglichkeit, die von der französischen Armee jedoch nicht wahrgenommen wird. Als schließlich am 3. Februar Colmar fällt und sich die von Norden vorstoßenden Amerikaner des XXI. US-Army Corps mit den von Süden kommenden Franzosen des 1er CA bei Rufach vereinigen und den Brückenkopf in zwei Hälften spalten, muß dieser aufgegeben werden. Unter Halten der Nordfront südlich des am 5. Februar genommenen Neubreisach wird die Restarmee, immerhin noch Dreiviertel des früheren Bestandes, unter heftigen Abwehrkämpfen über die einzige Brücke bei Neuenburg und wenige Fähren, die wegen der Wetterlage von der feindlichen Luftwaffe verschont bleiben, auf das Ostufer des Rheines zurück-

verlegt. Ein Führerbefehl gestattet erst am 9. Februar die Räumung des Brückenkopfes Neuenburg. Damit hatte die 21tägige Abwehrschlacht um die »Poche de Colmar« unter hohen Verlusten ihren Abschluß gefunden und die zahlenmäßig schwachen, schlecht ausgebildeten und unzureichend bewaffneten deutschen Truppen wieder auf ihren Ausgangspunkt zu Kriegsbeginn zurückgeworfen. Der blutige Kampf um die Heimat sollte nun erst beginnen. Die Verluste auf beiden Seiten waren beträchtlich. Bei der französischen Armee belief sich die Zahl der Toten auf 1595, die der Verwundeten auf 8583 Offiziere und Mannschaften. Das im Verbande der 1ère Armée eingesetzte XXI. US-Army Corps hatte 542 Tote. Deutsche Zahlen liegen nicht vor und können nur aus Schätzungen des Gegners rekonstruiert werden, der die Gefangenenzahl auf ca. 20 – 22000 Offiziere und Mannschaften angibt. Die Zahl der Toten und Verwundeten wird jedoch deutlich unter den Feindzahlen anzusiedeln sein.

La BATAILLE ET LA LIBÉRATION DE COLMAR, ed. par la Société d'Histoire et d'Archéologie de Colmar, Colmar 1975; Pierre BURGER, La Bataille de Colmar vue et vécue par »ceux d'en face«, in: Annuaire de Colmar, 1965, S. 81-102; Francis LICHTLÉ, L'operation ›HABICHT‹ lancée par les Allemands du 12 au 14 décembre 1944 au nord et nord-ouest de Colmar, in: 4 Sociétés d'histoire de la Vallée de la Weiss, Annuaire 1992, Riquewihr, S. 3-18; Helmut THUM, Der Endkampf der dt. 19. Armee im Brückenkopf von Colmar. Unveröff. Manuskript, 1970; Michel KNITTEL (Hrsg.), Poche de Colmar. Les derniers jours, Strasbourg 1995

MUSÉE MÉMORIAL DES COMBATS DE LA POCHE DE COLMAR, Hiver 44/45, 25, rue du Conseil, F-68230 Turckheim, Tel.: 0033-389808666. Geöffnet: 15.3.–15.11. täglich außer Montag und Dienstag von 14.00–18.00 Uhr-, sonntags auch von 10.00–12.00 Uhr. In der Zeit vom 1.7.–31.8. auch montags und dienstags geöffnet. Eintritt: 15 Frs, Gruppen ab 20: 10 Frs, Kinder von 8–16 J.: 6 Frs. Führungen über die Mairie de Turckheim, Tel.: 0033-389271808

Gleichfalls dem Zweiten Weltkriege, jedoch seiner Anfangsphase, ist die Ausstellung in einem der noch erhaltenen Bunker der Maginot-Linie entlang des Rheines bei MARCKOLSHEIM gewidmet. Der schon zum Département Bas-Rhin zählende, an der D468 15 km nördlich von Neuf-Brisach in den Rheinauen gelegene, im Kriege stark zerstörte Ort hat die ostwärts des Ortes an der D10 errichtete Kasematte 35/3 (dt. Bezeichnung: 703; vgl. Plan S. 113) der Hauptverteidigungslinie als Sonderbauform zu einer Gedenkstätte (Mémorial-Musée de la Ligne Maginot) im Jahre 1972 hergerichtet, die einen plastischen Eindruck des modernen Festungskampfes vermittelt. Die im Turm der Panzerglocke eingedrungenen, noch heute sichtbaren Geschosse der deutschen 8,8 cm-Flak zeugen vom heftigen Kampfe, der an dieser Stelle beim Angriff der 218. Infanterie-Division über den Rhein am 15. bis 17. Juni 1940 entbrannte. Auftrag der Kasematte im Rahmen des 42. Festungsinfanterieregiments war die flankierende Unterstützung der benachbarten Bunker 34/3 (ndl.) und 36/3 (sdl.) der 3. Linie. Erst am Morgen des 17. Juni war hier der Kampf zu Ende. Außerhalb der Kasematte findet sich allerlei Kriegsgerät fremden Ursprunges, aber auch ein kleiner ehemaliger Soldatenfriedhof, auf dem die Gefallenen in den Kämpfen des Juni 1940 provisorisch beigesetzt worden waren. Sie ruhen heute, zusammen mit anderen Kriegstoten, auf einem gesonderten Teile des Markolsheimer Friedhofes. Die mit einem großen Parkplatz (auch für KOM) ausgestattete Gedenkstätte ist im Sommerhalbjahr geöffnet. Zusätzliche Auskünfte zu Marckolsheim und Umgebung erteilt auch das Syndicat d'Initiative Marckolsheim unter der Telefonnummer 0033-388925672.

MÉMORIAL MUSÉE DE LA LIGNE MAGINOT DU RHIN DE MARCKOLSHEIM, D10, F-67390 Marckolsheim, Tel.: 0033-388925779 (388586220). Geöffnet vom 15.3.–31.10. sonn- und feiertags von 9.00–12.00 Uhr und 14.00–18.00 Uhr, vom 15.6.–15.9. täglich. Eintritt: 8 Frs., Gruppen: 5 Frs. Führungen über Office de Tourisme, F-67390 Marckolsheim, Tel.: 0033-388925698

Nicht in die Kämpfe 1940 einbezogen war die STG-Kasematte 86 de l'Aschenbach im Festungsabschnitt Altkirch. Sie war in das Verteidigungssystem der Maginot-Linie gegenüber der Schweiz integriert, das insgesamt 39 solcher Kasematten, darunter sieben Artilleriewerke, halbkreisförmig zwischen Sierenz und Rädersbach umfaßte. Die hochgelegene Anlage konnte zusätzlich mit einem Untergeschoß zur Munitionslagerung versehen werden. Die Waffenausstattung gleicht der der Kasematte Markolsheim-Süd. Zu erreichen ist sie über die D 66 in Sierentz nach Uffheim (D 19^{B}), ab Abzweigung Uffheim ca. 1 km, gesondert ausgeschildert (Memorial Maginot).

MÉMORIAL DE LA LIGNE MAGINOT DE L'ASCHENBACH, F-68510 Uffheim, Tel.: 0033-389815629, 0033-389815162 oder über die Mairie Uffheim 0033-389815142. Geöffnet Mai bis September jeden 1. Sonntag von 10.00-18.00 Uhr.

XII. Reisehinweise

Ein kulturgeschichtlich so reiches Land wie das Elsaß hat eine unübersehbare Flut von Veröffentlichungen für den Besucher dieses Landes hervorgebracht, die ein Eingehen auf Themen außerhalb unseres hier angesprochenen Bereiches obsolet machen. Der kriegsgeschichtlich Interessierte sollte diesen Aspekt jedoch bei seinen Schlachtfeldwanderungen immer berücksichtigen, weil sich ihm so dieser gesegnete Landstrich erst richtig erschließen wird. Die weiter unten genannten Reisebegleiter, von denen für einen schnellen Überblick besonders der Michelin-Reiseführer empfohlen wird, können ihm dabei Hilfe und Wegweiser sein. Keine Berücksichtigung kann hier auch der gehobene gastronomische Sektor finden, dessentwegen das Elsaß und seine Weinorte jährlich das Ziel so vieler Touristen sind. Wer die Hinterlassenschaften des Krieges vor Augen hatte, wird vermutlich wenig Geschmack an einem Gourmet-Tempel wie dem Haeberlinschen Etablissement in Illhäusern finden, sondern sich eher zu einer der zahlreichen Fermes-Auberges im näheren Umkreise der Schlachtorte hingezogen fühlen, wo ihm, neben einer stärkenden Mahlzeit, das elsässische Kolorit noch weitgehend unverfälscht entgegentritt. Die Benutzer von Zeltplätzen finden jährlich aktualisierte Angaben im Michelin-Führer Camping Caravaning France.
Als günstigste Besuchszeit der Schlachtfelder kann das späte Frühjahr und der Herbst angesehen werden. In diesen Jahreszeiten zeigt die Flora des Oberrheingrabens und der Vorberge ihre ganze Pracht, die wechselnden Färbungen des vorherrschenden Mischwaldes konkurrieren mit dem eindringlichen Gelb der zahllosen Rapsfelder und der Pracht der Reben und mildern die Narben, die die Kriege in dieser Landschaft hinterlassen haben. Diesen eindringlich nachzuspüren, erlaubt dagegen die Winterzeit, wenn die Natur des schmückenden Beiwerkes beraubt ist und die den Bergen von Menschenhand geschlagenen Wunden sichtbar werden. Dann erst erschließt sich dem Besucher der Widersinn des Krieges in seiner ganzen Eindringlichkeit und Grausamkeit. Zudem läßt diese Zeit den ursprünglichen Zustand der durch Granatfeuer zerschossenen Bergkuppen und zerstörten Wälder, die keinerlei Deckung mehr boten, zumindest erahnen.
Bei obwaltender Vorsicht ist die Begehung der Schlachtfelder im allgemeinen ungefährlich und unproblematisch, da in den letzten Jahren durch den Verein der Freunde des Hartmannsweilerkopfes resp. der Association du Mémorial du Linge eine umfassende Wegekennzeichnung vorgenommen wurde. Außer dem obligatorischen festen Schuhwerk und der üblichen Wanderausrüstung ist das Mitführen einer Ta-

(Abri) des Weltkrieges – mit Parkmöglichkeiten und Gartenrestaurant, 40 Zimmern mit Bad/Dusche/WC/Telefon/Fernsehen sowie zwei Sälen, und das an der Weinstraße D5 am westlichen Ortsende von Hartmannswiller gelegene Hotel-Restaurant »Meyer« mit großem Parkplatz, als Ausgang einer Wanderung vom Fuße des Hartmannsweilerkopfes aus über die ehedem rückwärtigen deutschen Linien zu den Gipfelstellungen, gepflegt von Mitgliedern des Vereins »Les Amis du Hartmannswillerkopf«, einer Sektion des Vogesen-Clubs (Club Vosgien), die sich in den vergangenen Jahren um die Erhaltung, Sicherung und Kennzeichnung der ehemaligen Stellungen und Stollen verdient gemacht hat. Auf dem Kurvenwege lädt auch die Kantine bei Kurve 2 an Sonnabenden, Sonn- und Feiertagen zur Einkehr ein (Association des Amis de la Cantine Zeller, F-68500 Hartmannswiller, Tel.: 0033-389399610).

HÔTEL–RESTAURANT FRANTZ, D5/D431, F-68700 Uffholtz, Tel.: 0033-389755452, Fernkopierer: 0033-389757051. Montag Ruhetag

Zwei weitere Möglichkeiten bietet der Hartmannsweilerkopf selbst: Am Hirzensteiner Klotze liegt in abgeschiedener Waldeinsamkeit die Maison familiale der »Association Culture Loisirs Tourisme« für Ferien und Exkursionen im Kampfgebiete, der Nordseite des Berges schmiegt sich ein zur Vereinigung »Les Campeurs d'Alsace«, Section de Mulhouse, gehörender, idyllisch im Wünheimer Tale zwischen Wünheim und Zimmermanns Kreuz gelegener Zeltplatz an, von dem aus sich das gesamte Gefechtsfeld ohne Anfahrt begehen läßt. Daneben bietet sich, ebenso anmutig gelegen, jedoch wesentlich größer, im Walde bei Wattwiller, nahe dem Aufstiege zum Hirzenstein, ein weiterer Platz an. Schließlich befindet sich ein in unmittelbarer Nähe des HK und der Höhe 425 gelegener Campingplatz in Cernay nahe dem Deutschen Soldatenfriedhofe an der Thur.

RÉSIDENCE FAMILIALE DE VACANCES DU HIRTZENSTEIN. RELAIS CAP FRANCE (550 m), F-68700 Wattwiller, Tel.: 0033-389754695. Geöffnet ganzjährig mit Ausnahme der Betriebsferien vom 15.12.–15.2., 22 Zimmer (Dusche/WC auf der Etage), 12 Familien-Studios mit WC und Bad

CAMPING »LA SAPINIÈRE« (472 m), F-68500 Wuenheim, Tel.: 0033-389767940. Geöffnet vom 1. April bis 30. September, 130 Stellplätze, davon 116 Dauerstellplätze, 16 Frs Standplatz, 17 Frs Tagesgebühren pro Person, 18 Frs Stromanschluß (52 Frs pro Person inclusive Strom)

LES SOURCES (356 m), F-68700 Wattwiller, Tel.: 0033-389754494, Fernkopierer: 0033-389757198. Geöffnet von April bis 15. Oktober, 12 ha, 220 Stellplätze; von Wattwiller auf der D5^{III} Richtung Route des Crêtes 1,7 km, am Eingange der befestigte Unterstand »Bollweiler Klotz Mai 1916«

MUNICIPAL LES ACACIAS (275 m), F-68700 Cernay, Tel.: 0033-389755697. Geöffnet von April bis September, 3,5 ha, 204 Stellplätze, 12 Frs pro Person, 21 Frs Zelt/Wohnwagen; in Cernay in südlicher Richtung Belfort, nach der Thur-Brücke rechts ab rue René-Guibert, 400 m zum rechten Thur-Ufer

Der Besucher dieser Landschaft sollte nicht versäumen, seine Blicke auch in den dem Berge namensgebenden Ort Hartmannsweiler zu wenden, der mit einer für das Elsaß neben Hunaweier einzigartigen militärgeschichtlichen Besonderheit aufwarten kann: einem befestigten Kirchhofe. Der die aus dem 13. Jahrhundert stammende gotische Kirche umgebende Totenacker wurde, nachdem die Kirche 1376 durch umherziehende Söldner in Brand gesteckt und im 15. Jahrhundert wieder aufgebaut worden war, mit einer Mauer in Gestalt eines Vieleckes mit drei Ecktürmen, von denen noch zwei vorhanden sind, umgeben. Die Gesamthöhe von ca. 4–5 m wurde 1862 auf 2,70 m reduziert; Schießscharten und ein die gesamte Anlage umschließender Wassergraben bildeten gleichsam ein Reduit für die Dorfbevölkerung in den unruhigen Zeiten, die die Lage am einstigen Hauptkelten- und Römerwege mit sich brachte. Auf dem Friedhofe hat Anna Zeller geb. Wührlin (30.9.1896 – 29.11.1975), die frühere der Cantine an Kurve 2 den Namen gebende Wirtin – »a celle qui fut une maman pour tous« – ihre letzte Ruhestatt gefunden. Nahebei lassen sich nur noch die Reste des ehemaligen Wasserschlosses der Basler Bischöfe aus dem 13. Jahrhundert erahnen, dessen jetzige Gestalt aus der Zeit um 1718 stammt und das sich, gleich dem benachbarten Ollweiler Schlosse, lange im Lehensbesitze der Familie Waldner von Freundstein befand, deren Sproß Diane v. Gersdorff und Louise Adelaide Waldner v. Freundstein, Hofdame der Herzogin Louise von Weimar, zum Goetheschen Freundeszirkel in Weimar zählten. Hartmannsweiler und sein Schloß war im übrigen der einzige Ort im oberen (Rufacher) Mundat, in dem sich die dortige Judenschaft niederlassen durfte. Diese besaß in Jungholz, einem Nachbarorte von Wünheim, den größten Friedhof im Oberelsaß. Hufeisenförmig angelegt um einen Bergsporn, auf welchem das Schloß derer von Schauenburg dereinst stand, künden noch heute die verwitterten Sandsteingrabmale des seit Beginn des 18. Jahrhunderts belegten Gräberfeldes von dem ehedem starken jüdischen Bevölkerungsanteil in den Gemeinden der Randzone der Rheinebene.

Der Besuch der Festungsstadt Neuf-Brisach bietet seiner günstigen verkehrstechnischen Lage im Dreieck Basel – Colmar – Freiburg wegen keinerlei Probleme hinsichtlich der Übernachtung. Zusätzlich lädt der nahegelegene Camping-Caravaning »Vauban« für 600 Personen mit Freibad (50-m-Bahn) und Motel zum Aufenthalt ein (Tel.: 0033-389495267).

XIII. *Militärische Terminologie*

ABTEILUNG	Eine dem Bataillon vergleichbare taktische Einheit der Feldartillerie mit 3–4 Batterien
AOK	Armee-Oberkommando; taktisch-operativer und verwaltungsmäßiger Führungsstab einer Armee für Operationsgebiet und Etappe. Für letztere stand ihm ein Oberquartiermeister zur Verfügung
ARMEE	Im engeren Sinne die Zusammenfassung mehrerer Armeekorps zum Zwecke der Schlacht
ARMEE-ABTEILUNG	Eine von der Armee abgeteilte verkleinerte Armee mit zumeist eigenem AOK, jedoch ohne Generalkommando (die Divisionen unterstanden direkt dem AOK). Entlang des Rheines bestanden zwei Armee-Abteilungen, zusammengesetzt aus Reserve- und Landwehrverbänden: die Armee-Abteilung A (Falkenhausen) nördlich der Linie Markolsheim–Rappoltsweiler und die Armee-Abteilung B (Gaede) im südlich angrenzenden Bereiche entlang der Reichsgrenze bis zum Sundgau. Sie wurde ab 19.9.1914 als »Armee-Gruppe Gaede«, hervorgegangen aus dem mobilen stv. Generalkommando XIV. AK, seit 25.11.1914 als »Armee Abteilung Gaede« bezeichnet und am 30.12.1914 etatisiert. Nach Ausscheiden Gaedes erhielt sie am 4.9.1916 die Bezeichnung »Armee-Abteilung B«
ARMEE-GRUPPE	Im Unterschied zur Armee-Abteilung bildete diese in der Regel eine Unterabteilung innerhalb einer Armee zu taktischen Zwecken
ARMEE-KORPS	Im Frieden größter Heeresverband mit zwei Infanterie-Divisionen und Korpstruppen unter einem Generalkommando, geführt von einem General der Waffengattungen als Kommandierendem General; zugleich territoriale Verwaltungsbehörde mit Korpsbezirk
ARMIERUNGSTRUPPEN	Nicht kv, jedoch arbeitsverwendungsfähige Mannschaften, in Bataillone gegliedert, zwecks Anlage und Ausbau von Stellungen, Verbindungswegen und anderen Erdarbeiten sowie Munitionstransport (»Schipper«)
AUFTRAGSTAKTIK	Führungsprinzip deutscher Streitkräfte seit Moltke d. Ä. (ab 1869), wonach der selbständigen Entscheidung des Unterführers nicht vorgegriffen und

	in der Auswahl der Mittel zur Erreichung des im Befehl vorgegebenen Zieles möglichst wenig Einschränkung auferlegt werden sollte
BATAILLON	Taktische Einheit zwischen Kompanie und Regiment mit 4–5 Kompanien
BATTERIE	Kleinste administrativ-taktische Einheit der Feldartillerie
BRIGADE	Größte aus einer Waffengattung bestehende taktische Einheit mit zumeist 2 Regimentern
DIVISION	Kleinster, zu operativer Selbständigkeit befähigter Verband mit 3–4-Regimentern der Waffengattung in zwei Brigaden und Unterstützungswaffen
GENIE	In Frankreich Bezeichnung für Technische Truppen (Pioniere, Ingenieure)
HEERESGRUPPE	Zusammenfassung mehrerer Armeen zu taktisch-operativen Zwecken ohne Verwaltungsaufgaben
INFANTERIE	Fußvolk, Hauptträger des Kampfes auf dem Gefechtsfeld, »Krone aller Waffen«
JÄGER	Ausleseformationen der Infanterie, geübt in der geöffneten Gefechtsordnung und im Einzelkampf. Zur größeren Beweglichkeit ausgestattet mit Radfahr- und Kraftwagenkomponenten; während des Ersten Weltkrieges auch im Gebirgskampf mit Schneeschuhen ausgebildet (Deutsches Alpenkorps)
KOMPANIE	Ehedem administrative, seit dem 19. Jh. kleinste taktische Einheit der Fußtruppen aus 3–4 Zügen
LANDSTURM	Teil der Armee, die ungedienten Jahrgänge vom 17. bis 45. Lebensjahr umfassend (Gesetz v. 1888). Ursprünglich nur für Heimat und Etappe vorgesehen, wurden die Landsturmbataillone im Ersten Weltkriege auch im Felddienste verwendet
LANDWEHR	Teil der Armee, die älteren gedienten Jahrgänge umfassend. In Preußen seit 1813 eingerichtet; die von 1815–1867 gültige Landwehrordnung sah zwei Aufgebote (26–32 Jahre, 32–39 Jahre) vor. Bis 1918 bestand die Landwehrpflicht bis zum 39. Lebensjahre (siehe auch Landsturm)
OPERATION	Begriff der oberen Führung im Rahmen der Schlacht (Armeen und Armeekorps/Kavalleriekorps)
REGIMENT	Bis zur Einführung der Brigade-Gliederung höchste taktische Truppeneinheit einer Waffe der mittleren Führungsebene mit geschlossenem Offizierkorps und eigener Uniform und Tradition aus 3–4 Bataillonen

SCHÜTZEN	Spezialtruppe der Infanterie, vergleichbar den Jägern. Im deutschen Heere nur in zwei Formationen als Garde-Schützen-Bataillon (Berlin) und als kgl. Sächs. Schützenregiment »Prinz Georg« vertreten.
STRATEGIE	Begriff der obersten Führung hinsichtlich der Zusammenfassung politischer, militärischer und wirtschaftlicher Komponenten zur Erreichung des Kriegszieles
STURMBATAILLON	Sonderformation des Ersten Weltkrieges zur Führung des Grabenkampfes mit pioniertechnischen Mitteln
TAKTIK	Begriff der unteren und mittleren Führung im Rahmen des Gefechts der verbundenen Waffen (bis Division einschließlich)
TRUPPENFÜHRER	Führer eines selbständigen gemischten Verbandes
ULANEN	Leichte berittene Truppe, mit Lanzen ausgerüstet. Bei Kriegsbeginn besaß das deutsche Heer 26 Ulanen-Regimenter

Exkurs: Begriffe aus der Poliorketik (Festungskunde)

BASTION	Meist fünfeckiger Vorsprung in einer Befestigungslinie, von dem aus diese Linie flankiert werden kann. Die beiden Frontlinien (Facen) ragen ins Vorgelände, die zurückgebogenen Flanken beherrschen die Gräben der Nebenwerke
BLOCKHAUS	Verteidigungsgeeigneter Stützpunkt im Festungs- oder Stellungssystem
CONTRE-ESCARPE	Außenwand eines Festungsgrabens
ENCEINTE	Stadt- oder Kernumwallung einer Festung im Unterschied zur Fortslinie
ESCARPE	Innenwand eines Festungsgrabens
ESPLANADE	Unbebauter Raum zwischen der Zitadelle und den Häusern einer Festung
FACE	Feindwärts zeigende Frontseite der Festung
FORT	Kleine, selbständige Festungsanlage. Sperrforts können sich selbständig nach allen Seiten verteidigen, Gürtelforts umschließen eine Festung. Bis Ende des 19. Jh. Hauptkampfstellung der Artillerie
GEDECKTER WEG	Gegen Flachfeuer geschützter Weg zwischen Contre-Escarpe und Glacis
GLACIS	Flach nach außen abfallendes Vorfeld vor Festungsgräben (meist künstliche Erdanschüttung)
HORNWERK	Im Festungsbau des 17. Jahrhunderts ein Außenwerk aus zwei Halbbastionen und einer Kurtine vor dem Hauptwall

KAPONNIERE	Hohlraum zur Längsbestreichung von Festungsgräben (Grabenstreiche, Grabenwehr)
KASEMATTE	In Festungen geschützter Wohnhohlraum, meist tief unter der Brustwehr
KAVALIER	Überhöhend angeordneter, mit Flanken versehener Bau mit guter Übersicht über das Vorgelände
KEHLE	Rückwärtiger Abschluß eines Forts
KRONWERK	In Festungen mit bastioniertem Grundriß ein Erdwerk vor dem Hauptwall
KURTINE	In Festungen mit bastioniertem Grundriß der zwischen zwei Bastionen liegende Teil des Hauptwalles
LUNETTE	Mondwerk; Werk mit gebrochener Frontlinie
POLYGONALSYSTEM	Geländeangepaßte Fortifikation mit in stumpfen Winkeln aufeinandertreffenden Wallinien, deren flankierenden Schutz im Vorfeld errichtete Kaponnieren erzielen
POTERNE	Hohlgang, Tunnel
RAVELIN	Kleines, fleschenförmiges Außenwerk vor der Kurtine einer Festung mit bastioniertem Grundriß
REDOUTE	In der Feldbefestigung des 18. und 19. Jh. eine geschlossene Schanze (meist Erdwerk) mit nur ausspringenden Winkeln; häufiger als Halbredoute angelegt mit einer Front, zwei im stumpfen Winkel angesetzten Flanken und einer geschlossenen Kehle
REDUIT	Bombensicheres, verteidigungsfähiges Kernwerk im Innern oder in der Kehle eines Festungswerkes
TENAILLE	Zangenwerk; Erdwerk oder Festung, deren Linien abwechselnd ein- und ausspringende Winkel bilden. Die einzelnen Linien flankieren sich gegenseitig und erlauben, das Vorfeld unter Kreuzfeuer zu nehmen
TRAVERSE	Auf dem Hauptwalle einer Festung verlaufender Querwall in Form eines Erdwalles oder eines kasemattierten Hohlbaues
ZITADELLE	Kernwerk einer Festung, gewöhnlich letzte Zuflucht einer Besatzung, nachdem die Stadt selbst schon in Feindeshand gefallen war

XV. Anmerkungen

1 Der scheidende Kommandeur, Major v. Fabeck, in einem Tagesbefehl an sein Gardejägerbataillon vom 6. April 1916; zit. bei Arthur REHBEIN, Ehrenbuch der grünen Farbe. Hrsg. im Auftrage des Deutschen Jägerbundes, Berlin [2]1926, S. 40.

2 Vgl. hierzu die bahnbrechende Studie von FRIESER, Blitzkrieg-Legende.

3 Das in Unteritalien gelegene Cannae gilt als das klassische Muster einer Vernichtungsschlacht, in der am 2.8.216 v. Chr. der Karthagerfürst Hannibal eine überlegene römische Streitmacht unter den Konsuln Gaius Terentius Varro und Gaius Aemilius Paullus fast vollständig vernichtete. Vgl. die gleichnamige Schrift »Cannae« von Alfred Graf v. SCHLIEFFEN, zuerst veröffentlicht in »Vierteljahreshefte für Truppenführung und Heereskunde«, Jg. VI–X, Berlin 1909–1913.

4 König Louis XIV. von Frankreich hatte anläßlich der Grundsteinlegung Neubreisachs im Jahre 1699 Denkmünzen mit der Umschrift "Securitas Alsatiae" prägen lassen.

5 [M. I. F. S.], Historische General-Beschreibung von Ober- und Nieder-Elsaß, samt dem Sundgau etc., Frankfurt a. M.-Leipzig 1734, S. 308.

6 ibid.

7 B. von TIEDEMANN, Der Festungskrieg im Feldzuge gegen Frankreich 1870-1871, Berlin 1872, S. 90.

8 Carl von CLAUSEWITZ, Vom Kriege. Hinterlassenes Werk des Generals Carl von Clausewitz, Bonn [19]1980, S. 696.

9 DENKSCHRIFT, S. 47; WAHL, Die Maginot-Linie im Elsaß, S. 409 f.

10 Diese technisch verbesserte Version der Baureihe ab 1935 diente als Westpfeiler der Maginot-Linie und wurde am 18.5.1940 von deutschen Sturmpionieren genommen. Vgl. DENKSCHRIFT, S. 191 ff.; zum Todeskampf der eingeschlossenen Besatzung GIUILIANO, Les soldats du beton, S. 73 ff. Außerdem Hans von DACH, Kampf um ein Festungswerk. Nach französischen und deutschen Kampfberichten dargestellt, in: Der Schweizer Soldat, 43. Jhrg. 1967, Nr. 18, S. 408-429.

11 Erich von MANSTEIN, Verlorene Siege, Koblenz 1987, S. 124.

12 Hans UMBREIT, Der Kampf um die Vormachtstellung in Westeuropa, in: Das Deutsche Reich und der Zweite Weltkrieg, Bd. 2, Stuttgart 1979, S. 305.

13 Ernst SCHULIN, Die Urkatastrophe des zwanzigsten Jahrhunderts, in: Wolfgang MICHALKA (Hrsg.), Der Erste Weltkrieg. Wirkung, Wahrnehmung, Analyse, München 1994, S. 3–27.

14 Eine eigentliche »Deutsche Armee« gab es zu Beginn des Weltkrieges nicht. Sie bestand als Reichsheer vielmehr aus verschiedenen Kontingenten der deutschen Bundesstaaten, die sich in den Verhandlungen im November 1870 vor der Reichsgründung Reservatrechte ausbedungen hatten. Oberster Befehlshaber im Falle eines Krieges war der deutsche Kaiser als Bundesfeldherr, unter dessen Kommandogewalt neben der Kgl. Preußischen Armee (19 Armeekorps, darunter das Gardekorps und das XIV. (bad.) AK) auch die Kgl. Bayerische Armee (I.–III. bayer. AK), die Kgl. Sächsische Armee (XII. u. XIX. AK) und die Kgl. Württembergische Armee (XIII. AK) standen, die insgesamt 25 Armeekorps bildeten. Einzig die neben der Landeskokarde an der Kopfbedeckung getragene Reichskokarde symbolisierte diesen Oberbefehl.

15 Dies hatte schon Schlieffen eingestehen müssen; vgl. Gerhard RITTER, Der Schlieffenplan. Kritik eines Mythos, München 1956, S. 68.
16 Schlieffen dachte daran, im Falle eines Durchbruches der Franzosen über den Rhein im Schwarzwald eine Verteidigungslinie aufzubauen; RITTER, Schlieffenplan, S. 19 u. 38.
17 Moltke in seinen Erinnerungen, zit. nach REICHSARCHIV, Weltkrieg, Bd. 1, 1925, S. 63.
18 Die später von Heeringen geäußerte Absicht einer geplanten Umfassung des Feindes zur Abdrängung gegen die Schweizer Grenze wird aus der Angriffsdisposition nicht ersichtlich.
19 REICHSARCHIV, Weltkrieg, Bd. 1, 1925, S. 165.
20 FRIESER, Blitzkrieg, S. 98.
21 Wegen der unbewiesenen Behauptung, Einwohner Dornachs hätten auf deutsche Truppen geschossen, suchte Gaede eine Bestrafung der Bürger Dornachs kriegsgerichtlich durchzusetzen, was aber durch die Zivilverwaltung (»ganz matt und lau«) und den Statthalter v. Dallwitz (»bittet, der Bevölkerung nichts zu Leide zu tun«) konterkariert wurde; KTB GAEDE, fol. 11.
22 KTB Gaede, fol. 6.
23 Unter »Verluste« werden nicht nur die Gefallenen, sondern auch Verwundete und Gefangene gezählt.
24 Rudolf MOHR, Aus den Erinnerungen eines alten Soldaten, Konstanz 1933, S. 19.
25 CLAUSEWITZ, Vom Kriege, S. 708 f.
26 Curt MÜNDEL, Die Vogesen. Reisehandbuch für Elsaß-Lothringen und angrenzende Gebiete, neubearb. von Otto Bechstein, Straßburg, [12]1911, S. 642.
27 Um 1265 von Abt Berthold v. Steinbrünn von Murbach erbaut, zum Amte Wattweiler gehörendes murbachisches Lehen, 1376 durch die Engländer, 1468 durch die Schweizer abgebrannt, 1525 durch Bauern angegriffen, 1670 »in merklichen ruin und abgang gerathen« (REICHSLAND ELSASS-LOTHRINGEN, 3. T., 1. Hälfte, S. 439), in der Revolution vermutlich völlig zerstört.
28 Mit Erlaß württ. Kriegsministerium v. 3.5.1918 zum württ. Gebirgs-Regiment mutiert.
29 Das KTB GAEDE, 1. T., S. 16, vermerkt unterm 19.9.1914 die Bezeichnung »Armee-Gruppe«, das Reichsarchivwerk, Bd. 5, 1929, S. 120, dagegen »Armee-Abteilung«. Diesen Namen erhielt der Verband erst am 25.11.1914 durch Chef GenSt Feldheer v. 27.11.1914 Nr. 10259 op.; vgl. CRON, Geschichte des Deutschen Heeres, S. 82.
30 KTB GAEDE, 1. T., S. 68.
31 KTB GAEDE, 1. T., S. 67.
32 Albert MACK, württembergisches Landw.-Inf.-Regiment Nr. 123 im Weltkrieg 1914-1918, Stuttgart 1922 (= Die württ. Regimenter im Weltkrieg 1914-1918, Bd. 24), S. 35. Ähnlich bei KILLIAN, Totentanz, S. 99.
33 Angaben nach KTB GAEDE, 1. T., S. 77; die Zahlen differieren geringfügig in den anderen Quellen.
34 K.[arl] von TEICHMANN, Die 26. (württ.) Landwehr-Division im Weltkrieg 1914–18, Stuttgart 1922 (= Württembergs Heer im Weltkrieg. Einzeldarstellungen der Geschichte der württembergischen Heeresverbände, H. 13), S. 22 f.
35 ibid., S. 26.
36 Am 24.8.1915 hatte Falkenhayn in seiner Antwort Knobelsdorf zwar »ersucht, mit den nötigen Vorbereitungen […] sofort beginnen zu wollen«, eine endgül-

tige Entscheidung jedoch offen gelassen. REICHSARCHIV, Der Weltkrieg 1914 bis 1918, Bd. 9, 1933, S. 19 u. 129–131; vgl. auch Holger AFFLERBACH, Falkenhayn, S. 361, und die um die sog. »Weihnachtsdenkschrift« Falkenhayns aus dem Jahre 1915 kreisenden Fragen.

37 Henry BORDEAUX, Pour d'Alsace. Vie et mort du Général Serret, Paris 1927, S. 226.

38 Nach DUPUY, La Lutte pour l'Hartmannswillerkopf, S. 117 f.

39 KTB GAEDE, T. 1, S. 210.

40 GOES, H. K., S. 123.

41 5/9/76 gef., 4/8/51 verw., 1/3/51 verm., 6/50/563 gfg., Verluste insgesamt: 827!

42 MARTEAUX. Diables rouges, diables bleus, S. 205.

43 Vgl. auch die Ausbildungsvorschrift für die Fußtruppen im Kriege (A.V.F.) vom Januar 1918, Berlin 1918, Nr. 226–231 (S. 97 f.) u. 470–488 (S. 175–179).

44 KrMinErlaß v. 2.3.1915, Nr. 415 g.A.6.

45 Am 7.2.1917 durch KrMinErlaß mit der Namensbezeichnung »Sturm-Bataillon Nr. 5 (Rohr)« geehrt.

46 FRIESER, Blitzkrieg, S. 8 f.

47 M. SZYMANZIG, Das Württembergische Landwehr-Infanterie-Regiment Nr. 124, S. 99.

48 ibid., S. 119.

49 ibid.

50 CLAUSEWITZ, Vom Kriege, S. 730.

51 TSCHAMBER, Der deutsch-französische Krieg, S. 177.

52 Vgl. KORTZFLEISCH, Der Oberelsässische Winterfeldzug, S. 142.

53 KTB GAEDE, T. 1, S. 107.

54 KTB GAEDE, T. 1, S. 136.

55 POUYDRAGUIN, La Bataille des Hautes-Vosges, S. 132.

56 KrMinErlaß v. 20.4.1916.

57 RESERVE-INFANTERIE-REGIMENT 73, S. 243 f.

58 Wilhelm von JECKLIN, Das Reserve-Jäger-Bataillon Nr. 8 im Weltkriege 1914-1918. Nach den amtlichen Kriegstagebüchern und Kameradenberichten bearb., Erfurt 1930, S. 74.

59 Kursiv gesetzte Truppenteile werden in der Literatur, in Klammern gesetzte auf den Tafeln in der Krypta nicht erwähnt.

60 Qui êtes-vous? Annuaire des Contemporains, 1924 (4); Nouveau dictionnaire de BIOGRAPHIE ALSACIENNE, Bd. 1, 1983.

61 DER WELTKRIEG. Illustrierte Kriegs-Chronik des Daheim, 6. Bd., Bielefeld-Leipzig 1917, S. 21.

62 Livre d'or de la Sabretache (1914–1918), Bd. 1, 1923, S. 45.

63 JECKLIN, Reserve-Jäger-Batl. Nr. 8, S. 63.

64 Ernst JÜNGER, In Stahlgewittern, Stuttgart [26]1961, S. 295.

65 derselbe, Der Kampf als inneres Erlebnis, Berlin 1922, S. 19 ff.

66 KUTSCHER, Kriegstagebuch, 2. T., S. 54 f.

67 Friedrich-Wilhelm KRÜGER, Kriegstagebuch I v. 3. August 1914 bis 15. Januar 1915; BA-MA, MSg 2-2945.

68 Curt BADINSKI, Aus großer Zeit. Erinnerungsblätter des Jäger-Feld-Bataillons Nr. 9, Weltkrieg 1914-1918, Ratzeburg 1932, S. 426–431.

69 Die Kurve 00 an der Rößler-Quelle wurde erst nach dem Krieg als solche bezeichnet.

70 Die Explosion eines Handgranatenlagers durch Granateinschlag am 28.12.1915 während einer Stabsbesprechung bei Kurve 0 hatte einen Lastwagen zerfetzt und Teile in einer Baumkrone festgeklemmt.
71 René SCHICKELE, Der Wolf in der Hürde, Frankfurt a. M-Wien-Zürich 1965 (= Das Erbe am Rhein, 3. Teil; EA 1931), S. 822 f.
72 Rommel, Infanterie greift an, S. 123
73 KTB AOK 7 v. 2.4. - 25.6.1940, f. 44-46; BA-MA, RH 20-7/6.
74 Helmut THUM, Der Endkampf der dt. 19. Armee im Brückenkopf von Colmar, 1970, fol. 113 f. (BA-MA, RH 20-19/278).
75 Zit. nach THUM, Der Endkampf der 19. Armee, fol. 121.
76 Die WEHRMACHTSBERICHTE 1939-1945, Bd. 3: 1. Januar 1944 bis 9. Mai 1945, ND München 1985, S. 440.
77 Aus einem Gedicht des Bataillonsarztes III./LdwIR 56, Dr. Josef Meier; zit. nach Werner OELZE, Das Landwehr-Infanterie-Regiment Nr. 56 im Weltkriege, Berlin 1930, S. 34.
78 Vgl. GOES H. K., S. 213, daneben SCHICKELE, Der Wolf in der Hürde, S. 820 u. 823. Minimiertere Angaben bei Dupuy, La lutte pour l'Hartmannswillerkopf, S. 140.
79 Benedict KREUTZ, Militärseelsorge im Ersten Weltkrieg. Das Kriegstagebuch des katholischen Feldgeistlichen Benedict Kreutz. Bearb. Von Hans-Josef Wollasch, Mainz 1987 (= Veröffentlichungen der Kommission für Zeitgeschichte, Reihe A: Quellen, Bd. 40), S. XLIV f., Anm. 108.
80 SCHICKELE, Der Wolf in der Hürde, S. 820.
81 Bei Beseitigung der Sturmschäden des 26. Dezember 1999 (»Lothar«) wurden die sterblichen Überreste eines unbekannten deutschen Soldaten entdeckt und im Juli 2000 in würdiger Form der Erde erneut zurückgegeben.
82 Sous-Lieutenant Marcel Viollet war am 22. Januar 1915 gefallen; seine Mutter hat ihm diesen Gedenkstein setzen lassen.
83 Dwight D. Eisenhower, Kreuzzug in Europa, Amsterdam 1948, S. 433

XVI. Quellen und Literatur

1. Ungedruckte Quellen

Bundesarchiv-Militärarchiv, Freiburg i. Brg.

Badisches Generallandesarchiv, Karlsruhe

Wehrgeschichtliches Museum, Rastatt

2. Literatur

Holger AFFLERBACH, Falkenhayn. Politisches Denken und Handeln im Kaiserreich, München [2]1996 (= Beiträge zur Militärgeschichte, Bd. 42)

Hans Henning von ALTEN, Heinrich Frhr. von HADELN, Achim von ARNIM, Geschichte des Garde-Schützen-Bataillons 1914-1919 nach amtlichen Kriegstagebüchern bearbeitet, Berlin 1928 (=Erinnerungsblätter deutscher Regimenter, Bd. 234)

L'Association des AMIS DU HARTMANNSWILLERKOPF, Le Hartmannswillerkopf. Description détaillée et guide pour la visite, o.O.[4] 1995

AMTLICHE KRIEGS-DEPESCHEN. Nach Berichten des Wolff'schen Telegraphen-Bureaus, Bd. 1-8, Berlin o. J.

Louis Marie Gaston D'ARMAU DE POUYDRAGUIN, La Bataille des Hautes-Vosges. Fevrier-Octobre 1915, Paris 1937 (= Collection de Mémoires, Études et Documents pour servir a l'Histoire de la Guerre Mondiale) (ND Colmar 1982)

BADISCHE BIOGRAPHIEN, Neue Folge. Im Auftrag der Kommission für geschichtliche Landeskunde in Baden-Württemberg hrsg. von Bernd Ottnad, Bd. 1-4, Stuttgart 1982-1996

Joseph-Auguste BERNARDIN, Dans la fournaise du Linge avec le 5e B.C.P. (juillet-août 1915), Colmar 1981

Nouveau dictionnaire de BIOGRAPHIE ALSACIENNE, hrsg. von der Fédération des Sociétés d'Histoire et d'Archéologie d'Alsace, Nr. 1 ff., [Strasbourg 1983 ff.]

Dictionnaire de BIOGRAPHIE FRANÇAISE, Bd. 1 ff., Paris 1933 ff.

Franz BROCKHOFF, Geschichte der Stadt und Festung Neubreisach im Elsaß nebst den zum gleichnamigen Kanton gehörigen Ortschaften einschließlich Künheim und Widensolen mit einem Stahlstich von Neubreisach, Neubreisach 1903

Roger BRUGE, On a livré la Ligne Maginot, Paris 1975

–, Offensive sur le Rhin, Paris 1978

Pierre BURGER, La Bataille de Colmar vue et vécue par »ceux d'en face«, in: Annuaire de Colmar, 1965, S. 81-102

CHASSEURS ET ARTILLEURS dans un même combat pour vaincre. Le Linge et environs 1914-1915, Colmar 1986 (= Extraits d'historiques et récits, ed. Par Memorial du Linge)

Jean CHECINSKI, Les Poilus de Mulhouse à la crête des Vosges, Strasbourg 1999

Jean-Paul CLAUDEL, La Bataille des frontières. Vosges 1914-1915, Strasbourg-Nancy 1999
Hermann CRON, Geschichte des Deutschen Heeres im Weltkriege 1914-1918, Berlin 1937 (= Jany, Geschichte der Kgl. Preußischen Armee und des Deutschen Reichsheeres, Bd. V)
DENKSCHRIFT über die französische Landesbefestigung (NfD), hrsg. vom Oberkommando des Heeres, Berlin 1941
DUMONT VISUELL Elsass, bearb. von Hans E. Latzke (Or.: Guides Gallimard Alsace), Köln 1996
[Edmond] DUPUY, La lutte pour l'Hartmannswillerkopf, Paris 1932
Armand DURLEWANGER, Der Lingekopf, [Colmar 1981]
–, Kriegsschauplätze im Elsaß. Lingekopf, Hartmannsweilerkopf, Buchenkopf, Schoenenbourg, Esch, Marckolsheim, Grassersloch, Struthof. A. d. Fr. von Andrea Müller, Strasbourg 1991
Thierry EHRET, 1914-1918 Autour de l'Hartmannswillerkopf. Images de l'Histoire, Mulhouse 1988
ENCYCLOPEDIE D'ALSACE, Bd. 1-12, Strasbourg 1982-1986
Karl-Heinz FRIESER, Blitzkrieg-Legende. Der Westfeldzug 1940, München 1995 (= Operationen des Zweiten Weltkrieges, Bd. 2)
GARDE-JÄGER-BATAILLON. Nach den amtlichen Kriegstagebüchern und persönlichen Aufzeichnungen bearbeitet, Oldenburg i.O. 1934 (= Erinnerungsblätter deutscher Regimenter, Truppenteile des ehem. preußischen Kontingents, Bd. 356)
Historische GENERAL-BESCHREIBUNG von Ober- und Nieder-Elsaß, samt dem Sundgau etc., von M. I. F. S., Frankfurt a. M.-Leipzig 1734
Gérard GIULIANO, Les soldats du beton. La Ligne Maginot dans les Ardennes et en Meuse 1939-1940, Charleville-Mézières 1986
Gustav GOES, H. K. (Hartmannsweilerkopf) Das Schicksal eines Berges im Weltkriege, Berlin 1930 (=Unter dem Stahlhelm, Bd. 2)
Lucien GOETZ, L'Hartmannswillerkopf. Pages d'Histoire et de Gloire, Paris 1932
Alphonse HALTER u. a., Neuf-Brisach, Colmar 1972
–, Histoire Militaire de la Place forte de Neuf-Brisach, Strasbourg 1962
Alain HOHNADEL, Michel TRUTTMANN, Guide de la Ligne Maginot, Bayeux 1988
Adolf HÜTTMANN, Friedrich Wilhelm KRÜGER, Das Infanterie-Regiment von Lützow (1. Rhein.) Nr. 25 im Weltkriege 1914-1918. Nach den amtlichen Kriegsakten und privaten Aufzeichnungen, Berlin 1929
Hans KILLIAN, Totentanz auf dem Hartmannsweiler Kopf 1914-1917, Neckargemünd ^{2}1977
Am Rande der Straßen. Atlas Deutscher KRIEGSGRÄBER des 1. und 2. Weltkrieges in Europa und Übersee. Hrsg. vom Volksbund Deutsche Kriegsgräberfürsorge, Kassel o. J.
Am Rande der Straßen. Deutsche KRIEGSGRÄBER in Frankreich, Belgien, Luxemburg und Niederlande. Hrsg. vom Volksbund Deutsche Kriegsgräberfürsorge, Kassel 1991
Artur KUTSCHER, Kriegstagebuch, T. 2: Vogesenkämpfe, München 1916
Werner LACOSTE, Die Festung Neubreisach und die Rheinbrückenköpfe im System der deutschen Oberrheinbefestigungen 1871-1916. Die Armierungen und Vorfeldstellungen im Bereich der Festung Straßburg 1914-1916, Köln 1997 (= Sonderheft 29 der Reihe Deutsches Atlantik-Wall-Archiv)

ISBN 3-8132-0475-8

ISBN
3-8132-0521-5

ISBN 3-8132-0550-9

ISBN 3-8132-0496-0

ISBN 3-8132-0497-9

ISBN 3-8132-0701-3

Koehler/Mittler
www.koehler-mittler.de